中公文庫

日本史の旅人

野呂邦暢史論集

野呂邦暢

中央公論新社

目次

日本史の旅人

野呂邦暢史論集

古代史を愉しみたい方に

少年時の関心

海沿いの土地に小さな丘があった。

大村湾がもっとも深く入りこんだあたりで、海と丘にはさまれた低地を国道34号線が走っている。諫早をへて長崎へ通じる道路である。

昭和二十年代の初めごろ丘はクリやカシワなどの灌木で覆われていた。当時、小学生であった私は、軍隊から復員した父とこの丘の一画を開墾した。まず灌木を切り、カヤやササなどの下草を払い、木の根株を掘りおこして畑にした。配給の食料だけでは生きてゆけなかった時代である。ほんの少しでも空地があれば、人々はあらそって耕した。父はもと会社員だったから、百姓仕事は見様見真似である。私にしてもくわの使い方を覚えるまでにしばらくかかった。

しかし、日ごとに少しずつ拡がる耕地を見るのはいい気持だった。

くわ《くわ》を斜めに土の中へ打ちこむ。柄に力をこめて泥を持ち上げる。湿った黒い土が光をあびて輝くように見える。くわ《くわ》の刃にかたい物が当たる。たいていは砂礫であるが、それにまざって茶色の土器のかけらが出てくることがあった。縄文とか弥生とかいう言葉を、そのころの私は知らなかった。土の中からえり分けた小石や土器の破片は、ざる《ざる》に入れて畑の外へ捨てた。父が耕作の手を休めて日かげで息を入れているとき、私は砂礫の山から土器の破片をえらび出してわきに取りのけた。子供心にもそれが大昔の人間が使った生活用具の一部であると信じられた。

私は破片をひとまとめにして家へ持ち帰った。雨の日は畑へ出られない。小さなかけらを水でよく洗うと竹べらでつけた条痕や縄目のような線が現れた。私はそのかけらをさまざまに並べかえて、一枚の皿に復元しようとした。完全な皿になるようにつなぎあわせるのはむずかしかった。必ずどこか、たとえば縁の一部とか底に当たる箇所とかが欠落していた。手もとにある破片をあてがってみてもうまくはまらなかった。

畑に出て、くわ《くわ》で土を耕すとき、カチリという音と同時にかすかな手応えを感じると、刃に触れた物が欠落したその土器の一部かもしれないと思って胸がときめくことがあった。期待はしかしほとんど失望に終るのがつねであった。大事に持ち帰った破片を、つぎはぎだらけの壺の腹に当てがってみるのだが、すっぽりおさまることはなかった。昭和二十一、二年当時の娯楽は、ラジオぐらいなものだ。日本人は誰でも飢えからのがれるためにけんめいだった。

　私のささやかな愉しみは、畑から出土した土器や石包丁、矢じり、骨角器のたぐいを漫然と蒐集することであった。考古学の適当な参考書があったなら、系統的に分類し、整理する知恵はあったかもしれないが、書物とてロクにない時代だから木箱にたくわえたそれらを手に取ってまじまじと見つめるしかなかった。いつのまにか私の蒐集品は友人たちにやったり、文鎮の代りに使ったりして消えて行った。

　かつて畑であった丘は住宅地になっている。長崎へ向うときバスの車窓からそのあたりを眺めて、三十年ほど昔にせっせと土を掘っていた自分の姿を思い出すことがある。高校時代に日本史の授業で私は『魏志倭人伝』のことも邪馬台国の謎も一応は習ったはずなのだが、そのころ絵をかくのに夢中で、試験が終るとすみやかに忘れてしまった。

　ふるい昔のことに対する少年時の関心が新しくよみがえったのは一冊の本が出版された昭和四十二年である。それまでは『魏志倭人伝』という史料の内容を知っているのは、ごく一部の専門家に限られていた。現在のように邪馬台国が推理小説のテーマになるほど世に知られるきっかけは西九州の島原に住む盲目の詩人があらわした労作にある。『まぼろしの邪馬台国』という。著者の宮崎康平氏は歴史学者ではない。もしも大学で史料を研究し学説をうちたてる人だけを歴史学者と規定するならば。しかし、自分の仮説にもとづいて史料を蒐集し、検証し、その仮説を証明しようとする人をも歴史学者に含めれば、立派な学者である。

邪馬台国熱

宮崎康平氏はテレビ局のアナウンサーであった夫人に記紀を朗読させてテープにとり、それを耳で聞いて古代史の謎、邪馬台国がどこにあったかを解こうと試みた。地図を見ることができないので、九州全域の地形図をこしらえさせ、その上を手のひらでまさぐりながら『魏志倭人伝』が伝える邪馬台国の所在をさぐった。耳で聞く記紀は、活字の字づらでたどるそれとはちがって、多くの新しい発見を氏にもたらした。倭人伝についても同じことがいえる。

宮崎康平氏が視力を失ったのは、中年以後である。私鉄の重役であり、農園の経営者であり、バナナやメロンの新品種改良家であり、というふうにいちいち挙げてゆくとキリがない。生活体験が豊富なのである。『まぼろしの邪馬台国』が数十万部も売れたのは、盲目の詩人（氏は「島原の子守唄」の作者でもある）が失われた古代の王国を探索するというところに読者が現代のロマンティシズムを見出したとも考えられるけれど、いっぽうには著者のなみなみならぬ人生経験に裏打ちされた知的好奇心が説得力を持っていたと見なさなければならない。ベストセラーになるいわれは充分にあったわけである。

『まぼろしの邪馬台国』を手にして日本の各地から読者が島原市に住む氏のもとへひきも

きらず訪ねて来たという。隣接する市に暮らしていながら私はまだ氏の面識を得ていない。一度はお会いしたいものだと思ってはいるのだが、私の場合、古代史に関する知識があまりにとぼしい。お目にかかって話をうかがう前にひと通り常識程度の素養を持ちあわせていなければと考えてのびのびにしている。

読者の大部分は本書をひもといて三世紀の半ばごろに邪馬台国という国が実在し、それが九州か近畿かのいずれともまだ決まっていないことを初めて知ったのである。謎を解く手がかりが、中国の史書『魏志倭人伝』のたった二千字あまりしかないことも知った。解釈の仕方によって邪馬台国は九州にもあり、近畿にも存在することになる。

思えば現在の邪馬台国熱が拡がる口火を切った書物の名が『まぼろしの邪馬台国』であったとは象徴的である。邪馬台国の所在はいぜんとして謎のままなのだから。いまこの原稿を書いている私の机辺には、邪馬台と名のつく書物だけでも四十冊ほど積みあげられている。宮崎康平氏の本に刺戟されてからは、書店で手あたり次第に古代史関係の書物を求めた結果こうなった。

私の目にふれない書物はもっとあるはずである。福岡市のある公立図書館は、邪馬台国関係のすべての書物を買入れてリストを作っている。そのリストと照合してみると、私のコレクションは三分の一以下である。まだ努力が足りない。私はさきに邪馬台国熱といった。この病気の症状は、ほぼ三期に分けられる。

第一期　邪馬台国がどこにあったかについて漠然とした興味を持つ。参考文献を書店で立読みする。それに関係した新聞記事にも目を通す。
第二期　邪馬台国関係の出版物は単行本、雑誌、新聞記事など種類を問わず集める。公開シンポジウムに出席する。邪馬台国に比定された土地へ実際に旅行する。
第三期　多くの邪馬台国論を読み、比定地へ足しげく通ううちに自説を樹立する必要性を痛感するようになる。家業のかたわら夜ふかしをして彼のあるいは彼女の邪馬台国が書かれる。その書名はたとえば『ついに解けた邪馬台国の謎』とか『邪馬台国は愛媛である』ということになる。

この熱を醒ます薬は手に入らない。かりに薬があったとしても、患者は熱から醒めようとは思っていないのだから、薬をのむわけがない。私についていえば、どうやら第二期と第三期の中間あたり、そろそろ第三期に至る頃おいである。病気が進行すればするほど人生がバラ色に見えてくる。旅行が楽しくなる。列車の窓から沿線の景色を眺めて、『魏志倭人伝』に列記された奇妙な名称の国々を考えているると退屈しない。

私の診断では、病気が第二期に入ると『倭人伝』の全文をすらすらと暗誦できるようになる。

「女王国より以北、その戸数道里は略載し得べきも、その余の旁国は遠絶にしてつまびらかに得べからず。次に斯馬国有り、次に己百支国有り、次に伊邪国有り、次に都支国有り、次に……」という調子でえんえんと続く。国名の読み方には定説がない。右の伊邪国を私の町諫早市周辺とした説もある。読み方に定説がないのだから『倭人伝』の国々が現在のどの地にあたるかも、これまたまちまちである。今までにわかっているのは、一大国が壱岐、末盧国が松浦、伊都国が糸島、奴国が博多あたりという程度を出ない。

投馬国は薩摩説あり肥前説ありにぎやかである。日向の都万、筑後の上妻《かむつま》、周防の玉祖《たまのおや》郷、備後の鞆津《とものつ》、出雲、但馬、讃岐の三野郡託間《たくま》郷などがいずれも投馬国に比定されている。なぜ投馬国が『倭人伝』のなかでとくに重視されるかといえば、この国がかんじんの邪馬台国（原文では邪馬壱国だが通説にしたがって邪馬台国とする）の北に位置するからである。

すなわち「南して投馬国へ至る。水行二十日。官を弥弥といい、副を弥弥那利可という。五万余戸。南して邪馬台国に至る。女王の都する所。水行十日陸行一月」と『倭人伝』にある。邪馬台国へたどりつくには投馬国を経なければならない。投馬国のありかがわかれば、ごく自然に邪馬台国もつきとめられる。昔から論争の焦点になっているのである。

アマチュアの活躍

私はまだ第三期には達していないから、この地こそ邪馬台国であるという自説の持ちあわせはない。見さかいなく買いこんだ邪馬台ものを、仕事に疲れたとき寝ころんで読んでいる。なかにはずいぶんいかがわしい書物もあって、こじつけと飛躍と当て推量で固めた論証に呆れ返ってものもいえないたぐいの邪馬台国説にぶつかる。

たとえば、ある著者は自説の証明にゆきづまったとき、夢まくらに卑弥呼とおぼしき美女が立って啓示を与えたという。ここまでくればバカバカしさを通りこしてご愛嬌というべきだろう。卑弥呼が美女であったとは『倭人伝』のどこにも書かれていない。夢のなかでも美女に会えた著者は幸福である。ロマンティストなのだろう。また、ある研究家は生まれ故郷の方言に『倭人伝』の謎を解く鍵を求めようとする。お前がしたではないかという意味の方言「わがしたたいろ」のたいろは臺羅を指し、臺羅とは高台の偉い人が住む国を意味するという説に発展する。着想は奇抜であり斬新であるが、科学的といえるかどうか。その著者が信じる邪馬台国はもちろん彼の故郷なのである。著者の論旨に説得力を見出すかどうかは読み手の自由である。

私は心をむなしくして新刊の邪馬台国論を読む。批判するよりもまず著者がどのように自説を展開するかに注意する。邪馬台国をジャワであるという説は、一見、途方もない論旨に聞えるけれども、それをとなえた人はれっきとした学者であった。読めばなるほどと思われる根拠があるものだ。もちろんジャワ説はただちに別の研究家から証明に欠陥のあることが指摘されて葬られた。しかし、私は新聞の文化欄にのったそのジャワ説を切りぬいてスクラップブックに貼っている。

『邪馬台国はフィリピンだ』という本も出ている。著者の加瀬禎子氏は児童文学の研究家でもある。ジャワといわれ、フィリッピンといわれても私はいっこうに驚かない。わずか二千余字の史料をもとに名のりをあげる女王国が人によって数千キロもへだたるところが興味ぶかい。そのうちハワイ説も出るだろう。ニューギニア説だって出ないとはいえない。愉しみである。

いってみれば邪馬台国がどこにあったかを証明するのは在野のしろうと研究者にとっては想像力の遊びなのである。この場合、史料が二千余字の『倭人伝』に限定されているので、読み方も各人各様のそれがあり、解釈の余地が大きいという点にぞくぞくするような謎が生まれる。律令国家形成の基盤とか、中世歌謡成立の背景とかいう分野には、しろうと学者がくちばしをはさむ余地はない。しかし、こと邪馬台国に関しては研究の対象となる史料が『倭人伝』しか存在しないのだから、しろうと学者が自分の見解を大威張りで発表して差支えないのである。かくて、無数の邪馬台国が古代日本の各地に誕生することになる。

『邪馬台国は沈んだ』という本が出たのは小松左京氏の『日本沈没』がベストセラーになってまもなくの頃である。やがて『邪馬台国は沈まず』という本が別の著者によって書かれた。沈んだり浮いたり、邪馬台国も忙しい。

私はいわゆる邪馬台文献を手に入れると、奥付や裏表紙に刷りこまれた著者の略歴を見る。これがなかなか面白い。中身の邪馬台国論よりも、十数行にちぢめられたライフヒストリイをあれこれと想像して尽きぬ興味を覚えることがある。中身の説得力も、略歴によってどの程度のものか察せられるまでになった。

現在、○○神社の宮司という著者の書はややいただけなかった。むやみに神様の名前が出て来て、あれよあれよという間に西暦三世紀の邪馬台国より千年も前に一大国家が日本には存在したことになってしまった。古代史の謎はすべて○○ノミコトや○○ヒコとかいう神様の名前のなかに隠されているという論旨であったと思う。著者はこの結論を冬の朝まだき、水ごりをとって神殿にぬかずいたときアマテラスオオミカミからさずかったという。

いい気なものだと感心する前に、古代史に挑戦した宮司の無償の情熱に私はうたれてしまう。天啓によって五百枚もの大論文を執筆するエネルギーはたいしたものではないだろうか。それだけの魅力が日本の古代史には秘められているのである。

思いがけない発見

さて『邪馬台国は沈まず』を書いた藤沢偉作氏は、東京農工大の教授で専攻は統計学である。論文「方程式の根の存在範囲」があり、著書として『数理統計学』があることでも知られるように、文章は論理的で神がかりの宮司が展開する邪馬台国論とはまったくおもむきが異なる。説得力が文章にそなわっているのである。藤沢氏は統計学の手法を邪馬台国探査に応用したと、プロローグに述べている。そして氏もまた邪馬台国に興味を持つようになったきっかけは『まぼろしの邪馬台国』を読んだときからであるという。無数のアマチュア研究家が登場することになった素地を作る上で、宮崎康平氏の果たした役割は小さくない。

藤沢氏はこの本のプロローグにおいて、「数学的見地より眺めれば、邪馬台国問題は未知数の数が方程式より多くて、解が一組にきまらない不定方程式のようなものである」と指摘している。氏の結論を一言で要約すれば、邪馬台国は九州の背振山地と筑紫平野を覆う一大国家ということになる。結論に反対する人も賛成する人も一読の価値はあると私は信じる。

氏が応用したのは専門とする統計学であるが、同じように統計学を邪馬台国問題に適用した研究家に、安本美典氏がいる。略歴によると、安本氏は日本リサーチセンター数理分析室長をへて、現在は産業能率短大の教授である。専門分野に関する著書のほかに、邪馬台国の研究書が七、八冊もある。氏によると地名の残存率は千年でおよそ九〇パーセントであるという。

古代史についての書物を開く愉しみは、思いがけないところで意外な知識を手に入れられる点にもある。さきにあげた藤沢氏の著書によって、私はアメリカの言語学者スウォデシュの言語年代学というもののあることを知った。くわしい説明をするゆとりはないが、その言語年代学の中心をなす一つの方程式を解くことで、日本語の成りたちが調べられるのである。二千年前の日本語は約六割が朝鮮語系、約三割が南方語系、約一割がアイヌ語系であったそうだ。もちろん、これは一つの説であって学界が全面的に認めているわけではなく、日本語がどのようにして成立したかは今もって一部に謎が残されていることをつけ加えておく。

ついでに安本氏の近著『日本語の成立』には、カリフォルニア大学の言語学者オズワルトが発明した「シフト法」を日本語に適用して、〝世界の言語のなかで、音韻、文法、基礎語彙の三つにおいて、日本語にある程度近いという条件を満足させるのは、朝鮮語とアイヌ語だけであるといえそうである〟と述べられているのを紹介しておきたい。古代史に興味を持つ人であれば、日本語の成りたちにも無関心であるはずがない。

ところで、福岡県の甘木市周辺の地名と奈良県の三輪山を中心とする地名がまったく同じであるという事実を、読者のうち何割が知っているだろうか。甘木市の笠置山を起点として時計の針と逆まわりにたどってゆけば、御笠山、池田、三井、小田、三輪、高田、朝倉、香山、鷹取山と続く。目を奈良に移して見ると、同じ笠置を起点にして、三笠山、池田、三井、織田、三輪、大和高田、朝倉、天香久山、高取山と続く。地名の一致はもっと続くのだが、これが偶然の結果ではありえないことくらい子供にもわかることである。安本氏はこの一致を九州から近畿への大きな集団の移住があったためとしている。

氏はさまざまなデータから、移住の時期を西暦三世紀の末と計算した。そのころ九州にあった邪馬台国の後継者たちが畿内に入り、大和朝廷を開いたと結論している。安本氏の古代史についての書物は私は一冊もあまさず揃えている。文章が平明で、論理的である。あたりまえではないかと思う読者がいるかもしれない。ところが実はこれが全然あたりまえではない。文章がむずかしく、非論理的な邪馬台国文献の方が数の上では多いのである。

在野の研究家としてはぜひ古田武彦氏の名をあげておかなければ片手落ちというものだ。氏には「親鸞の歴史的個性の比較史的考察」という論文があることでもわかるように初めから古代史の研究家ではなかった。最初の本『「邪馬台国」はなかった』が出たのは、昭和四十六年のことだが、この衝撃的なタイトルをつけられた書物を読み終ったときの感動はまだ新しい。序文に氏は述べている。

「わたしは、かつて学者になりたいと思わず、一度も学者であったことはなかった。だから、この解読も、学者としてではなく、問いを発し答えをのぞむひとりの人間として、解読しつづけてきたにすぎぬ。それゆえ、わたしは学者のような権威をもって語らず、読者と同じふつうの人間として、語りたい。(以下略)……」

謙虚と自信をかねそなえた右の文章は私の目に美しいと映る。研究者はこうでありたい。古田氏はこのあと矢つぎばやに古代史の常識をくつがえす労作を世に問うた。『失われた九州王朝』『邪馬壹国の論理』『邪馬一国への道標』などである。

怠惰な狩人――私の邪馬台国

古代史の森のなかで

つい先ごろ、ぶらりと立ち寄った町の本屋で、「卑弥呼と漢委奴国王」という本が目にとまった。著者はある女性である。

さっそく本棚からとり出してざっと中身を調べた。邪馬台国とはなんの関係もない書物で、卑弥呼とは愛猫の名前であった。漢委奴国王もまたしかり。人騒がせな本もあったものだ。私の前に勘定を払っている客がいたので、中身を調べるゆとりがあった。その客がいなかったら題名だけで私は本を包ませていただろう。

とりあえず買う。いつもそうしている。邪馬台国関係の本を店頭で見つけたら、中身の如何を問わず手に入れることにしている。西九州は肥前の片田舎ずまいゆえ、本屋に並べられる書物はかぎられているのだ。そのとき購入する機会をのがしたら今度はいつ買えるかわからない。年に何度か上京して古本屋めぐりをし、邪馬台と名のつくもの、卑弥呼と名のつくものなど日本の古代史をあつかった書物は手当たりしだい買いこむ。しかし、定価よりやや下まわる値段で買っても送料を入れると結局は高くつく。新刊で購入するしかないのである。

私は自分の本棚を整理していない。

整理をする暇がないというよりも整理をする能力が欠けているのである。あまりに雑多雑然われながら呆れ返り、かくてはならじと重い腰をあげて整頓にかかる。「フロイス日本史」の隣に「パパ・ヘミングウェイ」がある。「レイテ戦記」の上に「チェス入門」がのっかっている。「鉄の首枷小西行長伝」が「やちまた」と並んでいる。せめて小説は小説、歴史は歴史ていどに分類しなければと殊勝な心がけで整理にとりかかったまではいいのだが、十分の一もやりとげないうちに本棚の向こう側に落ちこんでいたホイジンガ著「中世の秋」に気づき、しゃがみこんだままあちこちとページをくって拾い読みしてしまう。結局、雑然とした本棚をかきまわしてもっと混沌（といえば体裁がいいけれど）の度を深めたようなものである。

とはいうものの例外は日本の古代史である。本棚の一つはまるまるこれに当てている。不精ゆえ何冊あるか数えたことはないが、四、五十冊はあるだろう。単行本はいうに及ばず、週刊誌月刊誌の特集記事、新聞の切抜をスクラップブックに貼ったものまで同じ書架につめこんでいる。見さかいなく買いこむ一方でそのつど目を通しているわけではないから、読了しているのは全体の五分の一もあればいい方だろう。

いってみれば私は卑弥呼という鹿を追う狩人の一人だとしても、ごく怠惰な狩人であって、自分一人の力で鹿を生けどりにしようとはゆめ思っていないのである。獲物を追う道すがら風景に見とれることもあるし、泉の水を汲んで渇きをいやすこともある。疲れた場合は鹿を追うのは他人にまかせ、木かげでひと寝入りすることもある。なにしろ狩人はあまりにも大勢で、古代史という森の中を誰かに会わずにさまようことなど出来ない相談なのだ。いつかは鹿は捕えられるだろう。それとも狩人たちは見失うだろうか。わかっていることは一つ、狩人たちが決して諦めないということである。古代史の暗がりに見失うことがあるとしても、足痕は残る。猟人たちは想像力の網と史的探索力の笛でもって必ずや鹿をめざす場所に追いこむにちがいない。ただ困ったことに猟人たちは、鹿がめざす隠れ処についてそれぞれ意見を異にしているのである。隠れ処すなわち邪馬台国の所在がはっきりしているのならば、卑弥呼が何者であるかも、もっと早く確定するのだろうが。なにぶん古代史という黒い森は充分に深い。鹿の姿を見とどけた者さえ一人もいない始末である。

追跡は手間どるだろう。

アマチュア史家たちの経歴

「まぼろしの邪馬台国」が世に出たのは、昭和四十二年である。

著者宮崎康平氏は、私の町諫早《いさはや》市に隣接した島原市に住んでいる。〝盲目の詩人がついにたずね当てた古代史の秘密〟ということで、刊行当時は大いに評判になった。私が邪馬台国のありかに興味を持つようになったのはそれからである。したがって他の猟人たちにくらべ、私の探索歴は十年そこそこということになる。邪馬台国関係の書物をものされた人たちが、短い人ですら二十年、長い人では三、四十年という経歴の持ち主であることを考えれば、私ごときは猟人の資格はおろか猟人と自称することもはばかられる。こういう文章を草するおこがましさを恥じなければならない。

隣り合った市に住んでいながら私はまだ宮崎康平氏に会ったことがない。時おりテレビで拝見するだけである。このあいだはNHKテレビ「この人と語る」という番組に登場しておられた。いわば古代史ブームをまき起した当の人として私は一度くらいはお目にかかりたいと思ってはいるのだが、宮崎康平氏は忙しい人である。島原鉄道という私鉄の重役であり、バナナや稲の品種改良にも意を用い、島原の子守唄を作詞もし、その才能は尋常ではない。古代史探究は氏の多様な好奇心の一つの現われであろう。田舎の私鉄会社でのんびりと株価の変動だけ見て来た人とはわけがちがう。氏の経歴はそのまま一篇の物語となってもおかしくないほど波乱に富んでいる。私は氏が自伝を書かれるのを愉しみに待っている者の一人である。

古代史を研究する人は宮崎康平氏一人だけではないのに私が氏のことをながながと書いたのは、「まぼろしの邪馬台国」を著わすまでの〝波乱に富んだ生涯〟を興味深く思うからである。私は邪馬台関係書を手に入れると、まず奥付をあらためる。著者の略歴が必ずといっていいほど紹介してあるからだ。著者がどういう根拠で阿波を豊前を筑後をフィリッピンを卑弥呼の位した土地と断定したかを知りたいという関心と同じていどの、いやあるいはそれ以上に著者がその書を刊行するまでにどのような生活史を持ったかも私には尽きせぬ興味なのである。

経歴はわずか二、三行で片づけられる場合もあれば十数行をついやされる場合もある。簡単なものは簡単なりに私は行間に秘められた生活の辛酸を想像する。一九一×年東大法学部卒業、同年大陸へ渡り南満洲鉄道株式会社に入社、戦後九州経済調査会社を経て現在無職、福岡県筑紫郡太宰府町に居住、という三、四行の記述に六十数年の人生を思い、この人がいついかなる状況で邪馬台国の所在に関心を持つようになったかを考えるのは刺戟的である。

私のとぼしい蔵書のうち、著者が何かのかたちで大陸につながっているのは少なくない。いうまでもなくこの人たちはアカデミックな歴史学者ではない。鉄道技師、船長、電気技術者、神主、税関吏、医師など職種は多彩をきわめている。くわしい経歴はくわしいなりに面白い。デザイナー、高校教師、TV局員、新聞記者、作家、大学教授、他にも探せばもっと変った職業についている人がいるだろう。どちらかといえば私には歴史の専門家が書いた本よりアマチュアの書物にわくわくさせられる。私自身が歴史学の素人だからであろう。

とっぴな仮説（邪馬台国は著者がただ今すんでいるその地であることが多い）、飛躍の上に飛躍した論理（仮説に適合しない証拠は理由もなく見すてられる）、推論に重ねた推論などは史学の専門家には笑止というほかないだろうが、私には専門家が学問の初歩的な手続きを忘れているといって素人たちをバカにするまさしくその喰いちがいが意味を持つのである。

無償の情熱。邪馬台国を探し求める人たちに共通しているものである。これなくして書物が読者をうつはずはない。私は今まで少なからぬ邪馬台国ものを読んで来たつもりだが、一冊とてバカバカしいと思ったことはない。なかにはいかがわしい本もあった。素人の私でさえ著者に対して、そのあまりにも説得力に欠けた論の進め方に呆れてしまい、精神鑑定をうけてみてはどうだろうかと思った本もあった。といえば読者の一部には「ああ、あの本か」と思い出す人もいるだろう。

しろうと論議を笑わない

昭和四十九年三月、私は大分の宇佐神宮へ初めて詣でた。鹿児島本線で博多を経て中津で列車を降り、タクシーで宇佐へ向かった。大分大教授富来隆氏の「卑弥呼」を読んでいたせいもあるが、久保泉著「邪馬台国の所在とゆくえ」という邪馬台国＝宇佐説をとった一冊の力もあった。現地を見るにしくはないのである。

後者は実をいうと石沢英太郎氏に読んでもらうため送っていて手許にない。著者の職業は弁護士であったと思う。さすがに弁護士という職業がら、書物の三分の一以上は論理の進め方自体にページがさかれ、私は古代史を解明する本を読んでいるというより論理学を勉強しているような気になった。著者があえてそうせざるをえないほど、ふつうの邪馬台国関係書は強引な記述で読者を「わが邪馬台国、わが卑弥呼」へみちびこうとするのである。そういう論法がまかり通るなら、無実の人間を殺人者に、殺人者を無罪にすることもいとたやすいだろう。

この本はあまり世に知られていないのでこの際、紹介しておきたい。わざわざ宇佐くんだりへ出かけたのは、同書で言及されている百体殿を見たいためだった。「魏志倭人伝」の終りの方に「……卑弥呼以死大作冢径百余歩徇葬者奴婢百余人……」という件りがある。多くの邪馬台国ものは卑弥呼の墓はあそこでもないここでもないと問題にするけれども、奴婢百余人を殉葬した点には触れたがらない。久保泉氏の著書だけが百体殿に注目しているのである。

で、私は宇佐神宮の見物はほどほどにして百体殿を探した。神宮の神主に訊いてみても要領をえない。「そんな所がありましたかなあ」という返事である。ようやく町のタクシーに乗ってわかった。それも運転手が本社へ無線で問合せたあげくのことである。タクシー運転手さえ知らないのだから他は推して知るべし。百体殿は宇佐神宮と向かいあう小丘の中腹にあった。荒れ果てた無人の社屋が畑に囲まれて残っていた。石造の小鳥居がなければ見すごすところだったろう。境内の片すみに石碑があり、隼人塚という文字が読まれた。百人の隼人を葬ったのであろうか。私としては、隼人というのは後世の人が奴婢を隼人といいかえたのではないかとカンぐっている。奴婢塚ではサマにならないのである。

かといって私は邪馬台宇佐説をとる者ではない。大いに久保氏の説に魅力を感じはしても、決定的な証拠となる物が存在しないからには「宇佐説にも一理あり」とうなずく程度である。久保説にかぎらない。これはほとんどの邪馬台国＝○○説についてもいえることで、私はまず心をむなしくして著者の論証を吟味する。なるほど、うんそうかなどと膝を叩くこともある。それはちょっとどうかなあと書物を伏せて異論をさしはさむ。しかし基本的には虚心に著者のいうことを聞くのである。どんな本にも最低一つや二つの収穫がある。著者が多年、寝食を忘れ時には生業をなげうってまで考究した労作である。収穫がな

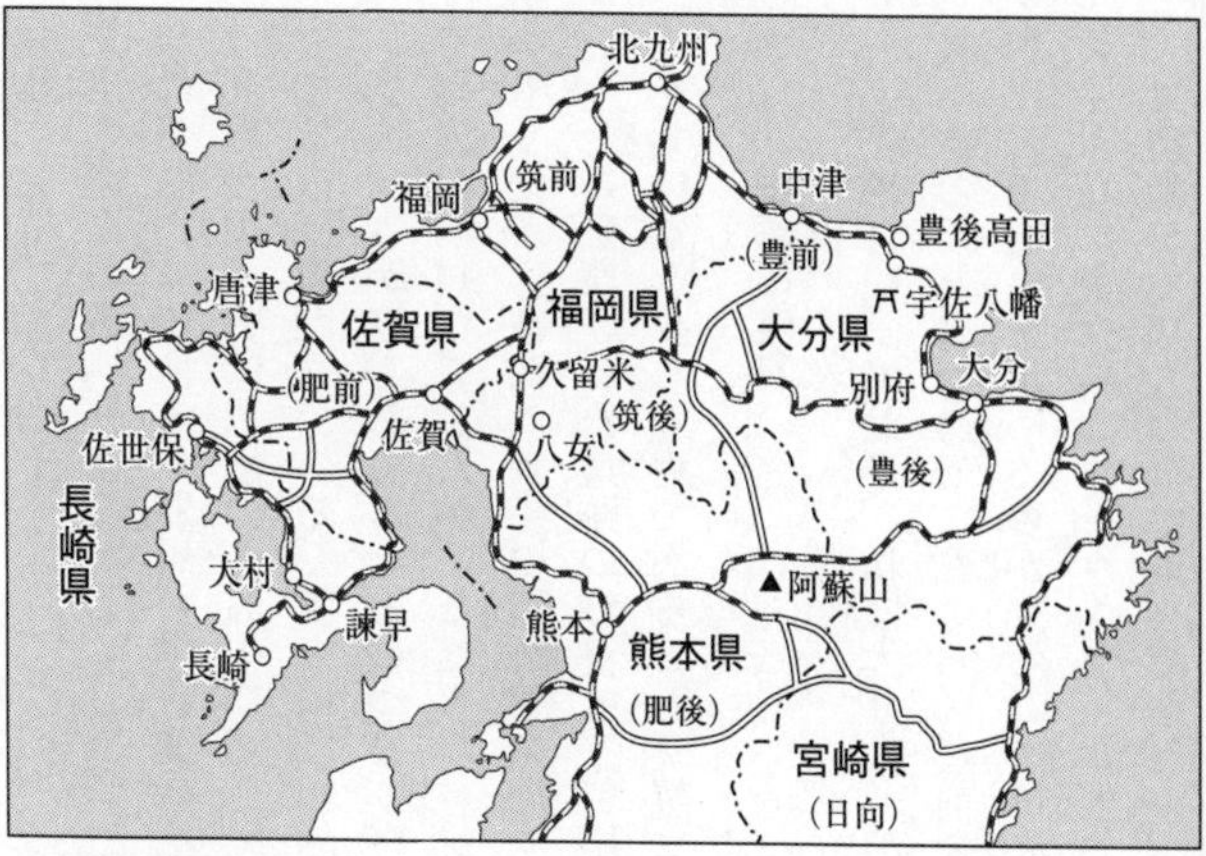

北九州概念図

ければどうかしている。たとえば加瀬禎子著「邪馬台国はフィリピンだ」によると、南方原住民の言語で、ワ、ワニ、ワヌ、ヴァアなど、舟を「ワ」と呼ぶのだそうである。無学な私には初耳だった。

著者はフィリッピン説を出すのは大方の失笑をかうのみであろうと危惧している。

私は失笑しない。フィリッピンだろうとジャワ、スマトラあるいはマダガスカルだろうと失笑もしないし驚きもしない。著者がその地を邪馬台国であると考えるのには何がしかの根拠があるからで、私としてはその根拠を知ればいいという考え方に立っている。加瀬禎子氏は次の四つの国々も邪馬台国と見なしている。印度最古の叙事詩「ラーマーヤナ」に描かれた国「ヤーバ・ドヴィーパ」、仏僧法顕が漂着した「邪婆提国」、ギリシア人プトレマイオスの「地理書」に記された「イアバディウ」、呉の遣使、朱応と康泰の著「扶南記」「呉時外国伝」に描かれた「諸薄国」。つけくわえれば加瀬禎子氏は童話作家である。邪馬台国研究者は男ばかりであったのについに女性も登場した。私は邪馬台国探しは想像力のあそびだと思っている。歴史をあそびだとはけしからんと肚を立てる人は専門家である。素人には知的なあそびの域を出ない。それでいいではないか。

素人はさか立ちしてもとどのつまり専門家に及ばない。シュリーマンがいる、とさっそく異議を申し立てる人がいるだろう。シュリーマンの偉業を認めるのにやぶさかではないつもりだが、彼はトロイの遺跡を発掘すると同時に破壊もしたことは学者が指摘している。いったん破壊された遺跡の修復は不可能なのである。日本のシュリーマンをもって任ずる人たちはもう少し謙虚であることが望ましい。

根気と体力

宇佐神宮に詣でた日、私は大分に一泊し、翌日九大線で久留米へ向かった。豊後から筑後へ旅したわけである。ところで豊前といい筑前という。肥前といい肥後という。何を基準にして前後を定めるのか知らないほどに私は歴史の常識から遠いことをあえて白状しておく。私に素人のコウトウムケイな邪馬台国論を笑う資格があるとは思われない。

久留米市で知人の車に乗せてもらい、鹿児島本線に沿うて国道を南下する。石人山古墳を訪ねるのである。地図によれば国道のすぐ東にあり探し当てるのはなんの造作もないように見えるのだが、坦々たる平野として地図に描かれた現地は多少の起伏があり、私たちの車は幾度も小丘の間で道に迷った。やはり現地には出かけてみるべきである。私が用意したのは二十万分の一地図だったが、かりに五万分の一地図であっても、現地の実際はつかめない。人物写真とその当人のちがいに似ている。丘に登って見渡す筑後平野のたたずまい、丘の微妙な起伏、丘のひだにたたまれたかげり、陽ざしの色、大気の肌ざわりなどといったものは、どんなに精密な地図でも表わせないものである。出かければ出かけただけのことはあるものだ。

「失われた九州王朝」の著者古田武彦氏は近畿天皇家とは別にもう一つの王国が九州に存在したことを熱っぽく論証している。初版は昭和四十八年刊である。同書が私を石人山古墳へみちびいたともいえる。私は想像していたよりも大きな丘の上に立って胸が躍るのを禁じえなかった。同書にいう。「筑後の石人山古墳、人形原の古墳群、さらには筑後を中心としておびただしい壁画古墳（いわゆる『装飾古墳』）も、当然、この九州王朝との関連から、再び注目されねばならない。」

古田説によれば、前二世紀から七世紀まで九州王朝が存在したという。古田武彦氏はもともと親鸞の研究家である。歴史学の正統的な方法論に立ち科学的手続きを経て、第一作『邪馬台国』はなかった」から「失われた九州王朝」「盗まれた神話」「邪馬壹国の論理」

と一貫した史観でもって従来の邪馬台国研究書を批判している。氏の論証は素人の私には水も漏らさぬ緻密さと堅固さを備えているように受けとられる。江上波夫氏の騎馬民族渡来説に劣らないほどに魅力的である、というのは私が九州人だからだろうか。

古田武彦氏の著作を知って、これは史学界からさぞ猛烈な反駁をうけるだろうと予想していたら果していくつかの論駁がなされた。しかし、反論は古田武彦氏が採用した厳密な方法論に基いているようには見えなかった。野にとどまって新説を提出する人はつねに嘲笑されるか黙殺される。学界が古田説を黙殺できなかったのは、古田説にそれを許さない説得力と重さがあったためであろう。反論はむしろ古田武彦氏にとって望むところであったにちがいない。私の知るかぎり、古田武彦氏は反論にそのつどていねいに応えている。

私は今のこの一文を綴りながら、九大線の車窓から望見した由布院盆地の情景を思い出している。「盗まれた神話」が出たのはその次の年である。第六章、蜻蛉島とはどこか、で氏は神武紀の一節、「皇輿巡幸す。因りて腋上《わきがみ》の嗛間《ほほま》の丘に登り、国の状を廻望して曰く、『あなにや国を獲《え》つること。内木綿《ゆう》の真迮《さき》き国と雖《いえど》も、猶《なお》蜻蛉《あきつ》の臀呫《となめ》の如し』と。是に由りて始めて秋津洲の号有るなり」を引いて、由布院盆地こそ秋津洲であると断定する。地形がトンボの交尾にそっくりである。盆地の西には福万山がそびえ、その中腹に井手脇という地名があり、脇とつく地名は他にも多いということである。秋津洲が従来いわれて来たように奈良盆地であるとすれば、この盆地に向かって、「まことに狭い」という批評は当たらないと氏は主張する。〝日向から東征〟したはずの神武天皇の目に奈良盆地が「真迮き」と映るのは不適切であるとする氏の説に人はどうやって反論するだろうか。

石人山古墳を降りた私は女山《ぞやま》へ急いだ。神籠《こうご》石を見るためである。国道をさらに南下すると左手に樹木で覆われた山が見えてくる。地図ではちっぽけな山でも近づくにつれせりあがるように見え、やっとのことで登り口を発見して急峻な坂道を辿り、山頂へ至ろうとしたのだが、道はのぼるほどに勾配がけわしくなり、ついに私たちは登頂を諦めて下山した。疲れてもいたのだ。中腹で眺めた筑後平野の壮大な景観がせめてもの収穫と思わなければならない。こうなれば最後には体力がものをいう。

道は山頂へ続いていたのだから、車の馬力が不足したからといって引返さなくてもよかったのである。しかし、ゆけども小暗い木の下闇の坂道ばかりで、神籠石らしい築造物はどこにも見当たらないことに私はがっかりしていた。まちがった道をえらんで登りにかかったのだと推定せざるをえなかった。深い木立と勾配の急な山腹をほっつき歩いたところで、落葉に隠された神籠石を探し当てられるという保証はないのである。

この事例の教訓。

邪馬台国探索者には体力と根気が必要である。

神籠石など

作家長谷川修氏は下関の水産大で数学を教えてもいる。氏と初めて会ったのは昭和四十年の暮であった。佐木隆三氏も同席していたことを覚えている。小倉の魚町で話はもっぱらたわいのない文学談に終始し、邪馬台国のやの字も氏の口からは出なかった。

ところがその後、氏と文通するようになり氏が古代史について並々ならぬ造詣のあることを知って私は驚いた。作家でもあり数学者でもあることすら一風かわっているのに、古代史にまで専門家はだしの知識を有している人はめずらしい。私が神籠石にまつわる新発見を知ったのは氏の話からである。くわしくは長谷川修氏の著「古代史推理」を読まれるにしくはないのだが、氏は二十万分の一地図上に西日本の古代城址と神籠石をプロットし、それぞれ三つずつが正確な一直線上に築かれていることを見出した。女山、基山《きやま》(椽)、大城山《おおきやま》(大野)は南北に、御所ケ谷、鹿毛馬《かけのうま》、三野城は東西に並んでいる。

ただそれだけのことに気づくのなら別にとりたててどうということはない。氏の本領は地図にプロットした二点ずつの遺跡を結ぶ直線を引き、多くの直線のうち三つの直線が一点に会する所があればその位置に未知の神籠石が築かれているのではないかと仮定し、まず、おつぼ山と高良山を結ぶ線を東へ延長し、豊前の下毛《しもげ》郡あたりにもう一つの神籠石遺跡が存在するのではないかと、あたりをつけたところ、そこからほど遠くない筑前朝倉郡

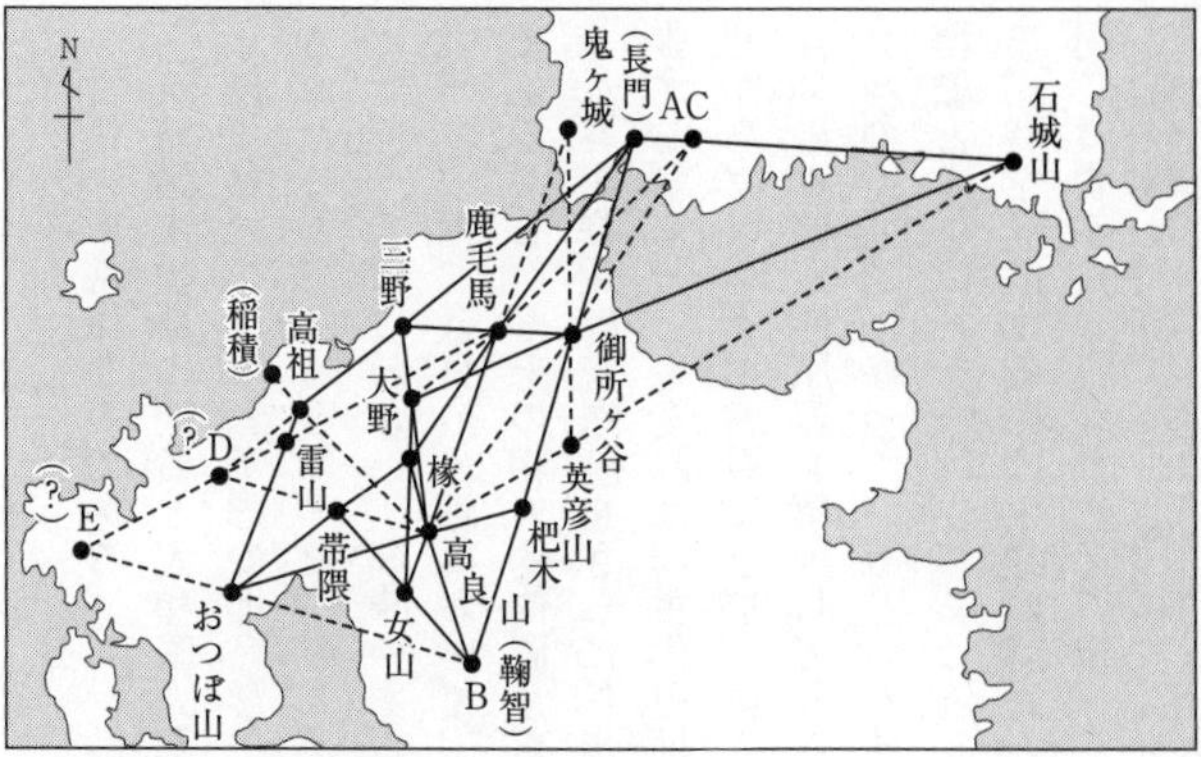

神籠石の分布図（長谷川修『古代史推理』より）

で、道路工事ちゅうに偶然神籠石遺跡が出土したのである。それは氏が地図上に引いたおつぼ山と高良山を結ぶ線にぴたりとあてはまった。

いかにも作家らしい既成のものの見方にとらわれない態度である。数学者らしい直観のひらめきである。同じ古代史の素人でも素人なら長谷川氏のように史学界といういわば閉じられた世界の外でその門扉を内側の人に聞えるほど高らかに叩くことができなければ意味がない。

長谷川修氏と再会したのは昭和四十四年であった。その折は小説のことなどうっちゃって古代史の話ばかりかわしたような気がする。かわしたというのは正確でない。私が一方的に聞き役にまわって、長谷川修氏の豊富な知識に聞きほれたといわなければならない。まことにうかつにも九州と大和の地名の一致についても、長谷川修氏に教えられるまでは私は気づかないでいた。

古代史の常識なのである。

筑前国夜須郡の地名と大和国大和郷のそれとの間に奇妙な一致が見られる。

後で私はこれがわが国の地名学に大きく貢献した鏡味完二氏の著「日本の地名」で指摘されたことであると知った。どこがどういうふうに一致しているか今更くだくだしくここに記そうとは思わない。興味のある読者は地図を拡げて地名の照応を確かめるといい。北九州の一画と奈良の一画において、二十一の地名のうち十七の地名まで、発音がほぼ同じである。しかもその相対的位置すら符合している。こんな偶然はありえない。

長谷川修氏は鏡味論をさらに一歩すすめて九州の地名が東日本の各地に見出されると主張する。もっともそれは「古代史推理」の記述であって、長崎市で再会した折は話が卑弥呼からプランクの常数にとび、倭人伝の方位論から熱力学の第二法則に変り、ハイゼンベルクの不確定性原理を解説してもらっているつもりでいると、話はいつのまにかヤマトタケルの遠征譚に移っているという具合で、私は時がたつのを忘れて長谷川修氏の驚くべき博識と才智に耳をそば立てることしかできなかった。書物だけの情報というのは限度がある。詩を理解するには生身の詩人とつきあうのが一番という意味で、古代史研究にも志を同じくする人と膝をまじえて親しく先人の肉声を聞き、その風貌に接しなければ何か大事なものが欠けるのではないか。私は独学者のおちいりやすいひとりよがりの危険をそのとき思い知った。私が古代史について長谷川修氏に負うところのものは大きい。氏と最後に会ったのは昭和四十九年である。
「古代史推理」が出た年でもある。はや四年がたとうとしている。その後の収穫をうかがいたいものだと思いながら会えないでいる。

作家の本棚

前述の石沢英太郎氏は福岡県の太宰府町に住んでいる。日本推理作家協会の会長であり、去年その作「視線」は推理作家協会賞を受賞した。氏のデビュー作は短篇「羊歯行《しだ》」である。わが国の推理作家で羊歯という植物にもっともくわしいのは石沢英太郎氏であろう。氏には「やきもの推理行」という紀行と推理をかねた著作もある。唐三彩、古伊万里、備前、益子などのやきものにからむ謎をたずねて窯《かま》もとへ旅し、やきものを愛する愉しみを語った、なかなかにいい本である。

石沢英太郎氏は、一九一六年満洲の大連に生まれ、敗戦時は満洲電業という国策会社の社員であった。ロシア語と中国語に堪能である。戦後、引きあげて来て昭和四十三年までサラリーマン生活を送った。やめるときはその社の総務課長であった。いってみれば、人生の裏も表も知りつくした人である。

氏と初めて会ったのは、昭和五十年である。私も推理小説のファンなので、いろいろと興味深い話を聞くことができた。羊歯、やきもの、推理小説の他にまだ氏が関心を持つものがあった。映画である。氏が映画雑誌に連載した監督山中貞雄論は、識者に高く評価されている。太宰府の自宅に氏を訪ねて、敗戦直後に大連であやうく殺されかけた話など聞いているとき、ふと卓上を見ると中央公論社刊の「日本の歴史」第一巻が置いてあった。表紙は手ずれして、中身もさんざん読み古したあとが見られる。そのときは別段かくべつな印象は受けなかった。作家が日本史の本を読むというのはありふれたことである。

しばらく日がたって、博多在住の作家白石一郎氏と雑談していた折、話が石沢英太郎氏の多方面に及ぶ才能のことになり、石沢氏もまた邪馬台国にただならぬ関心を抱いていることを知った。

「なにしろあの人は井上光貞の『日本の歴史』を二十回読んだんですからね」

というのが白石一郎氏の言葉だった。二回くらいは誰でも読む。三、四回と聞いても私は驚かない。しかし、二十回というのは見事なものである。著者も本望だろう。石沢氏は私が「日本の歴史」を手にとってページをくっているとき一言もそのことに触れなかった。ペシミストであり怠け者をもって自任する人が、邪馬台国の所在に関心を抱いたがゆえに一冊の本を二十回もひもといたわけである。

後日、石沢氏宅を私が再訪したとき、本棚の一つに邪馬台国関係の書物だけが並べられているのに気づいた。他人の本棚をじろじろ見るのは何となく失礼な感じがするので、最初の日は遠慮して目をそらしていたのだった。石沢氏が邪馬台国に興味を持っていることを知って、他人ではないような気に私がなったのはいうまでもない。邪馬台国がどこにあったかということだけを目の色変えて追求するのはまちがっている、というのが氏の意見である。しいていえば、装飾古墳が多く分布している熊本県北部と福岡県南部の一帯と考えるけれども、自分の関心はむしろ当時の国家の成立過程にあるので、倭人伝の記述が真実であれば、階級分化が進み生産力に余剰が生じつつあるという魏使の観察の方に興味があるという。

大連という植民都市で一国家の崩壊を目撃した人のいうことばとして私は氏の言を受けとった。このように邪馬台国研究者はそれぞれ自分の人生経験で裏打ちされた史観を持っている。私はといえば、古田説をもっとも強く支持するのだが、邪馬壹国が博多湾周辺にあったという指摘に百パーセント賛同するわけではない。

古田説は魏志倭人伝の記述を全面的に信頼することを前提として組立てられている。私のささやかな疑問は、当時の中国人が倭人の語る言葉をどこまで正確に聞きとりえたかということにある。台という発音に関して甲類と乙類の別があることを国語学者は指摘しているけれども、果たしてその別まで異邦人である魏の人が聞き分けたであろうか。と私がいえば、史料を信じることなしに歴史の再構成は不可能ではないかと古田氏は反論するだろう。しかし記紀と魏志倭人伝はおのずから性格が異なるのである。

古田氏は無批判に魏志倭人伝の史料的価値を認めているのではない。それどころか、氏の倭人伝に対する精密なテキストクリティックは学界の権威に舌を巻かせたはずである。私の疑問はあくまでささやかな疑問にとどまる。ついでにもう一つ古田説に疑問を呈することを許してもらいたい。邪馬台が実は邪馬壹であるという古田氏の論証に反論する学問的素養は私にないことを断わった上で、素人の疑念は、邪馬壹は病《やまい》に通じるゆえ、そんな不景気な国名をなぜ昔の人はつけたのだろうかということである。千七百年前の昔には病《やまい》という言葉は存在しなかったのだろうか。日本語としても座りが良くないように思えるのだがいかがなものか。くり返しいう。以上は私の小さなとるに足りない疑問であって、それというのも古田説の合理性を認めるゆえである。私のように無責任な門外漢はどんなことでもいえるという証左になろうか。

十年ほど前に、魏志倭人伝を読んだとき、「その余の旁国は遠絶にして詳《つまびら》かにしうべからず。次に斯馬《しま》国あり、次に已百支《いわき》国あり、次に伊邪《いや》国あり」というくだりで、私はおろかにも伊邪国は諫早の古名伊佐早を指すものと受けとったことを告白する。駆け出しの邪馬台マニアは一度ぐらいそんな経験を持つものなのだ。

今のところ私は古田説にならって、邪馬台国は邪馬壹国であり、博多湾周辺にあったと信じている。それでも問題が解決したとは思っていない。野に遺賢あり。いつ、誰が新しい研究をひっさげて登場するかしれたものではない。これからも私は書店で邪馬台国関係書を漁るだろう。もっか待たれるのは古田武彦氏の新著である。「邪馬一国への道標」が三月末に刊行と広告で知って注文しているのだがまだ手に入らない。

福岡市民図書館が第三十回新聞大会の卓話資料として印刷した六ページのパンフレットが私の机上にある。表題は「あなたが探す邪馬台国」で、これまでに出版されたいわゆる邪馬台ものが玉石とりまぜて百冊紹介されている。それに目を通していると、一九一三年に木村鷹太郎という人が卑弥呼は神功皇后でエジプト女王であったととなえていることがわかった。今度上京したら木村氏の著「日本太古小史」を探してみよう。

筑紫国造 磐井の叛乱

石人石馬のある古墳

福岡県は北が玄界灘に、南が有明海に接している。

久留米市は福岡県の南北を軸とすれば、ほぼその中心に位置する。有明海を抱きかかえるように扇形に拡がった筑紫《つくし》平野の要《かなめ》にあたる。

私は久留米市から国道二〇九号線を車で南下した。右手すなわち西にはまぢかを鹿児島本線が並行している。右手に水縄《みのう》山地の青紫色を帯びた稜線が見える。麦畑の黒い土に芽生えた緑が目に快くしみる。たよりは二十万分の一地図だけである。地図によれば久留米市の南部はたんたんたる平野のように一面みどりに塗られているけれども、それは市の郊外に限られていて、五キロあまり走ると道路はゆるやかな起伏をなし、低い丘陵があちこちにもりあがって、視界はさえぎられる。

私は石人《せきじん》山古墳と、磐井《いわい》の墓とされる岩戸山古墳を訪れようとしているところだ。石人山古墳は、国鉄西牟田駅の東で二〇九号線と直角に交わる道路の分岐点に存在する。すくなくとも地図で見る限りありかは一目瞭然である。私はタカをくって国道を南下し、そことおぼしき別れ道で左折して石人山古墳を目ざした。ところが行けども行けども古墳が見つからない。一望の平野であれば石人山古墳のような築造物はたやすく探しだせるのだが、地形は意外に複雑である。

車内は目の位置が低いので、周辺の小山や丘陵でよけいにそう感じられるのかもしれない。右に折れ、左に曲がっているうち、自分の車がどこを走っているのかわからなくなってしまった。地図には国道から古墳へ至る道路まで記入されていない。私は五万分の一地図を用意すべきだった。

車をとめ、私は茶褐色に冬枯れた低い丘へ登った。

ヒーターで暖まった肌が冷たい風にさらされるのは快かった。

視界がひらけた。目の前に巨大な前方後円墳が横たわっていた。車をとめた丘の裾をまわれば目的地を見出すはずであった。十分後、私は古墳の頂にたたずんでいた。後円部の中央にコンクリートの小屋が造られ、鉄柵がはまっている。うす暗い内部を鉄柵ごしにのぞきこむと、半ば土に埋れた恰好で屋根形の白っぽい石棺が見えた。屋根にあたる箇所には、連続文、三色文、獣面、山形陽刻が一面に彫られている。石棺は四枚の凝灰岩を組合せ、高さは、一・四メートル、長さ二、三メートルである。かたわらに甲冑をつけた二メートル足らずの石人の彫刻が立っている。両腕はなく顔面はいちじるしく毀損され、原形をとどめない。材質は石棺と同じく阿蘇凝灰岩らしい。小屋の暗がりに突っ立つ石像は威圧的である。これが全長百七メートル、正面幅六十三メートル、石人山古墳の周辺にずらりと立ち並んださまは壮観であったろう。

石人は高田町（福岡県みやま市）上楠田の石神山古墳と、岩戸山古墳（同八女《やめ》市吉田）から出土している。筑紫国造《くにのみやつこ》磐井《いわい》が起した乱については原田大六氏の『新稿　磐井の叛乱』が参考になる。磐井と石人石馬は切っても切れない関係にある。写真で見るそれは、ただの石像にすぎないが、ひとけのない古墳の項上で寒風に吹かれながら現物に接すると、写真にない迫力が感じられる。石人を損傷したのは明らかに人間の力が加わっている。自然の風雨で磨滅したものではない。

石人山古墳の東南東およそ五キロの位置に岩戸山古墳がある。久留米市を経て熊本へ至る国道三号線の西側である。八女市の北郊にあたる。したがって両者は二〇九号線と三号線にはさまれて存在することになる。茶色の枯草で覆われた低い丘陵が散らばるこのあたりの地形を、私は千五百年前の筑紫人になって点検してみる。どう見ても大軍を機動的に運用できる地形ではない。今でこそ平野も丘も耕されているが、あちこちに残っている竹やぶや叢林から推し測ると、往古はもっと森林が多く、水蝕される前の地形は複雑であったろう。少数精鋭の兵を丘や森かげに伏勢として配置するのにうってつけの土地に思われる。ゲリラ戦に向いているのである。

この地方に不案内である大和の兵を、丘と丘との間に誘いこみ分断して殲滅する。援軍が駆けつける前にさっさと逃げる。ということは可能だったはずだし、地の利を心得た将兵なら、まっ先に考えついた作戦であったろう。そうでなければ、磐井が豊、火（肥）、筑三ヵ国の軍勢をあわせ指揮したとはいえ、大和朝廷がさしむけた征討軍と一年半もの間、抗戦できるわけがないのである。征討軍勢の数は記録にあらわれないが、叛乱前に大和朝廷が組織して南朝鮮へ送りこもうとした兵員は六万という。おそらく、そのていどの軍勢が九州へ西下したものと想像される。

磐井の叛乱の謎

岩戸山古墳は周囲の堀を含めると東西百七十六メートル、北九州最大の前方後円墳である。磐井の権勢がしのばれる。私は古墳のまわりを歩いて一周した。黄色く枯れた萱の根もとにコーラやジュースの空缶が光っている。このあたりは休日に八女市や久留米市からハイキングに出かける場所としてふさわしい。麦畑で働く農夫の姿がちらほらと見える他はここにも人影がない。肌寒い風が草をそよがして渡るだけである。

『筑後国風土記』逸文には、石人石楯各六十体が墳土をとりまいていたという。石殿石蔵もあったと記されているが今はない。

九州人の血は熱いのではないか……古墳の裾をめぐり歩きながら私は考えた。時代の変革に申しあわせたように大乱が起っている。磐井の叛乱は五二七年（継体二一）である。藤原純友の乱は九四一年、島原の乱は一六三七年、西南の役は一八七七年である。正面切って中央政権に挑戦した点で磐井の叛乱を西南の役とくらべてみないわけにはゆかない。

古墳は南側が深く削りとられ原形がひどくそこなわれている。北東隅に方形をなしたテラス状の区画があって衙頭《がとう》（政所《まんどころ》の意）と称される。この衙頭や墳丘からは、阿蘇溶岩製の石人、石馬、鞆、靫《ゆぎ》、楯、刀などがおびただしく出土したといわれる。また、人、馬、猪、鶏、家などの埴輪も発見された。

一介の地方官にすぎない磐井の出自は大彦命から分かれた皇別という他明らかでないが、北九州最大の墳墓を生前に築造したからには、その勢力も相応のものと見なければなるまい。私は古田武彦氏の「失われた九州王朝」説に惹かれる。もし、古田説のように九州王朝が大和王朝と別箇に存在していたならば、磐井こそ、そのあるじである。『記紀』が語っている磐井の叛乱はあまりに断片的で謎にみち、その全容をくわしく知るすべがない。

ともあれ、叛乱のあらましをまずかいつまんで述べておこう。経過は簡単である。『大日本百科事典』に黛《まゆずみ》弘道氏は書いている。

磐井は五二七年、新羅と結んで大和朝廷に反抗したが、継体天皇の命をうけた物部麁《もののべのあら》鹿火《かい》、大伴金村《おおとものかなむら》のために翌年斬られた。子の葛子《くずこ》は父の罪に連座するのを恐れて糟屋《かすやの》屯倉《みやけ》を献じて罪をあがなったという。具体的な年時や乱の内容は不明確であるが、大和朝廷の半島経営の足場として以前から搾取をうけていた北九州の豪族層が、人民の支持のもとに朝廷に反抗したことは事実と認めてよかろう。

『古事記』継体天皇のくだりは、たった数行でこの大乱を片づけている。

この御世に、筑紫君石井《いわい》、天皇の命に従わずして、礼なきこと多かりき。かれ物部荒《あら》甲《か》之《い》大連、大伴金村連二人をつかわして、石井を殺《と》らしめたまいき。

『国造本紀』は一行しか言及していない。

磐余玉穂《いわれたまほ》の朝（継体天皇）石井に従う新羅の海辺人を伐つ。

『筑後国風土記』逸文はやや詳しい。磐井の墓についての記事は省略する。乱については次の通り。

古老伝えけらく。雄大迹《おおおど》（継体）天皇の世に筑紫君磐井、豪強《つよ》くして暴虐《あら》く、皇風にしたがわず、生けりしとき、かねてこの墓を造りき。にわかに官軍《みいくさ》おこりて襲《う》たんとするほどに、勢の勝つまじきを知りて、独り豊前の国の上膳《かみつみけ》の県《あがた》に遁《のが》れ、南の山の峻《さか》しき嶺の曲《くま》に終りき。ここに官軍、追い尋ねてあとを失い、士《いくさびと》の怒やまず、石人の手をうち折り、石馬の頭をうちおとしきという。古老伝えていう。上妻《かみつやめ》の県に多くあつき疾《やまい》あるは、けだしこれによると。

『日本書紀』に至ってようやく乱の全貌が描かれる。しかし、これとて決して詳細とはいえない。あいまいな点は以上の諸書と五十歩百歩である。

廿一年夏六月壬辰朔、甲午、近江毛野臣《おうみのけぬのおみ》、衆《いくさ》六万を率いて、任那《みまな》に往きて、ために新羅《しらぎ》に破られたる南加羅《ありしひのから》・喙《とく》・己呑《ことむ》をかえしたて、任那に合せんと欲す。ここに筑紫国造磐井、ひそかに叛逆をはかりてうらおもいし、年を経ぬ。事のなり難きを恐れて、つねに間隙をうかがう。新羅これを知りて、ひそかに貨賂《まいない》を磐井がもとにやりて、毛野臣の軍を防《た》えよと勧む。ここにおいて磐井、火のくに、豊のくに二国に掩《おお》い拠りて、つかまつらしめず。外は海路を邀《た》えて、高麗《こま》、百済《くだら》、新羅、任那等の国の年ごとの貢職《みつぎ》の船を誘致し、内は任那につかわせる毛野臣の軍をさえぎり、乱語《なめりごと》して揚言《ことあげ》していわく「今こそ使者《つかいびと》たれ。昔はわが伴《ともだち》として肩をすり肘をすりつつ、共器《おなじけ》にてものをくらいき。いずくんぞにわかに使となり、余をして儞《いまし》が前にしたがわしむることをえんや」。ついに戦いて受けず、おごりて自らたかぶる。ここをもちて毛野臣、すなわち防《ほ》せがれて、中途にさわり滞《とど》まる。天皇、大伴大連金村、物部大連麁鹿火、許勢大臣男人《こせのおおみおびと》等に詔してのたまわく「筑紫の磐井そむき、西戎《にしのひな》の地を掩いたもつ。今誰か将たるべき者ぞ」。大伴大連等みないわく「正直仁勇、兵事に通えるは、いま麁鹿火の右に出ずる者なし」。天皇のたまわく「よし」。

秋八月辛卯朔、詔してのたまわく「ああ大連、これこの磐井したがわず。汝ゆきて征《う》て」。(中略)天皇みずから斧鉞《まさかり》をとりて大連にさずけてのたまわく「長門より東をば朕《あ》れ制《かと》らん。筑紫より西を汝制れ、賞罰を専行《たうめ》い、頻に奏すことに、な煩《わずら》いそ」。

廿二年十一月甲寅甲子、大将軍物部大連麁鹿火みずから賊帥磐井と筑紫の御井郡に交《あい》戦う。旗鼓あいのぞみ、埃塵《ちり》あいつげり。はかりごとを両陣の間にさだめて、万死の地を避けず、ついに磐井を斬りて、果してさかいを定む。十二月筑紫君葛子、父のつみによりて誅《つみ》せられんことを恐れて、糟屋屯倉を献り、死罪をあがなわんことを求む。

これを原田大六氏は、次のように訳している。

二十一年夏の六月に、近江毛野臣に六万人の軍隊を統率させて、南朝鮮の任那に渡らせ新羅に占領された南加羅、喙、己呑の土地を奪いかえして任那につけようと行動をおこさせた。このような大事のときに、筑紫国造磐井は、こっそり叛逆を計画して何年かを過してきた。しかしその計画が実行にうつされないのに困って、いつも間隙をねらっていた。新羅はこの磐井の野心を知って、こっそり貨賂を磐井のところに送りとどけた上で、いま新羅を打倒に来つつある近江毛野臣の軍隊を、そちらで防いでくれとたのんだ。そこで好機が来た、と磐井は筑紫国はもちろん火国《ひのくに》、豊国《とよのくに》の二国まで傘下にして、大和朝廷に従わせなかった。そしてまた、国外では北の海上交通を封鎖して、高句麗、百済、新羅、任那などの、毎年の慣例になっている大和朝廷への貢物をつんだ船を、自分のところに誘致して横どり、国内では東方で、任那へ出兵しようとしている近江毛野臣の軍隊を防いで、乱暴な言葉で言揚していうには、

「今になって使者になれとは何事だ。元来お前と俺とは、肩をすりつけ、肘を触れながら、

同じ食器でものを食べ合った仲ではないか。それをなんで、急に使者になったからといって、お前に従わせようとするのか、俺は決してお前に従いはせんぞ」

ついに磐井は戦端を開いて受けつけず、勢いにまかせて行動し、権勢を誇示した。事の重大さに驚いた継体天皇は、大伴大連金村、物部大連麁鹿火、許勢大臣男人などの重臣と計り、「筑紫の磐井が叛乱をおこし、九州を占領してしまったが、彼を伐つ将軍は誰が適任者か」と問うた。大伴大連たちは相談して答えた。「正直仁勇で、兵事に通じているのは今のところ麁鹿火の右に出る者はいません」と。天皇はこれを裁可した。八月である。天皇は物部麁鹿火に、「ああ大連よ、あの磐井は叛乱をおこした。汝は征伐に行ってこい」と。（中略）

天皇はみずから斧鉞をとって麁鹿火にさずけて、「長門（山口県）より東は自分が制御しておるから、筑紫より以西は汝が制圧せよ。戦士の賞罰に専心し、戦況の報告はひんぱんに行ない、これをわずらわしがってはならぬ」と。

二十二年冬も十一月になって、大将軍物部大連麁鹿火は、自分が先頭に立って賊軍の総大将である磐井と筑紫の御井郡で交戦した。敵味方の旗や太鼓はどよめきあい、進軍で巻き上る塵埃は、どちらにもつづいた。戦略は両陣の間でしきりに計りあい、どちらも決死の大奮戦を行なった。結局は大和中央軍が勝ち、磐井を斬殺し、その結果境界を決定した。その年の十二月に、筑紫君葛子は父磐井の罪に連座して殺されるのを恐れて、代償として糟屋屯倉を献上して、死刑に処せられないように請願した。

九州勢と大和勢の戦い

もっとも長文の『日本書紀』にしてこのていどである。大和対九州の一年数ヵ月にわたる戦いにしては、あまりにあっけない。征討軍総司令官が物部麁鹿火であること（『古事記』ではこれに大伴金村が加わる）、主戦場が筑紫の御井郡（福岡県三井郡、久留米市の東北平野）らしいこと、磐井が死んだ場所が上膳県（福岡県豊前市）であること（『日本書紀』をすなおに読めば御井郡で斬殺されたとも解される）、磐井の息子が助命されたらしいこと、くらいしかわからない。

原田大六氏は磐井の逃走経路を、故郷である八女から筑後川沿いに大分県日田に出て、そこから北の大石峠（四八五メートル）を越えて山国川の上流に出、川を下れば豊前市に出られる、と推定している。周防灘をまぢかにのぞむ海辺の山中である。

『日本書紀』は征討軍の兵員数を記していないから、六万というのは筆者の推定なのだが、陸路にせよ海路にせよ、これだけの軍勢を九州へ送りこむのは、かなりの難事業である。豊のくにも叛乱に加わっているから、上膳県付近にも征討軍が駐屯していたと想像される。瀬戸内海を西下するとすれば、豊前の海岸が上陸するのに適地であろう。磐井が戦いにやぶれて薩摩あるいは天草方面へ遁走するというのはわかる。なぜにわざわざ豊前を目ざしたか了解に苦しむ。

豊、火（肥）、筑の三国から磐井は兵を動員して対戦しているが、制圧に一年数ヵ月かかったということは、大和中央軍とほぼ互角の軍勢を保有していたと見てさしつかえあるまい。当然のことながら磐井側の記録は一行も残っていない。私たちは勝利者である大和中央軍の記録によるしかないので、右に引用した諸書の表現が偏見にみちていることをわきまえておかなければならないだろう。にもかかわらず、磐井を総司令官とする九州勢が大和中央軍と激烈な戦いをまじえたことだけは動かしがたい事実として筆者の目に映る。

それほどまでに九州の国造磐井が、大和朝廷に反抗した真の理由は何か。

黛弘道氏は、半島経営の足場として北九州の豪族層が大和朝廷に搾取されたのを理由としてあげているが、原田大六氏は、北九州諸国の搾取が他地方より甚しかったという確実な証拠がなければこれは断定しがたいとしている。推量の域を出ないのである。現存する史料は断片的でおたがいに喰いちがう部分がある。後世の日本人はわずかな史料を手がかりに磐井の叛乱を想像するしかすべがない。

朝鮮の情勢と叛乱の関係

風がますます冷たくなってきた。

麦畑で働いていた人々もいつのまにか見えなくなっている。枯草が風に鳴って静寂の深さを感じさせる。すでに日は有明海に傾き始めた。私は古墳の上をさまよいながら、足の下に埋れている物を考えた。

磐井が上膳県でうたれたか自殺したのならば、古墳の内部はからっぽであろう。そうだろうか、果して空虚であろうか。磐井はこれを築造したとき、自己の権勢を示す副葬品を前もって石室に安置しはしなかったか。発掘してみなければ空虚と即断することはできない。私は先年おとずれた韓国の慶州を思いだす。古墳公園の一隅に、天馬塚古墳というのがあり、内部を参観できるようになっていた。慶州は新羅の古都である。天馬塚古墳は昭和四十八年に発掘調査され、二年半かけて復元されたという。まんじゅう形の円墳である。築造は四、五世紀といわれる。磐井の代から百年以上も前である。

内部はドーム状の天井が頭上にひろがり、円周に沿って発掘品が陳列されてあった。おびただしい金製冠、冠帽、冠飾、金製細環耳飾、金製腰佩《ようはい》などの細工は精巧をきわめている。曲玉、香炉、ガラス杯、銀製盒《ごう》など、古代新羅文化のはなやかさをしのばせるようすがとして充分である。磐井がうけとったという貨賂にこのようなものが含まれていたかもしれない。

展示物はほど良い採光の下に巧妙に配置され、私はいつまでも見飽きなかった。

経済大国を自称する日本が文化財の保存と修復に怠慢であるとはいうまい。天馬塚は発掘され人民に公開されているのに対し、筑紫国造の墓はほったらかしにされているという事実が情けないだけである。文献に欠落している史実を補足する何かが、岩戸山古墳に埋れていると私は信じて疑わないのだが。

注目すべきは、磐井の叛乱がたんに九州対大和朝廷という二者の間での事件でなく、南朝鮮の政治情勢と密接にからんでいる点である。

磐井は近江毛野臣が率いる六万の遠征軍の渡海を妨害した。高句麗以下四ヵ国の朝貢船(『日本書紀』によれば)を横どりした。それだけの実力を持っていたのだろう。新羅は磐井に貨賂を贈った。この三点を乱の背景においてみなければ、「筑紫君磐井、豪強《つよ》くして暴虐《あら》く、皇風にしたがわず」という『筑後国風土記』逸文の表現がぴんとこない。衰える一方であった南朝鮮における倭の勢力と、磐井の大和朝廷に対する権高な姿勢とはおそらく無縁ではあるまい。

遠征軍総司令官近江毛野臣は、六万の大軍を率いたというからには、よほど身分の高い重臣であったにちがいないが、『新撰姓氏録』にも他の文献にも出てこない姓であるのがふしぎである。一代で消えている。継体天皇は近江国(滋賀県)出身の近江毛野臣を側近として重用していたのだろう。天皇の母振姫《ふるひめ》が近江出身であることを原田大六氏は指摘している。

ところで、磐井はこの近江毛野臣に対して「昔はわが伴として、肩をすり、肘をすりつつ、おなじ器《け》にてものを食《くら》いき」といい放っている。南朝鮮への使者という役を拒絶したときのせりふであるが、磐井がいつどこで近江毛野臣と同じ釜の飯を食べたのか、文献では見当のつけようがない。

国造は世襲であるから、磐井は筑紫うまれの筑紫育ちと見るのが妥当である。そうすると、畿内にいた近江毛野臣と「肩をすり、肘をす」った時期と場所が問題になってくる。他人同士が同じ釜の飯を食うのは戦場以外に考えられない。原田大六氏の説をまたまた引用すれば、磐井と近江毛野臣は、まだ若いころあるいは南朝鮮の戦場で友人として交際したのではないかということになる。

このような推測を試みなければならないほどに、磐井についても近江毛野臣についてもわからぬことだらけなのである。

近江毛野臣が叛乱のさなかどこにいたのかも不明である。乱後、総司令官職をクビになり、一介の軍使となって任那の安羅《あら》（日本府）に派遣されている。格下げの理由は、いやしくも征新羅大将軍ともあろう者が、西戎の地方官にすぎない磐井から侮辱されて、すごすごとひき下ったからではないだろうか。

磐井、最後の戦い

『日本書紀』が戦場を御井と記したのは、磐井軍の主力と征討軍主力の決戦が行なわれた地だからと思う。

ここであえなくやぶれた九州勢は、磐井の墳墓の地八女周辺まで後退しておそらく岩戸山古墳付近を死守して最後の戦いを挑んだことだろう。古墳に現存する石人がむざんにこぼたれているのも、そう考えれば納得がゆく。九州勢の残党が八女の本拠で征討軍に包囲されて全滅しつつあるとき、磐井はわずかな手兵に守られて筑後川をさかのぼり、日田を経て大石峠を目ざす。岩戸山古墳における玉砕戦は磐井を逃がすため時をかせぐ戦いであった。

戦いの終結はほぼ右のように想像できるのだが、緒戦から御井での決戦に至る経過は、地図を案じて空想するしかない。空想はあながち無駄と思われない。

征討軍は一部が軍船を仕立てて瀬戸内海を航海し、豊前の企救《きく》半島東岸に上陸した。潮流の激しい関門海峡を西へ抜ける危険をおかしえたかどうか疑わしいのである。

一部は山陽道を行軍し、山口県小野田市付近におかれた船団司令部に集結して企救半島へ渡った。このとき、関門海峡は磐井の水軍によってかたく守備されていた。玄界灘を封鎖するだけの海軍力を誇っていた磐井の水夫たちが、周防灘を渡海する征討軍団をみすみす腕をこまぬいて眺めていたかどうか。

周防灘で海戦が行なわれたとしてもふしぎではない。また、上陸地を企救半島東岸と察していた九州勢が、豊のくにの軍勢を主力として水際撃滅作戦に出たことも考えられる。

しかしながら兵力差はいかんともしがたく、九州勢は内陸部へ退却する。

征討軍は現在日豊本線が走っている平野、霧ヶ岳と貫山にはさまれた平坦地から侵入して、鹿児島本線沿いに西進する。響灘にそそぐ遠賀川をはさんで両軍は対峙する。第二線は遠賀川と並行してほぼ南北につらなる西方の山稜である。ここを突破されたら、博多まで さえぎる物とてない平野である。一進一退の戦いがくり返され、遠賀川は両軍兵士の血で染まる。

九州勢は得意の水軍を組織して海上を征討軍のうしろに迂回上陸させ、後方を奇襲する。あるいは、遠賀川の上流をひそかに渡って征討軍の側面をつく。一方、豊前の行橋市まで南下した征討軍の別働隊は長峡川に沿ってさかのぼり、飯岳山の北端から溢出して直方《のうがた》平野へ北上する。磐井の軍は側面を脅威されることになり、ついに退却する。次の戦場は博多湾沿岸の平野である。

それまで関門海峡の潮流を研究し終えた征討水軍は、潮どきをねらって海峡の侵入に成功する。響灘の海戦は海況に通じた九州勢が初め有利であったが、数をたのむ征討軍に圧倒され、糸島にしりぞくことになる。征討軍は勝ちに乗じて博多湾へ、次に糸島、松浦半島の九州水軍の根拠地へ攻めかかる。

博多湾沿岸でやぶれた九州勢は戦いながら御井へ集結する。そして岩戸山古墳で玉砕するまで一年半もの間、激しい攻防戦がつづいたのだった。

夕闇が漂い丘の裾は暗くなり始めた。私はそろそろ古墳を降りなければならない。

本稿を綴るにあたり、原田大六著『新稿　磐井の叛乱』三一書房、同「磐井の反乱」毎日新聞社『倭国の大乱』所収を参考にした。

元寇「神風」が吹かなかったら

松浦党奮戦の跡に立つ

せんだって、松浦市をたずねた。

肥前の西北岸、玄界灘に面した土地である。松浦党の根拠地として名高い。市の東郊、伊万里湾口をやくす今福《いまぶく》半島の突端に古い山城がある。梶谷《かじや》城の跡である。標高二百メートルはあろうか。北に鷹島《たかしま》が見え、西に平戸島の北端がのぞまれる。その手前に海へつきでた星鹿《ほしか》半島のはずれに津崎《つざき》灯台がある。津崎はもと血崎《ちざき》であった。津崎には蒙古塚が残っている。元寇防塁の跡も見られる。

五万分の一地図にも記入されていない地名で、土地の人の記憶にある首崎《くんざき》、血の浦、血《ち》田《だ》（現知田）、逃浦《にげうら》などというものはみな文永・弘安の役の名残りである。梶谷城跡から鷹島は石を投げたら届きそうな近さに見える。

津崎灯台のすぐ北の海上にうかんでいる小島は青島《あお》である。千人塚は津崎付近の丘上に

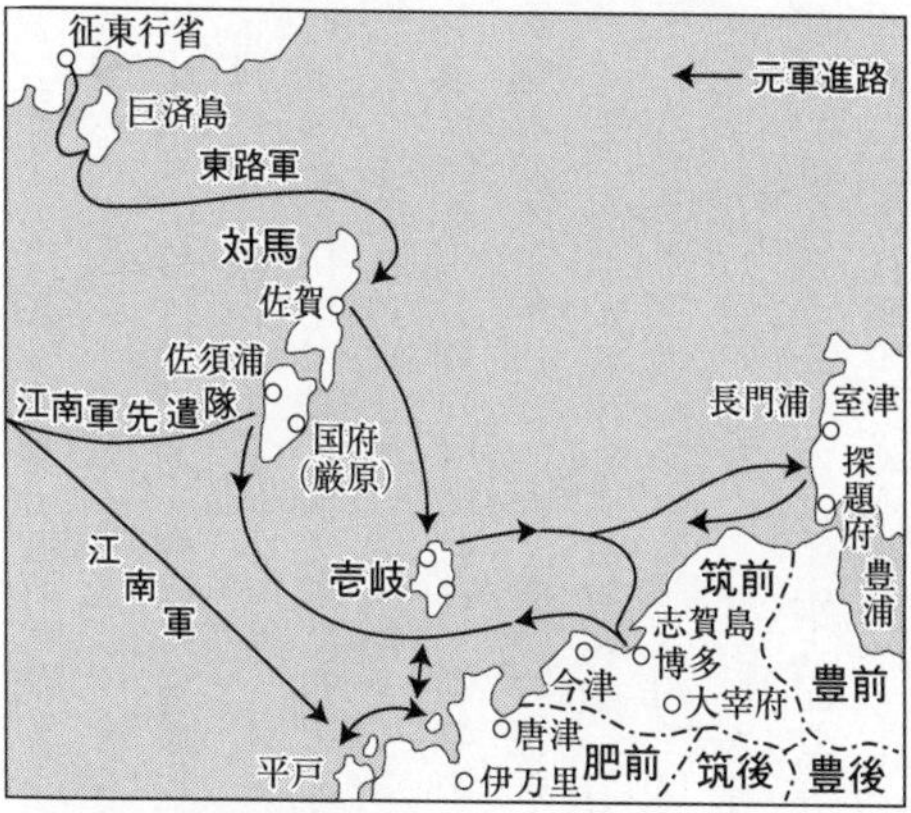

弘安の元軍侵入経路

五、六ヵ所あると聞いている。鷹島や松浦海岸で捕えた敵兵を斬首して埋めた所であろう。深く入りくんだリアス式海岸を、波が白くふちどっている。よく晴れた日で、風も穏かであった。眼下を一隻の連絡船が、白い航跡をひいて沖へ出てゆくところだ。耳に聞えるのは城址に茂る雑木林の葉ずれだけである。

弘安四年（一二八一）七月二十七日、鷹島の周辺は元《げん》の戦艦で埋めつくされた。平戸島で合流した江南軍と東路軍の艦隊主力が、博多湾へ侵入するための準備行動と見られる。海路は博多までおよそ八十キロ、鷹島から風向きによっては一日行程である。

蒙古、漢、高麗の連合軍四万の東路軍、南宋の降兵を主体とする十万の江南軍、兵船は合計四千四百隻、その主力が鷹島に結集した。

梶谷城の南にそびえるけわしい山中に、松浦党発祥の地を記念した碑がある。私は昼なお暗い杉林の奥に、苔むした源直《なおし》と源久《ひさし》の墓所を見たばかりであった。七月二十七日の夜、海上の元船を奇襲した日本側の武将名はくわしくわかっていないが、先祖伝来の所領を異人に踏みにじられるのを、手をこまぬいて待つような松浦党ではなかった。夜襲部隊の中核は、付近の浅瀬、潮流に精通し、舟をあやつるのに熟練した松浦党であった。はげしい戦いが三日間続いた。

まぢかの山上には松浦党の始祖である源直と久の墓所がある。日本側は損害にめげず、ここを先途と力戦した。けっきょくこのときの戦いが元軍の運命を変えたことになると、史家はいう。多数の戦艦が日本側の焼きうちをうけて、損害の修復に手間どり、二十九日の出航が不可能になった。兵員の犠牲もすくなくなかった。

七月三十日の夜半から翌日の閏《うるう》七月一日にかけて大暴風雨が起る。閏七月一日は今の暦で八月二十三日にあたる。九州ではこのごろの台風はめずらしくない。『元史・日本伝』には「十万の衆、還ることをえたる者三人のみ」という。中国ふうの誇張であろう。『高麗史』は生還者を一万九千余と記している。いずれにしても思いがけない台風で大損害を生じたことは確実である。

元軍はなぜ日本を襲ったか

この台風、いわゆる「神風」として、皇国史観の宣伝に一役かった気象が玄界灘を通過しなかったならば、事態はどう変っていたかというのが私に与えられた課題である。今も読まれている史書には、これに先立つ文永十一年の役（一二七四）でも、十月二十日夜半、「神風」が吹いて元軍が退散したと記しているものがある。元福岡管区気象台長荒川秀俊氏は、過去の文献をめんみつに調べて、文永の役における台風を否定した。旧暦十月二十日は今の十一月二十六日である。このころに台風が襲来するとは考えられない。元軍の引きあげは別の理由によるものだろう。

一五一九年といえば永正十六年、室町後期の戦国時代にあたる。わが国に鉄砲が渡来したのは一五四三年であるから、合戦はまだ弓矢刀槍でおこなわれていた。この年、スペインの小貴族出身であるヘルナン・コルテスは兵五百と馬十六頭をひきいてメキシコのユカタン半島に上陸し、アステカ皇帝モンテスマにスペイン王への忠誠を誓わせた。人口三千万、五十万もの兵を持っていたアステカとインカ両帝国は、抵抗らしい抵抗もせず、コルテスに屈服している。彼らは見たことのない馬と大砲をおそれ、抵抗戦意欲を失ったといわれる。

スペイン人の目的は黄金の掠奪であった。フランシスコ・ピサロは書簡に綴っている。「われらスペイン人は奇妙な病いにとりつかれている。その特効薬はただ黄金あるのみ」

フビライが日本遠征をくわだてた本当の目的は何だったか。岩村忍氏は黄金の獲得ではないかと指摘している。マルコ・ポーロは文永の役の翌年、元の上都に着いてフビライ汗に仕えた。日本を黄金の豊かな国としたマルコ・ポーロの話はフビライの関心を惹いたであろう。宋と交易した日本の商人は、金をたずさえて渡り、中国の銀と交換していた。遊牧民は移動するのにかさばる財貨を好まない。スキタイ人以来、遊牧騎馬民族は黄金を重視した。モンゴル人もまた同じである。だとすれば、マルコ・ポーロも罪なほらをフビライの耳にふきこんだことになる。

それはさておき、台風襲来までの彼我の形勢を一応は略述しなければならない。

来寇軍の実勢

東路軍の四万二千のうち水夫一万七千を引けば、戦闘員は二万五千である。戦艦九百隻、糧食十二万三千余石。

江南軍の内訳はよくわからない。総員十万、戦艦三千五百隻という数字を、東路軍に含まれた水夫と船舶の割合で分析すると、一隻につき約二十の水夫が必要な計算になる。ほぼ同じ型と大きさの船と想定した場合である。約七万の水夫が従軍したわけだから、実質的な戦闘員は約三万ということになる。両軍あわせて五万五千の遠征軍が日本へ上陸することが可能であった。

しかし、補給の問題がある。

水夫たちは船の維持と修理および操船に各隻二十内外では、糧食の運搬に使用するにも限度がある。多く見つもっても一割ていどではないか。そうすると、戦闘員五万五千の中から後方兵站にまわさなければならない兵員をさくことになる。負傷者の運搬と手当て、糧食、医薬、水の補給、兵器の補充などに、五万五千の五分の一すなわち一万一千をあてれば、戦闘員はさらにへって四万強となる。

この四万強が単一民族であれば大きな戦闘力になることは疑いない。二コ師団を上まわるのである。しかし、現実には、蒙古、漢、高麗、南宋のよせあつめられた雑軍にすぎなかった。混成軍というものは、勝ちいくさの場合は弱点を露呈しないが、いったん敗色が見えると、おさまりがつかなくなる。田中政喜氏の『元寇物語』によると、江南軍は糧食五十万石を用意したという。

その一石は一荷《か》または一担《だん》を意味し、一人でかつげる量で、六十キロのことである。田中氏は東路軍が一コ師団の三ヵ月分を、江南軍が約四コ師団の三ヵ月分を船団に積みこんできたとしている。この糧食の中に軍馬の飼料も含まれていたかどうかはわからないが、かなりの長期戦を覚悟していたことは、船に鍬や鋤を積んでいたことでも察しられる。

文永の役のときの九百隻とくらべて五倍近い数の船である。あるいは糧食や兵器弾薬の専用船、上陸用の軽舟も含めた数ではないかと想像される。もっとも文永の役の九百隻は、戦艦三百、軽舟三百、水舟三百という記録があるから、総員三万の軍勢に対して配分する糧食の専用船がすくないように思われる。台風も来ないのにさっさと引きあげたのは、長途の遠征のために備蓄した糧食が、船の水洩れその他で腐敗し、兵員を飢えさせたのではないかと推測するのも可能である。文永の役で日本軍が苦戦をしいられたのに、元軍が退散した理由は今もって謎というほかはない。

ともあれ南朝鮮の合浦を五月三日出航した東路軍は、とちゅう巨済島《きょさい》に碇泊し、二十一日二手にわかれて対馬《つしま》と壱岐《いき》に侵入した。

壱岐で江南軍の船団と合流する手はずになっていたが、東路軍はそのまま博多へ進んだ。このとき、九州北岸一帯を警備していた日本軍は総勢どのくらいであったか不明である。前述した田中氏の著書では約十二万としている。鎌倉幕府が、承久の変で動員した約二十万という数字があるにしても、やや多すぎる気がする。

警備は九州北岸だけでなく、本州の西端、長門、周防、山陰の石見、北陸の能登、山陽の播磨にも兵が詰めていたから、博多駐屯の兵は十万を上まわる数ではなかったように思う。困ったことに、日本の史書にのべられる合戦記には、武将の具足は微に入り細にわたって描写されるけれども、具体的な戦闘経過や、日時、兵員数はふしぎにあいまいである。文永の役当時日本軍は九千が駆けつけたという。七年後に十倍の兵力を動員できたであろうか。史料がないので、疑問を記すしかないのである。私見によれば、九州一円から狩りあつめた軍勢は東国からの助勢を加えても五万内外ではなかったかと思う。

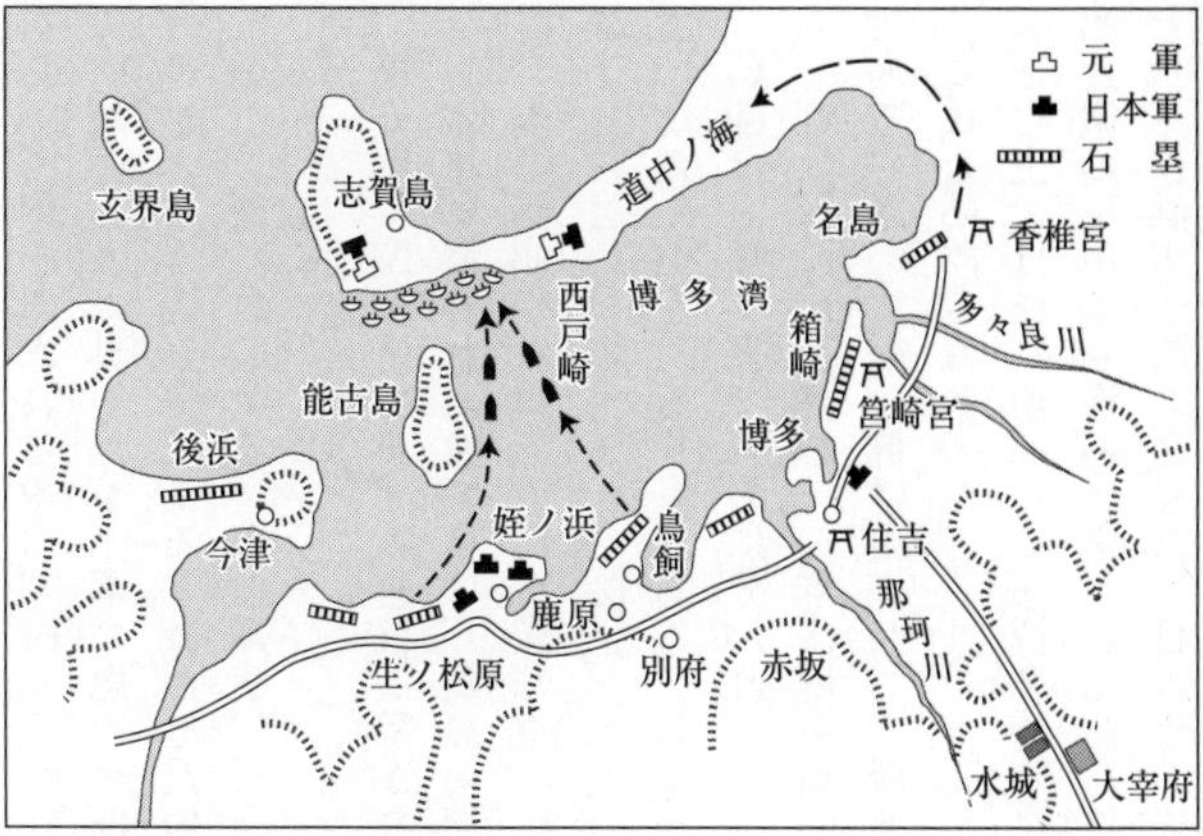

弘安の役（現実の）要図

すると、元軍の実質的な戦闘員を上まわる兵力ということになる。この数字は重要である。

六月五日、東路軍の船団は博多沖に出現した。七年前はなかった石塁がえんえんと浜辺につらなっていた。高さ二メートルから三メートル、幅は上が一メートル半である。東路軍は正面攻撃をあきらめて、防塁のない志賀島に上陸する。しかし、これ以後の戦いは、本稿の主題と関係がないから省略する。いくつかの小ぜりあいがあった。東路軍はいったん海上にしりぞいて江南軍の来着を待った。戦いはそれからである。

閏七月一日「神風」吹かず

文永の役に従軍したことのある元の武将は、日本軍があいかわらず一騎討ちをいどむことを知って内心あきれるやら、ほくそ笑むやらした。日本人は過去の戦訓から何ものも学んでいないように見えた。元軍の思うつぼである。日本兵捕虜の言では、いちばん怖れたのは鉄炮《てつほう》という爆裂弾であると確かめたので二度めの遠征では、元軍はこれを大量に用意していた。前に数倍する兵力と弾薬、三ヵ月分の糧食があるからには日本の征服は易々たるものと思われた。

弘安四年閏七月一日、太陽は波静かな玄界灘を照らした。日本軍に襲われた戦艦群は、鷹島周辺に残り、主力は東へ向った。めざす上陸地点は糸島半島の西側つけね、入江が深く東へ切れこんだ深江《ふかえ》である。そこに防塁はなかった。糸島半島はこの付近で太古、陸地からへだたっていた。深江をさかのぼり、前原《まえばる》から今宿《いまじゅく》まではたんたんたる平原である。およそ十キロの道程を騎馬勢は一時間で突破した。

船団は糸島半島で三群に分かれた。

一群は深江に上陸し、一群は博多湾内に侵入して今にも上陸するそぶりを示した。陽動である。さいごの一群は東進して、博多湾外の東海岸、福間《ふくま》と新宮《しんぐう》の間に上陸を開始した。ここにも防塁はなかった。

数の上では三コ船団のうち博多湾内に侵入した元船がもっとも多い。彼らは糧食や飲料水運搬の専用船も湾内に送りこんだ。鉦《かね》、太鼓、銅羅《どら》を鳴らし、上陸用軽舟をおろして、ときどき浜辺へ漕ぎよせた。日本軍の矢の射程外から射かけた。元軍の短弓は弓勢が強く二百二十メートルの射程があった。日本軍の長弓はその半分である。

昼間は海から陸地へ風が吹く。追い風にのった元軍の矢は雨あられと日本軍の頭上に降りそそいだ。石塁上から射かける矢は海上の元軍に届かなかった。たまりかねて石塁の外へ駆けだし、水中に踏みこんで、小舟の元軍へ接近し、弓で射すくめようとする武者たちが現われた。

彼らには鉄炮が投げつけられた。

ほうほうのていで石塁の内側へ逃げこむしかなかった。上陸すると見せかけて、軽舟団は波打ちぎわすれすれで反転した。日本軍はこれを陽動戦術と思わず、自分たちの手ごわい防戦に怖れをなしたのだと解して、胸をなでおろした。湾内をぎっしりと埋めつくした元の船団に乗りくんでいるのは、大半が水夫で、戦闘員はわずかであることを、日本軍は知らなかった。

まして、糸島半島のつけねを横断した約一万の元軍が、日本軍の左翼におそいかかろうとしているとは、夢にも思わなかった。福間と新宮間の砂浜に上陸した一万が、砂塵を巻いて日本軍の右翼へおそいかかろうとしていることも知らなかった。鎮西奉行少弐経資《つねすけ》、彼を補佐する豊後の守護大友頼泰《よりやす》は、博多湾守備の武将たちに、どんなことがあっても持ち場をはなれないよう厳命していた。

元軍が石塁の一部を突破することはありうることである。それは予備軍として、荒江、

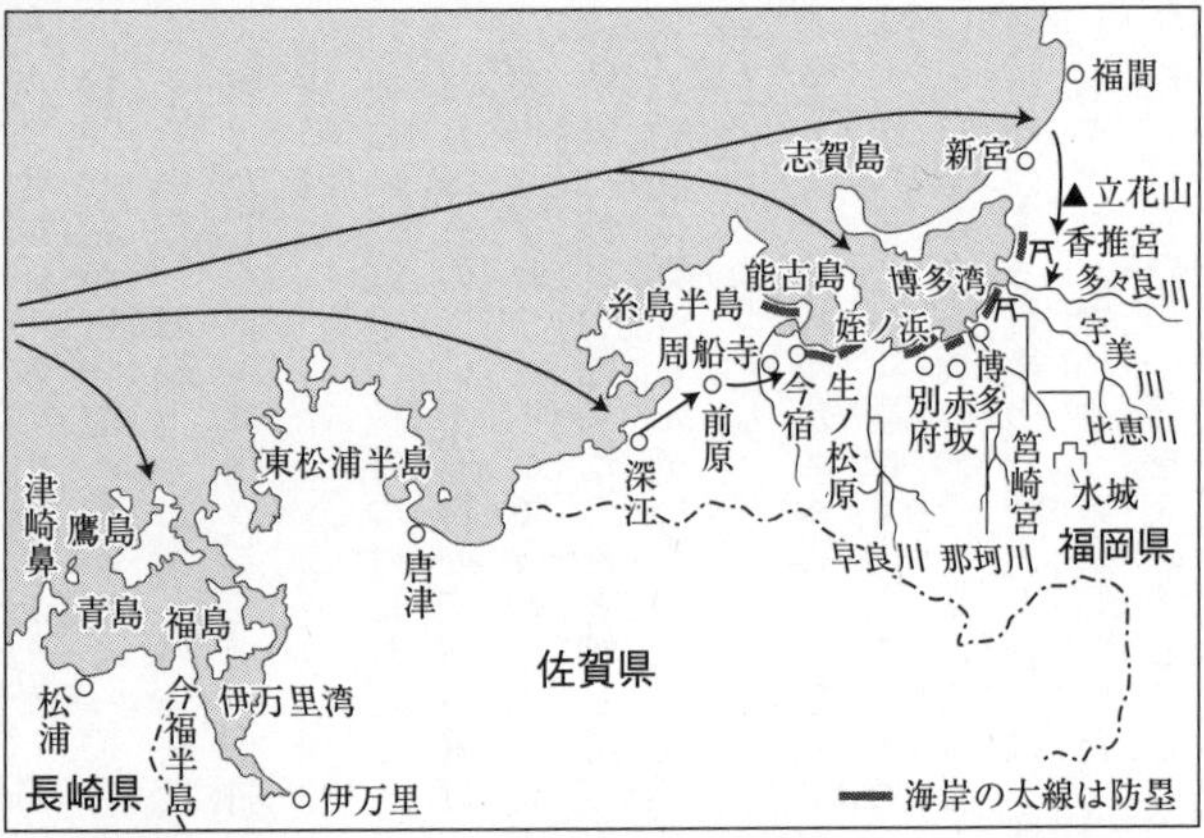

「神風」が吹かなかった際の戦闘要図　県境は現代のもの。博多湾の海岸線は推定

別府、赤坂付近に駐屯している頼泰の手兵が機動し、包囲せんめつする手はずになっていた。突破された防塁へ、各持ち場の兵が移動したら、元軍は手薄となったそこへ乱入するだろう。湾内の情勢は、赤坂の本営に将旗をひるがえす大友頼泰のもとへこくこく伝えられた。

〃敵はくり返し上陸を企図し、浜辺へおしよせたが、そのつど味方は撃退しました……〃

使者はこのように言上した。

頼泰は苦労して築いた石塁の効果に満足した。少弐経資は大宰府《だざいふ》に総司令部をかまえた。この当時の大宰府は現在の場所とことなり、博多の市街地にあった。九州一円の守護、地頭の元じめである。

午前十一時ごろ、石塁西端今津《いまづ》の守備位

置についていた大隅の兵が、馬をとばして注進にやって来た。田尻《たじり》方面から元軍一万がとつぜん降って湧いたように現われ、石塁を背後から攻撃し始めたというのである。

同時刻に石塁東端の香椎《かしい》を守っていた豊後の兵が、息せき切って赤坂の本営へ駆けつけた。元の大軍が立花山西側の丘をのりこえて突入し、石塁の内側についていた日本軍の背後を攻撃しているという。香椎宮はすでに火を放たれ、炎上中であった。頼泰はただちにとっておきの予備隊を香椎へ急行させた。少弐経資も配下の予備隊を今津へ急派した。

湾内の石塁を防備していた日本軍各隊にもこのしらせは伝わった。右翼と左翼が同時におそわれているのに、持ち場をはなれて迎撃することができない。湾内の元軍はしきりに軽舟でこぎまわり、すきをねらって防塁を突破しようとしている。閏七月の烈日が、鎧に身をかためた日本兵を照りつけた。各隊はとりあえず物見の兵少数を手近の戦場へ走らせた。元軍が遠く糸島半島の西端へ上陸しようとは予想外のできごとであった。今津の日向と大隅の兵が、元軍を支えきれるかどうか。香椎の豊後兵も元軍をふせぎきれるかが、知りたい所であった。

日本軍の動揺を知ってか知らずか、湾内の元軍は鉦や太鼓を打ち鳴らし、依然として上陸するかまえを見せ、日本軍を石塁に釘付けにした。博多は東西両面からはさみうちを受けることになった。

元軍、橋頭堡を拡大す

日本軍が糸島半島に申しわけていどの守備兵を配したのは理由がある。前述したようにこの半島は大昔、島であった。半島のつけねを流れる川はかつて海だったのである。したがって川の両岸は湿地帯となっており、元の大軍が騎馬で行進するのは不可能と推定された。希望的観測というものである。日本人の通弊といっていいだろう。博多を側面から攻撃されると困るが、湿地帯を踏破する愚は、敵もさけるだろうという油断が、日本側にあった。最大の理由は文永の役のとき、糸島の深江には来なかったからである。

遊牧民族は固定した戦術をとらない。農耕定着民族とのちがいがそこにある。一つの戦術が不適と知れば、そくざに新しい戦術をあみだし、臨機に戦ってユーラシア大陸の大部分を、元軍は制覇したのであった。半島のつけねは湿地帯であったが、当時は稲田である。日本軍のように金属製の重い鎧をつけた騎兵なら通行はむずかしいが、革の軽甲をまとうだけの蒙古勢は、馬の蹄に草の沓をはかせ、畦道を難なく行進した。稲田の水は落としてあり、ぬかるみに没することはなかった。

今津の西、現在の周船寺《すせんじ》の東北で両軍は衝突した。

ここで、元の兵制を説明しておく。

元は男子たるものすべて兵役に服する義務がある。軍隊は、十人隊、百人隊、千人隊に分けられ、各隊の長が指揮をとる。現代の軍隊制度と同じである。すなわち能率的であり、命令系統がはっきりしている。こういう制度はあたりまえではないかと現代人は思うかもしれないが、類似した兵制が組織されたのはナポレオン戦争以後であることを思えば、こと戦争に関するかぎり、元軍がいかに近代的であったかわかるだろう。

それに反して日本軍は文永の役と同じく、家の子郎党が主君を守って一団となり、守護大名が召集した兵員は組織した戦闘力を発揮できにくかった。文永の役のまけいくさにこりて、一騎討ちはいましめられていたが、急場になれば先祖伝来の習慣からなかなか抜けられるものではない。めざましい働きを示して恩賞にあずかることが日本側将兵の願いである。名のりはむしろ味方のためにあげて、手柄をあげたことの証人になってもらう肚《はら》づもりであった。

戦いは矢の応酬で始まった。こちらの矢は届かず、元軍の矢は届いたが、日本側の重い甲冑がこの場合さいわいし、損害はわずかであった。しかし、軽装の徒士勢は元の矢で傷つく者があった。名のりをあげて一騎討ちをいどんだ武者たちは、たちまち元軍に包みこまれて討ちとられた。目の前で、味方の惨状を目撃した日本軍は、さすがに一騎討ちの愚かさを悟り、楯をひしひしと押し並べて敵の集団戦法にそなえた。

元軍は息もつがせず攻めたてた。

短矢を射かけながら突進してきた騎兵が鉄炮を投げた。鉄炮は一種の手榴弾と思われる。

一〇四五年の宋の文献に火薬の製法が出ている。火薬を紙で包み麻糸でかたく縛り、火筒をもって発射する、鉄球に火薬をつめ、火縄をつけて手で投げる二種類があったと想像される。火薬の爆裂音を聞いたことのない日本兵には、肝をつぶすような物音であった。

いちばん始末に困ったのは、破裂音で馬のおびえることであった。たびたび、耳にする日本兵はやがて鉄炮の音に慣れた。鎧をつけている限り、身近で爆発しない鉄炮の破片で重傷を負うことはないのである。厚い楯でもふせぐことができる。日本軍はとりあえず下馬して、馬を後方に下げた。

そこへ元の密集長槍隊が突撃して来た。後ろから短刀をふりかざして騎兵隊もせまった。日元二万の軍勢が今津の西で激突した。この日、糸島半島を東進したのは、元軍えりぬきの精鋭であった。軍勢の三割以上が、文永の役を経験した蒙古の将兵である。十人隊の長はすべて蒙古人があてられた。乱戦となった。日本軍は敵を倒すと、すかさず首をとろうとした。かがみこんで首を切りおとそうとしている日本兵は逆に包囲されて討ちとられた。蒙古兵は十人という戦闘単位をくずさなかった。

戦場で、敵味方が入り乱れ、統制がつきにくくなると、小高い場所に陣どった千人隊の隊長は、すかさず鉦太鼓を打たせ、隊列をととのえさせた。日本軍は各個に敵を求めて駆けまわり、家来は主君とはぐれ、主君は家来を探し求めた。兵力はほぼ対等でありながら、ほうぼうに孤立した集団は、組織的な戦力を相手の三分の一も発揮できない。戦法が同じであれば、戦力のバランスを失うことはないのだが、家の子郎党という血縁集団を中核とする軍隊を、元軍の近代的兵制はたやすくうちやぶった。

　戦闘は夕方まで続いた。

　この戦いで、日本軍は三分の一の死傷者を出した。ほぼ全滅である。

　元軍は深江に上陸した後詰めの江南軍と交代して、前線からしりぞいた。日本軍を追撃しなかったのは、急を知って駆けつけた今宿の豊前隊が到着したからである。

　香椎の戦況も同じであった。志賀島の小ぜりあいでかんばしくない経験をした元軍は、この方面にもえりすぐった精兵を向わせていた。内陸における緒戦で勝利をおさめるべきは、戦術の初歩である。元軍は大量の鉄炮を用いて、日本軍の先鋒を切りくずし、密集長槍隊を矢つぎばやにくり出した。この方面を守る豊後勢は、じりじりと圧迫され、夕方までに多々良川まで後退した。

　大きな損害をうけた豊後勢を救援するために薩摩勢が多々良川へ駆けつけた。

　二ヵ所の上陸に成功した元軍は、橋頭堡を拡大した。江南軍の宋兵がぞくぞくと上陸した。さらに一度は偵察して守りが固かったのであきらめた長門方面にも船団は進攻した。防備の弱点をさぐり、あわよくば内陸へ侵入するためであるが、それよりも博多の苦戦を知った日本軍が海峡をわたって援軍を送りこむことのないように、封鎖するのが主任務である。

元軍の弱点

もう一つの船団は対馬海流にのって山陰方面へ行動した。

すでに文永の役以来、山陰地方の守護はこのことを予期した幕府によって、ほとんど交替させられていた。新しい守護は北条氏の一門が多かった。彼らは上陸されやすい海岸に防塁こそ築かなかったが、要所に見張りを配置し、海岸よりの山頂にのろし台を準備した。海上を周航する元軍の船上から、つぎつぎと陸岸ののろしが天に沖するのが望見された。

山陰方面に出動した元軍は上陸をあきらめた。日本軍のすきをついて上陸し、その兵力を分散させるのが目的であったが、しかし示威行為はりっぱに果たしたわけである。往路は船団によかった。帰路は北流する潮流にさからわなければならないので苦労した。付近の海況にくらい船団は、暗礁にのりあげて難破するやら、よく変る風向で舵をあやまって海岸に漂着するやらで、たちまち駆けつけた日本軍に船を焼かれ、乗組員はみな殺しにあった。

帆柱を折られ、舵を失い、遠く日本海のまん中まで漂流する船もすくなくなかった。

博多湾に帰りついたのは山陰へ向った船団の一割にすぎなかった。長門・周防方面を威力偵察した船団も、海峡のはげしい潮流を抜け出るのに手間どり、ちりぢりになって、帰着したのは三割にすぎず、両船団とも船体が大いに傷んでいた。江南で建造した船は、材料の調達がうまくゆかず、早期の完成を強いられて、船大工は手をぬいた。寧波《にんぽー》から九州に向って出航したのが六月中旬である。東支那海の波濤をのりきるだけでもやさしいことではなかった。

日本へ到着してから二十日間以上も江南・東路の船団は松浦沖で漂泊していた。ガタの来た船は江南軍のものだけではなかった。高麗人が建造した船も玄界灘をのりこえるのがやっとというしろものであった。しかし、船を修理する港はなかった。水の洩れる箇所に応急の手あてをほどこすのが関の山であった。船内にたまった水は、真夏の暑気によって蒸発し、積みこんだ糧食をすみやかに腐敗させた。五穀は発酵し、肉にはうじがわいた。野菜は食べつくしていた。対馬や壱岐を侵して手に入れた糧食はわずかなものである。日本はまだ稲の刈り入れ前であった。壊血病が水夫を倒した。宋人や高麗人、ついで蒙古人にも伝染病が拡がった。

日本軍夜襲の効果

閏七月一日、博多の東西に上陸した元軍は短期決戦をいどまなければならない理由があった。占領地では新鮮な野菜が掠奪された。水と薪の補給も急がれた。めぼしい財貨をあさろうとして民家におし入った元の兵隊は失望した。黄金が地に満つ国と聞いていたのに、そんなものはどこを探してもないのだった。農夫はほとんど防塁の守備に狩り出され、残っているのは女子供であったが、彼らは文永の役で示した蒙古兵の残酷さを知っていたので、いち早く遁走した。

掠奪のたのしみを味わえず、昼の戦いで疲れきった元軍は眠りをむさぼった。前線には江南の宋兵がいる。せめて地上で熟睡しなければ、長い海上生活の疲れはとれないのである。カビの生えた麦と、腐りかけた干肉を食べて彼らは眠った。東路軍の征東都元帥忻都《きんと》は副司令官の洪茶丘《こうさきゅう》と渋面を作って向いあっていた。夜までに日本軍の本営大宰府を占拠し、防塁についた日本兵を背後からせんめつする予定が、手ごわい反撃を受けてようやく敵の一コ軍を撃破したにとどまったのである。とりわけ痛かったのは、不発の鉄炮が多かったことである。ただでさえ湿りやすい火薬が船内の湿気を吸ってダメになっているのを知り忻都はうろたえた。きょう用意した鉄炮は湿気を呼んでいない物ばかりえらんでいたのだが、このありさまである。明日の攻撃にそなえて忻都は前線へ鉄炮の補給を急がせた。

午前二時ごろ忻都はすさまじい喚声を聞いた。

宿営地の北から日本軍が夜襲をかけて来た。

五十人から百人が一隊となり、疾風のように宿営地を駆けぬけ、幕舎に火を放った。前線の江南軍がおそわれることは予期していたが、後方の東路軍の元軍を中核とする宿営地まではよもやと思っていたのである。昼間、防塁から離れることができず、腕を撫していた生《いき》の松原の肥後勢が、前線を迂回して江南軍を背後から討とうとして侵入して来たのだった。目立たぬように小部隊に分散していた。肥後勢は江南軍を攻めたつもりであったが、その後ろにいた東路軍の陣地へ突っこんでいたのだった。備蓄していた鉄炮の集積にも火がついた。疲れきって眠っていた元軍は日本の大軍が攻撃してきたと錯覚した。前線の江南軍は正面突破されたと思い、算を乱して退却した。

昼間はいかんなく発揮される組織的な戦闘力も、夜間は効果がない。夜討ちは日本兵のお家芸であった。肥後勢は少数ずつ一団となって、縦横むじんに元軍の中を駆けめぐった。後方のただならぬ騒ぎに、前線の江南軍は動揺した。右丞相范文虎《はんぶんこ》は、日本軍が後から江南軍を攻撃してくるのではないかと怖れた。各所にあがっている火の手はただごとではない。夕方、陣地についたばかりで、このあたりの地理に江南軍は通じていなかった。昼間、大きないたでを受けた日向・大隅の日本兵は豊前の兵と交代していた。江南軍の背後が攪乱されたのを知った豊前の兵は、ここぞと夜討ちをかけた。

糸島半島における戦いは三日間続いた。

昼間は元軍がやや優勢であるが、夜間しつこくゲリラ戦的な奇襲をかける日本軍を、彼らはもてあました。深江から補給される新手の部隊や兵器糧食も日本軍におそわれた。少弐経資は博多湾内の元船がたんなる陽動作戦を行なっていることを、このときまでに見ぬいていた。最小限の守備兵を防塁に残し、昼間は東進しようとする元軍をふせぐだけにとどめて、夜間、かっぱつに奇襲をかけた。深江の上陸地点から投入される元軍の新手は半病人がほとんどで、戦力にならなかった。

東部戦線の戦い

目を香椎方面に向けよう。

糸島付近のような湿地帯とことなり、砂地の多いこのあたりは、元軍の行動を自由にした。兵力を展開できる地形的なゆとりもあった。糧食と弾薬が尽きかけていることを知っている元軍は、多々良川を守った豊後と薩摩兵をやぶって、宇美川にせまった。忻都は思わしくない糸島戦線よりもこの方面に望みをかけ、ありったけの兵力を投入して力攻するよう命じた。筥崎《はこざき》宮が占領されて焼かれた。

三日め、元軍は宇美川の防衛線を突破して比恵川へ達した。少弐経資は頼泰と協議して、防塁に配した全軍を撤収し、三手に分けた。一隊は糸島方面を退却する元軍の追撃にあて、一隊は比恵川の右岸に背水の陣をしかせた。残り一隊は松浦党である。彼らは湾内の船団をたびたびおそって上陸用軽舟を分捕っていた。それに手持ちの小舟をあわせ、五十艘の舟艇群を保有していた。千人あまりが乗りこめる。三日めの夜、松浦党は比恵川の河口から出航し、海岸伝いに北進して多々良川の河口に上陸した。もともと松浦党は水軍である。

一方、薩摩勢は姪《めい》の浜を守った肥前勢とともに比恵川の上流を渡河し、一部は進出して来ている元軍の側面を攻撃し、一部は松浦党と呼応して、多々良川辺の元軍本営を急襲した。比恵川に背水の陣をしいていた豊後勢は、浮足立った元軍に夜討ちをかけた。すなわち四方から包囲攻撃を加えたことになる。飢えと伝染病と連夜の奇襲で疲れていた元軍は、全線にわたって算を乱した。日本軍を撃破するには、元の精兵だけでも三倍つまり十三万は必要であった。異民族の集合では、三倍が五倍であったとしてもむりなのである。かりに博多の全日本軍がやぶれて後方の水城《みずき》に撤退したとしても、そのころ、宇都宮貞綱のひきいる三万の軍勢が東国から急行中であった。元軍は一時的に博多を占拠しても、長期にわたって筑紫一帯すら支配することは不可能であったろう。

〈参考文献〉

田中政喜『元寇物語』青雲書房
山口　修『蒙古襲来』桃源社
黒田俊雄『日本の歴史8』中央公論社
川添昭二『蒙古襲来』毎日新聞社
白石一郎「文永の役」、滝口康彦「弘安の役」（『歴史と人物』一九七八年二月号）
旗田　巍『元寇』中央公論社

戦火九州に連なる

石垣原、宮崎、柳川、宇土

豊後の別府に石垣原という所がある。

国東《くにさき》半島のつけねで、九州山地が海と接するさいごの尾根である。石垣原台地の名前が残っている。

日向《ひゅうが》の宮崎城について説明する必要はないだろう。

筑後の柳川《やながわ》は、有明海がもっとも奥まった辺に位置する。

柳川の南、直距離にしておよそ四〇キロのあたりに、宇土《うと》半島がつき出て島原湾と八代海（別名不知火《しらぬい》海）をへだてている。

石垣原、宮崎、柳川、宇土の四ヵ所が、関ヶ原の戦いを機に九州で戦われた地になった。これに規模は大きくないけれども豊前の中津城をくわえれば、ほぼ完全な戦場図ができあがる。

秀吉が島津義久《よしひさ》を攻め、九州を平定したのは天正十五（一五八七）年五月である。義久に薩摩を安堵《あんど》、弟義弘に大隅《おおすみ》を安堵した。九州の小大名は、このときまでにみな秀吉の支配下に入った。

朝鮮出兵は文禄元（一五九二）年から慶長三（一五九八）年にわたっている。文禄の役のとき、渡海した十五万八千人の兵のうち、九州勢は肥後の加藤清正が一万人、肥前の鍋島直茂《なおしげ》が一万二千人、大隅の島津義弘が一万人、筑前の小早川隆景《たかかげ》が一万人、その他、対馬《つしま》の宗義智《そうよしとも》五千人、肥後の小西行長七千人、豊後の大友義統《よしむね》六千人、豊前の黒田長政五千人などあわせて八万二千余人に達する。半分以上が九州の兵力である。

数の上だけではなく、九州勢がどんな働きをしたか、加藤氏、島津氏、鍋島氏の戦績をみれば、今さらいうまでもない。秀吉の気に入るため、これだけの兵力を率いて外地へ遠征しなければならなかった諸大名の苦労が思いやられるというものだ。慶長三年に秀吉が死んで、彼らはさぞほっとしたことだろう。この年から関ヶ原の戦いまで、わずか二年しかたっていないという事実は注目していい。島津氏の敗北からでさえ十三年しかたっていない。石田三成の西軍につく方が有利か、徳川家康の東軍にはせ参ずべきか、京大坂周辺から伝わるキナ臭い情報をとり沙汰して、日夜かんかんがくがくの評定が、各地の城内でおこなわれたことは、容易に察しがつく。

九州土着の小大名にしてみれば、秀吉に対する恩顧は、二の次三の次であった。何よりも大事なことはお家の血筋を絶やさぬことである。領国を手ばなさないことである。都の情勢は、僧侶、商人さらには小大名たちが放った密使がもたらすニュースを基礎に慎重に分析された。

げんざい、関ヶ原の役前夜すなわち慶長三年から五年にいたる期間に、九州の諸将がどのような情勢判断をしたかという具体的な記録は、文書となって残っていない。私にはこれがすこぶる残念である。たとえば佐嘉《さが》城の一角で鍋島直茂が、譜代の老臣をまねきよせ西軍に加わるべきか、東軍に参加すべきかの利害得失について、彼らの知恵をただしているさいの一問一答が文字となってとどめられていたら、まことにサスペンスフルな記録となったことは疑いを容れない。

豊臣方が勝つか、徳川方が勝つか、その当時、自信をもって予言できる部将がいただろうか。

記録はあるいは存在したかもしれない。しかし、役が終ったとき、生き残ることになった大名の場合、会議の諸記録は大幅に書き改められるか、破棄されるかしなければならなかった。徳川家に対する忠誠のあかしという線に沿って、役の前夜に遅疑逡巡した形跡があってはならないのだった。

歴史は「書かれたもの」が研究対象となる。

明敏な歴史家であれば、「何が書かれてあるか」を調べると同時に、「何が書かれていないか」もこの場合つぶさに知ろうとするだろう。私たちは諸大名の行動を跡づけて、彼らの思惑と不安を推測するしかないけれども。

石垣原の戦い

まず西軍にぞくしたおもな九州の大名をあげる。

小早川秀秋　筑前と筑後、肥前に二郡
毛利秀包《ひでかね》、立花宗茂《むねしげ》、筑紫広門《ひろかど》　筑後
大友義統　豊後
小西行長　肥後
島津義弘　薩摩
高橋元種《もとたね》　日向
鍋島勝茂《かつしげ》（直茂の子）　肥前

次に東軍のおもな大名。

黒田孝高《よしたか》（如水）、長政　豊前
細川忠興《ただおき》　豊後
加藤清正　肥後

鍋島直茂　　　　肥前

（忠興は当時、丹後の宮津にいて、豊後に城代を派遣していた）

さて、小関ヶ原ともいうべき石垣原の戦いである。

大友義統は、文禄二（一五九三）年正月、明の将軍李如松《りじょしょう》が二十万を率いて平壌の小西行長を攻めたとき、救援をすることなしにしりぞいて行長の怒りをかった。これを訴えられた秀吉は、義統の領国をとりあげて、身柄を毛利輝元にあずけた。義統は大友宗麟《そうりん》の子である。父親に似たところはなく、小心で将としての器量はなかったといわれている。天正十四、五年に島津氏と戦ったときも戸次《へつぎ》川で大敗している。逃げ足のはやいのがとりえといえばとりえである。

秀吉はこの頃から義統の豊後をとりあげる肚でいたが、鎌倉時代以来の由緒を考えてさし控えた。義統は山口からのちに水戸の佐竹義宣に身柄をうつされた。嫡子能乗《よしのり》は徳川家康にあずけられた。義統の女は筑前立花氏の出であった。大友家重代の文書が立花家に残ることになったのは、その女が庶家である立花氏にもち帰ったものという。立花氏はもと大友氏にしたがう大名であった。

義統は関ヶ原の役前夜、東軍にくみする肚づもりだったといわれる。能乗はその頃、秀忠につかえていた。秀吉が死んだ翌年、義統はゆるされて京都にのぼり、本能寺に住んでいた。豊後に多くの配下を持つ義統が、石田三成から無視されるはずがない。このとき、義統は側室と男児正照《まさてる》と共にくらしていた。大坂方は義統の側室と正照を拉致したという。毛利輝元が西軍に誘ったという説もあり、三成が兵船を与えたともいわれている。

けっきょく義統は西軍につくことをえらんだ。三成との間でどのような打ちあわせがなされたかはわからない。「大友家文書録」には、義統がいつわって輝元の勧誘に応じたとしるされているそうだが、後世のでっちあげにきまっている。役の後、各大名の記録係は主人の行動のツジツマをあわせるのにうき身をやつした。

関ヶ原戦直前の九州主要大名

　慶長五年九月、義統は安芸の大畠から出帆した。鉄砲隊百人余がしたがった。海路をゆくとちゅう、旧臣吉弘統幸《むねゆき》と出あった。江戸にいる能乗につかえるため、豊前の小倉を出帆した一行である。海上で密談がもよおされた。義統は初め中津の黒田孝高とむすび、豊後に入ってふたたびその領主となるつもりであった。各地にちらばった旧臣たちが義統のもとに結集するだろうという見通しを持っていた。

しかし、いったん西軍につく肚をきめたからには、黒田孝高との盟約はホゴになる。義統の意向をきいた統幸は色を失った。さんざん進言して意をひるがえすように主君に説いたけれども義統はきかない。統幸は江戸行きをあきらめて、義統と行を共にすることを決した。東についたり西についたり、義統は忙しい。どのような判断を基にして義統が西軍に加わろうと決心したかは今となっては謎である。

九月九日、義統は別府浦に上陸し、立石《たていし》に陣をかまえた。三成が与えた鉄砲隊は一行が豊後に上陸するや、さっさと大坂に帰ってしまった。してみると九州へ送りとどけるのが任務だったのだろうか。主君の帰国を知って旧臣たちがぞくぞくと集まってきた。黒田孝高は国東へ進軍を始めた。国東半島の東南海岸に木付《きつき》（杵築）城がある。細川忠興は城代松井康之をおいてここを守らせていた。木付城が最初の戦場になった。松井康之は領内の庄屋以下から人質をとって反乱をおさえていたというから、どんな気持で豊後を支配していたか察しられる。大友軍は人質をうばい返してひいた。

ようやく黒田孝高の軍勢が豊後に入った。

松井康之は別府の実相寺山に陣をしいた。実相寺山は縮尺二十万分の一の大分県地図にものっていないが、名著といわれる金子堅太郎著『黒田如水』には、「立石城をへだたることわずか二十四、五町にすぎず」とあるから、伽藍岳の東尾根をさすものと思われる。この付近は海岸よりにせまい平野があるきりで府内《ふない》へ出るにはどうしても通らねばならない要地であった。西側一帯はけわしい山岳である。黒田・松井勢は北から攻めくだった。

吉弘統幸は本隊を率いて立石城の北、石垣原に陣を張った。この地名は今も残っている。鶴見岳の東麓である。海上で反転したときすでに統幸は死を決意していたと思われる。実相寺山から出撃してきた松井勢とわたりあってよく戦い、一時は先鋒をけちらしたが、黒田孝高の援軍が突入してきてからは力尽き、統幸は討ち死にした。覚悟のことであったろう。統幸の首級があげられて以後、大友勢は戦意を失い、多くの部将が討たれた。立石城でいくさの成りゆきを傍観していた大友義統は腹を切ろうとしたが、家臣に説得されて黒田孝高の軍門にくだった。大友勢の生き残りは許されて国もとに帰った。

孝高は義統を江戸へ送った。家康は彼を出羽の秋田実季《さねすえ》にあずけた。慶長七（一六〇二）年、実季が常陸に封じられたとき、そこへ身柄を移されて、慶長十（一六〇五）年に死んだ。四十八歳であった。豊後におびただしい小大名を送りこんだのは秀吉である。ほとんどが畿内とその周辺および濃尾地方の出身で、信長や秀吉のもとで手柄をたてて取りたてられた。鎌倉時代には東国出身の武士団が守護地頭となって西下土着した。関ヶ原の役後は東海地方出身の中小土豪が入りこむことになる。九州において大分県が、言語、風俗、習慣さらには気質まで他県とやや異なるのは、そのような歴史的事情の複雑さを考えに入れていい。

孝高は石垣原の功により中津十二万石から筑前福岡五十二万石に転封された。丹後からきた細川忠興が豊前一円と豊後二郡三十六万石をえて中津に入った。忠興はのち小倉に移る。子の忠利が中津城主となった。豊後は小国がいりまじり、とても細かく叙述できるものではない。天領を含めて十四もの藩が分立した。慶長以降変らなかった四藩のなかに日《ひ》出《じ》の木下藩がある。北政所の兄杉原家定の子延俊《のぶとし》は、関ヶ原の役後、速見郡（別府の北）三万石を与えられた。もとは播磨の小土豪である。日出には今も木下氏の墓所が残っている。

所領を守った島津義弘

関ヶ原から逃げ帰った島津義弘は、摂津の堺から海路をたどって日向へ上陸し、鹿児島にとじこもった。豊久は戦死した。家康はこの年の十一月、加藤、鍋島、黒田氏らに命じて島津一統を亡ぼすこんたんであったが、井伊直政らのとりなしで許し、薩摩、大隅二国と日向一郡すなわち旧領全部を安堵した。寛大すぎる計らいである。ただ日向の佐土原だけは慶長六年に没収している。

ある意味では義弘も義統に似ている面がある。なりゆき上やむなく西軍についたものの、伏見城攻撃が始まったとき、あっさり心変りして城将鳥居元忠《もとただ》に力をかそうと申し入れ、にべもなく蹴られている。西軍についてみて東軍の旗色がいいことを知り、変心したのであろう。関ヶ原では三成の陣営の隣りに布陣したが、三成の軍勢がくずれかかったとき、総大将みずから救けを求めにかけつけたときも知らん顔をしていた。

東軍が自陣を攻めたときだけ応戦するだけである。形勢が我に非となると、すばやく退却した。逃げっぷりの良さで歴史に名をとどめたようなものである。家康が島津氏に手を出さなかった理由はいろいろあるだろう。井伊直政のとりなしもさることながら、九州の南端という辺境にたてこもった命知らずの薩摩勢を平定する面倒にうんざりしたのが、いちばん大きな理由であったと見なしていい。

義弘は国へ帰るそうそう使いを家康へ送って謝罪し、かたわら肥後との国境をかためた。西軍にくみした罪はゆるしてもらいたい、ただし、無条件にである。領地を削られるのは困るというのが義弘の肚である。関ヶ原では中立を保ったではないかと、使者はけんめいに言上した。石田三成の軍勢をいざというときたすけなかったのは、ご覧になっていたであろう、と。

もう一つの理由は、黒田孝高の存在であった。島津氏を攻めると見せて手をつなぎ、清正と連合したらどういうことになるか。九州はまるまる三人のものになる。やっとのことで天下を平定したのに、三人を敵にまわすと大坂城の秀頼よりも手ごわい相手になる。と家康の肚を考えてもあながち的はずれではあるまい。

加藤、鍋島らの思惑

肥後の小西行長は宇土城を小西長元と小西飛騨にまかせて、関ヶ原に出陣した。加藤清正は豊後へ向った。大友義統が侵入してきたからである。しかし、清正がつく前に義統は孝高に投降した。清正は反転して南下し、宇土の小西勢を攻めた。宇土城の南にあった八代《やつしろ》城も包囲された。ここを守っていたのは小西行重である。関ヶ原での敗北が伝わった。小西長元は部下の助命を条件に腹を切った。清正は小西家の遺臣を召しかかえた。関ヶ原の戦いまで、清正の知行は十九万石であった。役後、小西領を与えられていっきょに五十二万石の大名になった。家臣団を編成するのに、主君を失った家来を招致する必要があった。

立花宗茂が守っている柳川城を攻めたのは隣国の鍋島直茂である。

直茂はこのとき六十三歳、肥前の住民で十六歳から六十歳までの男子をことごとく召集し、三万二千の軍勢を編成した。立花勢はありったけをかき集めて一万三千余である。東軍は宇土から反転北上してくる清正の二万余、豊後から西進してくる孝高の五千余を加えると総勢五万七千余となる。直茂が大軍をさしむけたのは、家康に対する思惑があってのことである。直茂の子勝茂は九千八百余を率いて龍造寺政家と共に伏見城を攻めおとしている。関ヶ原の戦いで大坂方が敗れたのを聞いて蒼くなった勝茂は家康のもとへまかり出て罪のゆるしを乞うた。家康は勝茂に立花宗茂を討たせることにした。

清正は直茂の大軍を伝え聞いて、いくらなんでもこれでは多すぎると思い、肥後の南関《なんかん》に二万余騎をとどめ、その中から千余を率いて柳川に向った。筑後瀬高《せたか》に陣をしいた。筑後大善寺《だいぜんじ》に直茂が勝茂と共に布陣した。家康は軍目付として井伊直政を、筑後水田《みずた》に陣をかまえた孝高のもとへ派遣した。九月十五日のことである。

毛利秀包は関ヶ原に出陣して、居城の久留米城は桂民部が守っていた。秀包の内室と四人の子供が残っていた。内室は大友宗麟の娘である。秀包は桂に孝高が攻めてきた場合は城をあけわたしてもいいが、その他の敵が来た場合は自分の妻子を殺し、城を枕に討ち死にせよと、いい含めていた。

黒田孝高の弟黒田図書助《ずしょのすけ》と、清正の家臣和田備中が使者となって桂民部に開城をせまった。桂は命令通り城をあけわたした。もともと久留米城は、直茂が攻略するつもりであった。城攻めに入る前夜、孝高の使者がくるのは出来すぎている。ツジツマが合いすぎるのである。関ヶ原の敗北を知った桂民部が、ひそかに密使を孝高のもとへ送って、秀包の意志を伝えたのではないかと推測される。戦意はなかったであろうから。桂民部は城兵七、八百余をつれて久留米城を出、博多から明へ渡海したという伝説が残っている。

さて、筑後で西軍についたもう一人の武将八女郡の筑紫広門は、この年の十一月、清正にすすめられて開城した。薩摩征伐軍に加わって、家康に罪を謝したらどうかと清正にいわれ、もっけの幸いとこの提案にとびついたのである。

孤立した立花勢

ふたたび柳川城をめぐる情勢にあともどりする。

立花宗茂は城外へ討って出、八の院（大川市）で決戦する案を示した。西軍についた鍋島勝茂がゆるされて直茂と共に柳川を攻めている現状に自分の命運が尽きたことを思い知った。老臣が宗茂の出撃を思いとどまらせた。戦うにしても少数の兵を出して、領内の敵と小ぜりあいするだけでよろしい。主君みずから城外へ出て戦えば、後日、家康のゆるしを得にくくなる、いくさのことは我々にまかせてくれと頼んだ。老将の知恵というものである。

十月二十日、立花勢三千余は八の院に布陣した。直茂は三万余の軍勢をこれに向わせた。勝敗は初めから目に見えていたようなものであった。八の院は有明海に面した平野の一角である。湿田の中に大小の掘割が走り、見通しがきく。起伏の多い地形なら、伏兵を配置し、小数の兵力で敵を撃破する可能性があるけれども、このような平野で十倍の敵と戦おうというのがどだいムリな話なのであった。

立花勢で名のある将はほとんど討たれた。鍋島勢があげた首級は六百余、斬りすてた雑兵は無数という。立花家の記録には、おもだった将士三十余、雑兵千余が討ち死にしたとある。鍋島勢の損害は、苗字の士二十余、雑兵三百余であった。十倍の兵力で戦った場合、損害が相手側のほぼ十分の一という事実は興味ぶかい。立花勢三千余はほとんど全滅した。生き残りはみな手傷を負うていた。

直茂は六百余の首級を塩漬けにし、戸板にのせて江戸の家康へ送ったという説がある。六百余の首を送らなくてもよかったろう。それだけの首に用いる塩は莫大な量である。せいぜい主な部将の首七、八級ではあるまいか。家康は直茂の本領を安堵した。

宗茂がかき集めた一万三千余の兵力には、領内の百姓もまざっていたと考えなければならない。直茂の三万二千余にしても同じことである。八の院で戦った立花勢三千余は軍の中核であった。彼らが全滅したために宗茂はやる気をなくした。清正は宗茂に使者を送り、城をあけわたせば自分が家康に助命をねがってやると申し出た。宗茂とは共に朝鮮で戦った旧知のあいだがらである。一も二もなく宗茂は清正の提案をうけ入れた。十月二十五日のことである。その頃、薩摩からは島津義弘が一万余の援軍を柳川城攻略にかかっている東軍に送っていたが、城がおちたというしらせを聞いて反転した。じっさいに開城したのは十一月十五日である。家康は宗茂の身柄を清正にあずけた。

立花氏、筑紫氏、毛利氏が去った筑後には三河岡崎出身の田中吉政が入部した。石田三成を捕縛した人物である。その手柄で三十二万五千石を与えられた。しかし大坂の陣（一六一五）に遅れたという失態をとがめられて元和六（一六二〇）年に筑後藩は解体し、ふたたび立花宗茂が復帰することになる。

日向をめぐる紛争

日向の小大名はほとんど島津氏について西軍に加わった。日向は島津氏の勢力範囲である。その中で飫肥《おび》の伊東祐兵《すけたけ》だけは表向き西軍を装って大坂にいたが、黒田孝高に使者を送って寝返りすることを通報し、子の祐慶《すけよし》をひそかに飫肥へ帰した。宮崎城は県《あがた》（延岡）城主高橋元種《もとたね》の支城である。伊東勢は宮崎城を攻めおとした。十月一日のことである。ここで、ややこしい事態が発生する。

高橋元種は日向の財部《たからべ》（高鍋）を領した秋月種実《たねざね》の子であり、種長《たねなが》の弟にあたる。

肥後の人吉《ひとよし》を領した相良長毎《さがらながつね》は、秋月種長、高橋元種と共に、初めは西軍についた。この三人は美濃の大垣城を守っていたとき、他の西軍守将を殺して東軍に寝返る。家康は三人の功を認めて、旧領を安堵した。このときから伊東勢の宮崎城攻めまで二週間以上たっている。上方にあった伊東祐兵は高橋元種が東軍に寝返ったことを知っていなければならない。二週間もあれば情報は日向へとどくのに充分である。

伊東勢は家康に対する忠誠のしるしとして、高橋元種が東軍に加わった事実を知らんふりして宮崎城を攻めたのではないか。同士うちをしたことになる。伊東勢は勝ちに乗じて諸県郡《もろかたぐん》や佐土原の島津領を占領した。中央がゴタゴタしているスキに領地を拡げておこうと考えたのである。田舎侍らしい打算と見える。

伊東祐慶がおとしいれた宮崎城は、慶長六（一六〇一）年、家康の命によって、高橋元種に返された。高橋元種は十二年後、所領五万三千石を没収され、肥前の島原から有馬直純《なおずみ》が移封されてこれをひきつぐことになる。伊東氏は飫肥五万七千石の本領を安堵された。九州の南端でおこった同士うちなど家康にはどうでもよかったのである。秋月種長も、財部と櫛間（串間）の本領三万石を安堵され、裏切り三人組はほっとした。

黒田父子の得た果実

関ヶ原の戦いにおいて、もっとも甘い果実を手に入れたのは、九州の大名たちの中で誰かといえば、黒田孝高、長政父子であろう。

わずか十二万石の知行がいっきょに五十二万三千石に加増された。秀吉が孝高を豊前中津の領主としたのは、彼の知謀を怖れたためといわれる。孝高の素姓は、戦国大名のつねとして定かではない。もとは播磨の出である。祖父は目薬売りや金貸しをやっていたという。ありそうなことである。孝高の代になって播磨の守護赤松氏の家老小寺氏の家来になり、一時は小寺姓を名のった。

天正三（一五七五）年ころから信長と通じ、秀吉の参謀にとりたてられた。朝鮮出兵のさいは大いに働いている。関ヶ原の戦いが終り、長政が大幅な加増をうけると、孝高は隠居した。

大幅な加増といえば、清正も十九万五千石から五十二万二千石にふえたのだから、働きにふさわしい以上の報酬といえる。小西領十四万六千石は当然のこととして、天草領四万二千石はありがためいわくだったらしく領有をことわっている。日向や豊後の小大名たちなら、よだれの出そうな話である。

ことわった理由は、天草の北部は肥前の旧キリシタン大名有馬氏の影響で信者が多く、日蓮宗信者の清正としては気がすすまなかった。南部は島津氏の力がかつて及んだ地域である。しかし、清正もただで返還したわけではない。慶長六（一六〇一）年、家康に願い出て、天草全島と見合う豊後の三郡（大分県直入《なおいり》、大分、海部《あまべ》）をせしめている。

この三郡が瀬戸内海への通路となり、大坂への蔵米輸送に役立った。五十二万余石は天正以来の検地による数字で、じっさいは七十三万石あったという説がある。天草をこばんだ清正は先見の明があった。島原の乱がおこったのは、寛永十四（一六三七）年である。主謀者は小西氏の遺臣であった。

もっとも、このときすでに清正は世を去っており細川忠利が肥後の領主となっていた。加藤清正が死んだのは慶長十六（一六一一）年である。五十歳。毒殺説や梅毒説（海音寺潮五郎）があるけれども、今日では脳溢血と考えられている。幕府は清正を九州の中央において島津氏ににらみをきかせる肚であったが、豊臣の恩をうけた加藤氏を抹殺する時機をはかっていた。加藤家が内紛を理由にとりつぶされたのは寛永九（一六三二）年である。

かつて筑前、筑後、肥前を領した小早川秀秋は関ヶ原の功により、備前、備中、美作五十万石を与えられた。

片桐且元の苦悩

立川文庫の忠臣

昭和十二年生まれの筆者は、おそらく真田十勇士の名前をそらでいえる最後の世代にぞくするのではないだろうか。

筆者はながらく十勇士が実在の人物であると信じこんでいた。ところが、猿飛佐助や霧隠才蔵などは架空の人物だと聞き、のこる八人も講釈師の張り扇がたたき出した人物と見なしていたら、穴山小助、根津甚八、海野六郎という面々は実在したという。敗戦直後、暗い明りの下で、ぼろぼろになった立川文庫を読みふけった記憶が懐しい。

大坂冬の陣・夏の陣についても、学校で歴史を習うまえから、講談社の絵本（木村重成が出陣にさいして冑に香をたきこめたエピソード）や少年倶楽部の読み物（秀頼が真田の遺臣にまもられて落城後、九州へ逃げる）などで、おおよその知識はあった。こういう経験は案外にバカにならない。子供のころ得た印象というものはたやすく消えはしない。真田十勇士が実在していたと信じていたように、片桐且元も豊臣家の忠臣であると筆者は永い間、思いこんでいた。

子供は読み物に登場する人物を、善玉悪玉に分けて記憶する。片桐且元は読み物の世界では至誠の忠臣であった。すなわち善玉である。

わかりきった話だが人間には善玉も悪玉もない。現実には正真正銘まじりけなしの善人もいないし悪人もいない。そういうことを知りぬいている生活人が、とかく歴史上の人物を善玉悪玉に分類したがるのは困った傾向である。いいかえれば、人間というものはそれだけ曖昧模糊とした存在で、正体がつかみにくいということにもなるだろう。

まえおきはさておいて片桐且元について述べなければならない。

片桐市正且元は弘治二年（一五五六）近江にうまれた。石田三成と同郷、四歳年長である。賤ヶ岳の戦いに参加し、七本槍の一人に加えられているが、そのいくさで加藤清正、福島正則らにまじってどのような戦いぶりをしたかは史書にのっていない。ことは賤ヶ岳の戦いにかぎらず、片桐且元という武将は戦場においてはあまりきわ立った手柄は立てていないようである。

このことと彼の生涯にエピソードがすくないこととは無縁ではあるまい。晩年、大坂冬の陣・夏の陣に従軍してはいるが、特記するに足りる働きは示していない。ひとくちに元亀天正型の武人とはいえない所が且元にはある。秀吉にとりたてられたとはいえ摂津国茨木《いばらき》の知行はわずか一万石である。七本槍のうち加藤清正が二十五万石、福島正則が二十万石であったことを思えば差がひどすぎる。それでも秀吉の死後、秀頼の守役となり、大坂方の筆頭人に成りあがる。守役となるについては家康の推薦があった。

守役とは家臣のうち最高位にある者が任命される。ただし秀吉がじきじきに任命したのではなく、秀吉の死後、家康が推したゆえである。家康にそれが出来たのは、秀吉が死の床で秀頼の後見人になることを依頼したからであった。この男なら自分が思うようにあやつることが出来る、と家康は且元を見ていたふしがある。且元が一万石を得たのは秀吉の晩年であって、それまでは三千石の小身にすぎなかった。

ばけばけ騙し合いか？

きのうまでは大老前田利家の下で雑用をしていたような輩である。くみしやすし、と家康に思われたのは相応の理由があってのことだろう。しかし、いったん成りあがってしまえば豊臣家の家老職である。彼にとり入ろうとする者で門前つねに市をなしたという。

いったいに近江人というのは計数に明るいようである。石田三成しかり。片桐且元も例外ではなかった。彼は豊臣家の政務をとりしきるかたわら財政をも掌握した。「慶長中外伝」には太閤直筆の財産目録が披露してある。

大さか御くらにあるかねの斗
一、きかね　千五百四十まい
一、しろかね　三千まい
…………
…………
合　九万まい　きかね
合　十六万まい　しろかね
つかう
二十五万まい
五貫文　きかねせに
弐百貫文　しろかね銭
以上
大かう
ひてよりえまいる

きかねとは黄金であり、しろかねとは銀であることはいうまでもない。これが秀吉一代で築いた富の明細なのだが、現代の貨幣価値に直していくらになるものか正確に換算できないけれども、京都方広寺の大仏殿を再建するために費消した額は、『大坂冬の陣・夏の陣』の著者、岡本良一氏の計算によれば、昭和三十九年の時価で約四十四億円という。大仏殿の再建を秀頼母子にすすめたのは家康であった。それを伝えたのは片桐且元である。秀頼が再建あるいは修復した神社仏閣はただならぬ数に上る。いずれも秀吉の冥福を祈り家運を挽回するという名目ではあるが、わずか十数年のうちにおもなものでも四十社に黄金を投じては、どんなに豊臣家が巨額の富を蓄積していても心細くなるのはあたりまえである。

さすがに慶長十七年のころから大野修理（治長）が加賀の前田氏へ黄金千枚を無心している。家康はほくそ笑んだことだろう。神社仏閣を再建修復させるのは大坂方の軍資金を枯渇させようとする家康の意図なのであった。

この間、片桐且元は大仏殿供養を報ずるために家康の居地駿府へおもむいている。何をするにも大坂方はこの段階になると家康の裁許を得なければならなかった。且元はせっせと東海道を往復する。いつごろ彼が豊臣家に見切りをつけたかは定かではないが、豊臣家よりもわが家の安泰を重視するようになったのは、西側を代表する折衝役として東海道をいったり来たりしているあいだであるとの感が強い。且元の臣山本豊久は「市正は智謀うすき者にあらず、御意に逆わず随う御挨拶、互にばけばけ騙し合い申す」と、もっともらしく日記に書いて主君且元を誇っているが、騙し合いではなくて実の所は騙されっぱなしというのが本当である。どだい家康と且元では器量がことなる。まともに太刀うちできる相手ではなかった。せいぜい家康の無理難題を大坂方へ忠実に伝える使者という役割の域を出なかった。且元の息子孝利は徳川家の臣伊奈忠政の娘を妻にしている。且元の弟貞隆の娘は家康の臣本多正純の弟忠郷にとついでいる。世渡りもここまで徹底すれば涙ぐましいとしかいいようがない。元亀天正の乱を生きのびた老兵の知恵というものであろう。これはしかしひとり且元にかぎったことではなくて、当時は権力者かその側近と姻戚関係を結んで保身をはかるのはめずらしいことではなかったのだが、大坂方の筆頭人がこうでは、家康に手玉にとられるのはわかりきった話である。

まだある。

慶長十九年六月、且元の弟貞隆は秀頼によって五千石を加増され、ただちに駿府へおもむいて家康にその恩を謝している。加増は秀頼が家康の旨をうけてしたことである。同じく前年の九月、且元が一万石を加増されたおりも、わざわざ家康の膝下にまかり出て許可を願い出ている。「ご加増として一万石、秀頼公より下さるといえども、関東御前をはばかり、これを領せず、すなわち今日拝領」(「駿府記」)。

外交官がその交渉相手からサラリーをふやしてもらうについて許可を求めるというのは珍事である。これではロクなことを主張できるわけがない。「ばけばけ騙し合い」が聞いて呆れるのである。

鐘銘のいいがかり

片桐且元の真意は、慶長十九年の八月ごろまでは豊臣家徳川家の両立であったろう。そうなれば豊臣家の筆頭人として権力の甘い汁を吸うことができる。しかし、大坂と駿府の間を往復するあいだに自分の理想が砂上の楼閣さながら実体のないものとなり変るのに気づく。ひとつには乏しくなった大坂方の財である。そのことはいちばん且元が知っている。ひとつにはこれといった有力な大名たちが皆徳川方についているという事実の認識である。沈みかけた泥船の舵をとっている心境であったろう。しかも淀君をはじめ大坂方の諸将は且元を家康の内通者と見ている。自分としては豊臣家の安泰を願うあまり老骨にむちうって励んで来たつもりであるのに、秀頼母子は自分を白い眼で見ている。大坂を犠牲にして家康にとり入り、一身の栄達をはかる者とさえ考えている、という不快な思いが且元の念頭から去らなかったと想像していい。

しかし、先を急ぎすぎた。

冬の陣のきっかけとなる方広寺の鐘銘問題についてしるさなければならない。

銘詞を選んだのは南禅寺の学僧清韓である。「国家安康、四海施化、万歳伝法、君臣豊楽」という十六文字の中に、「関東不吉の語」ありという抗議になる（「駿府記」）。幕府の儒官林道春（羅山）は、国家安康の四字に家康の名前が含まれており、無礼不法のきわみといい、しかもそれが安の字で切れているのも沙汰のかぎり、君臣豊楽は豊臣を君として永く楽しむと読めるのだから、徳川家を呪詛調伏しようとする気持をたくみに書きこんだものである、と述べたてた。

いつの世でも御用学者の出番はあるものだ。こじつけもここまで来ればご愛嬌である。鐘銘にいいがかりをつけたのは、羅山だけではあるまい。家康に近く仕えて悪知恵を吹きこむ輩には金地院崇伝がおり天海僧正がいる。羅山の文章は三人の意見をとりまとめたものと見ていいだろう。七月二十七日付で、崇伝は且元に書簡を与えている。「このたびの鐘銘、何事やらん……」要約すれば家康の許しを求めずに鐘銘を作らせ棟札を書かせたことが気に喰わないというのである。したがって大仏殿の「供養延引あるべき由、仰せいだされ候」という命令になる。

且元が書簡を一読して青くなったことは想像に難くない。とるものもとりあえず駿府へ駆けつけたのが八月十三日である。鐘銘に他意はないことを弁明しなければならない。「洛陽無双の智者」（「慶長年録」）といわれ、「洛陽五山に聞えありし名匠」（「山本日記」）ともいわれた清韓が草した鐘銘によもや難癖をつけられようとは、且元は思っていなかったに違いない。しかしながら崇伝の口にかかれば清韓も「無案内之田舎衆」とののしられてしまう。

且元は東下するおり清韓を伴っていた。家康は十九日夜、駿府についた且元に会おうとしない。清韓のみ本多正純邸で羅山、天海、崇伝らにつるし上げられる。清韓は堂々と弁明するけれどもとりあわれず蟄居を命ぜられる。不安を覚えた淀君は、大野治長の母大蔵卿局を家康のもとへ特派する。八月二十九日である。「武徳編年集成」には「二女（渡辺糺の母正永尼か）大坂にて甚だ辛苦して、未だ知らざる漢字の訓釈をにわかに習い、道すがら諳《そら》んじて下向」とある。家康はただちに引見した。

おかしなことに家康は鐘銘についてこのとき一言も触れなかった。秀頼は自分の孫と同じだから常々可愛く思っている、ただその家来が心ひがんで浪人を募り軍旅を修練しているのがけしからぬ、早く佞臣をしりぞけて真実の情をあらわすべきである、としかいわない。家康が予想に反して肚を立てていないと見て、大蔵卿局が安心しまた歓《よろこ》んだのはうなずける。

且元の駿府滞在は二十日あまりになる。その間、ついに家康との拝謁は実現しなかった。九月七日、家康は崇伝と本多正純を且元のもとへつかわして三条件を提示する。

一、大坂城を明けわたすこと。
二、秀頼を江戸へ参勤させること。
三、淀君を江戸へ移すこと。

右のうち少くとも一つを履行せよと要求したのである。同時に西国の諸大名五十名に起請文を提出させている。

一、両御所様に対し奉り別心表裏を致すべからざること。
一、上意にそむく輩に対しては一切を申し談すべからざること。
一、仰せいだされの御法度以下、毛頭あいそむき申すべからざるのこと。

且元の駿府行は結局なんの効果もなかった。

鐘銘問題より数等厄介な三条件をおしつけられるためにはるばる旅したようなものである。且元は大坂に帰って右の難題を淀君に伝えるしかなかった。家康が大蔵卿局に会い、且元とは会わなかった所に芸のこまかさがうかがわれる。両使者の言上が異なれば、且元が疑われるのは当然の成りゆきである。関東のまわし者と、血の気の多い大坂方の諸将にきめつけられることになる。そうなることが家康の思うつぼであったろう。且元を帰したあと、してやったりとほくそ笑んでいる家康の顔が目に見えるようである。

家康が開戦を決意したのは早かった。彼はこのときより半年もまえに外国から火薬、鉛などを買い入れている。また慶長十八年には国友村の鉄砲鍛冶に、大砲の大量生産を急がせている。戦争準備がととのったいまは開戦の口実がありさえすればよかった。大坂方が兵器の買いつけを始めるのは、家康が大坂追討の令を発した十月になってからであった。このことからも大坂方がいかに開戦を避けたがっていたかがわかる。

大坂城退去

さて片桐且元である。

豊臣家の存続が至上の大事であれば、いまは家康の三条件を容れるがいいという且元の主張は一蹴される。九月二十五日、且元は病気と称して城内二の丸にある邸にひきこもる。登城せよという秀頼の命にもしたがわない。大野修理ら主戦派が且元を殺せといきまくのはこのときである。片桐邸は主戦派によって包囲される。それでもなお且元は彼らに対して矢玉を放つことを家来に禁じ、塀をのりこえて侵入する者のみ槍の柄でたたき落せと命じている。城内で事をかまえる不利を悟っていたのであろう。茨木城へ向って退去するのは十月一日、ちょうど家康が天下に号令して大坂方へ兵を挙げた日と同日である。偶然の一致であろうか。

何事もなく大坂城を出られたのは且元への同情者が尽力したからであった。七組隊の隊長、速水甲斐守・伊藤丹後守らが調停者となり、且元が退城後は高野山に入って出家するという条件でおりあいがついたのであった。

「大城御陣山口休菴咄」には、且元兄弟退去の描写がある。

且元は白小袖素肌で乗物にのり、そのまわりには徒士の侍五十人ばかりが抜身を持ち、矢、鉄砲には火縄をかけていたという。且元の妻子、家中の妻子を鎧武者たちが包んで、そのあとに完全武装した家来が続いた。最後尾には弟貞隆が槍を持ってしんがりをつとめた。これは記録者が伝聞によらず玉造門で見物した模様の記述である。貞隆は門外に出るや、城の方を三度ふしおがんだという。このごろの侍はどうも芝居気たっぷりであったように見える。

片桐且元は高野山に入らなかった。どころか、十一月四日には家康に大坂付近の絵図面を献上している。大坂城内の模様をもあわせて説明したのは考えられることである。且元にしては掌中を指すが如くであったろう。彼は藤堂高虎と共に攻囲軍の先鋒を命ぜられ、城の北を流れる天満川中の備前島に陣を張る。攻囲軍の中でもいちばん城に近いゆえをもって、砲撃はその島からおこなわれた。「菁莪太閤記」には「御母堂のおわす所を知つて大鉄砲を打ち入れ、城をいたましむ」とある。且元が砲手に勝手知った城のどこを狙うべきかあれこれと指示したのであろう。よせばいいのに、という気がする。徳川方についた以上は徹頭徹尾、家康のために働くのが保身のために必要と思い定めたのはわかるけれども、いささかやることがあざといという感はまぬがれない。備前島にそろえた大筒三百、国崩し五門がいっせいに砲撃するありさまは百雷の落ちるが如くであったという。弾丸は淀君の居間に命中し、侍女七、八人が死んだ。十二月十六日の記録である。主戦派であった淀君が和睦論者になったのはこのときという説がある。

十二月十八日、太閤の忌日に秀頼は恒例によって城内の豊国社へ参詣する。そのことを知っている且元は豊国社めがけて弾丸をうちこませた。弾丸は的をはずれて淀君がいた天守にあたり女中二人の体を打ち砕いた。淀君がふるえあがったのも無理はない。

夏の陣において且元は目立った働きを示していない。陣は城の南、天王寺口の東にあって前田利常勢の左翼を担当している。落城後駕籠で城内へのりこみ、秀頼の隠れ場所を探しあてた。家康に対する忠義も度がすぎる。且元が死ぬのは秀頼の自刃から二十日後である。功によって加増され四万石を与えられたのだから本望だったかも知れない。死に場所は一説には京都といい、一説には駿府という。四万石の大名が死んだというのに異説があるというのは考えてみれば奇妙な話である。

討入りの日——元禄十五年極月十五日払暁

虚説さまざま

元禄十五年十二月十五日は、西暦で一七〇三年一月三十一日にあたる。芝居や講談では、満月が雪で覆われた下界を照らし、真昼のように明るかったことになっている。月が出ていたのは確かであるが、雪は一昨日に降ったのが日かげでせいぜい消え残っていた程度であった。それがあたかも白一色の世界と化したのは、討入りの舞台としてふさわしいように思われたからであろう。雪と月はつねに日本人の美意識にかなう。

討入りに際して山鹿流の陣太鼓を叩いたというのも嘘である。彼らが用意した武具その他の道具は、松明《たいまつ》から笛にいたるまで詳しく記録にとどめられている。陣太鼓はその中に含まれていない。

服装は統一されていなかった。

揃いの火事装束で身をかためていたように映画などでは見うけられるけれども、火事頭巾の下に冑の鉢金と錣《しころ》を縫いつけていた者が何人かいただけである。斬合いとなったとき、存分に働けるよう皆思い思いに工夫をこらした。一人のこらず衷甲《きごみ》をつけた。鎖帷子《くさりかたびら》である。繻子《しゅす》、繻珍《しゅちん》、晒布《さらし》、緞子《どんす》の刺子を代りにすることもある。

上衣は黒小袖、合印として右袖の後ろに生国と姓名を記した白木綿の札をつけた。帯には鎖を巻きこんだ。上衣と名札と帯の鎖と衷甲は全員が揃えた。ただし、帯は、若い者は緋縮緬に飛紗綾《とびさや》、老人は白紗綾であったといわれる。結び目は右わき。帯に鎖を巻きこんだのは、高田馬場で堀部安兵衛が帯を切られ、着物の裾が足にからまって困った経験から提案したのが容れられたのである。羽織の上から大真田打ち緋縮緬のたすきをかけた。鎖入りの股引は絹で、色はまちまちであった。金子一両ずつを襟につけ、鳥目《ちょうもく》は百文を懐中におさめた。

討入りの時刻については二説がある。

本所林町の堀部安兵衛宅、本所徳右衛門町の杉野十平次宅、本所相生町（吉良家裏門通り）の前原伊助宅の三ヵ所に、日本橋、麴町、芝、両国、深川、などの十四ヵ所に潜伏していた四十七名がまず集合し、それから堀部安兵衛宅で落合って吉良邸に向ったのが十五日の寅の刻（午前四時）であるという説と、討入った時刻が寅の刻であるという説である。

堀部宅から吉良邸までは、ほぼ一キロである。いずれにしても十分程度の差ではあるが、筆者は後者をとりたい。吉良邸の門前へたどりつくまで、どんな不測事が出来するかわからない。午前五時ごろには気の早い下働きの連中が起出す。そのため午前四時までには門内に侵入しなければならない。

吉良邸の警戒がきびしいことは既に知られていた。屋敷が呉服橋門内から本所へ移されてからは更に厳重になった。それまでの渡り奉公人はやめさせられ、新しい奉公人は三河の知行地から呼び寄せられた者ばかりであった。出入りの商人も身元が詮議された。三河出身の清水一学がそれに当ったという。浪士たちが江戸にひそみ、機をうかがっているという風説を吉良方は承知し、討入りを予期していたのである。屋敷の絵図面は堀部安兵衛が手に入れていたが、これは前任者の松平登之助時代のもので、吉良家に変ってからどのように改築されたか想像の域を出なかった。抜け穴、落し穴がこしらえられ、長屋の内廻りに大竹で垣を結いめぐらし、新たに土蔵が築かれて万一の場合はそこから隣家へ脱出孔がうがたれてあるとかいう噂が聞えた。

吉良邸の裏門付近に米屋を営んでいた前原伊助と、同じく小豆屋の神崎与五郎が、火事見物を装っては屋根にあがり、風が強い日は物干しに出て吉良邸内をうかがった。絵図面は少しずつ訂正されていった。

実際に邸内に這入り、竹垣がないのを見届けて来たのは毛利小平太である。さる人から吉良の家老へあてた手紙を入手したので、毛利が下人に変装して吉良邸へ持参したのである。ただし、この男は十二月十一日、討入りの直前に行方をくらます。兄に計画をもらし、おどかされたためといわれる。脱盟者は毛利小平太のみにとどまらなかった。初めは百二十数人にのぼった同志が、討入りの日は四十七名に減っていた。どたん場になって命が惜しくなるのは人情というものである。

吉良邸内の様子よりも肝腎なのは、吉良上野介の在否であった。不在の邸内に討入ったところで仕方がない。吉良方は上野介が邸を出入りするのを内緒にしていた。上野介は供廻りや道具を変え、名前まで変えて出入りを気づかれないようにした。浪士の中で若い者が一計を案じた。在否はともかく上野介の顔を知っておかなければいざというとき何にもならない。赤穂方にはそれまで上野介の顔を見た者は一人もいなかったのであった。

当時の習慣は、ある家中の者が主家の親類の主人に路上であったとき、土下座をすれば、相手はかごに乗っている場合、戸をあけて答礼することになっていた。ある日、浪士は上野介の乗物にちがいないと思われる行列に出会ってそれを利用した。上野介はまんまとひっかかり、戸をあけて浪士の名前をきいた。

「松平肥後守(保科家)家中、軽きものでございます」と答えてやりすごしたというのが「寺坂筆記」にある。軽いものと返答しておけば名のるには及ばないのである。

在否について吉報をもたらしたのは横川勘平である。上野介の茶道の友である本所ずまいの僧侶のもとへ吉良家から招待状が届いた。横川勘平はかねてこの僧侶とねんごろであった。ある日、横川が訪ねてゆくと、いい所へ来てくれた、自分は文盲であるから手紙を読んでくれという。「十四日に年忘れの茶会が催される。参会を願いたい」という趣旨である。この僧侶が文盲であったというのが筆者には腑に落ちない。お経のよめない僧侶というのが元禄時代にはいたのだろうか。そして、招待状が届いたときに横川勘平が遊びに来ていたというのも話として出来すぎている。年忘れの行事として茶の湯が行われるのは当時の恒例であったのだろう。とにかくその正確な日どりを赤穂方はつきとめ得た。十四日という日どりは更に手をつくして確認された。大事をとったのである。十四日は浅野内匠頭の忌日にあたる。

武具その他は堀部安兵衛宅に用意された。

四十七名はそれぞれ三々五々、泉岳寺に墓参し、十五日午前二時までに前記三ヵ所に集った。使用人や隣人などにはいとま乞いの挨拶をすませていた。

討入りの心得

討入りについては要領が細かく定められていた。吉田忠左衛門が内蔵助に命ぜられて草した起請文は四ヵ条から成っている。十一月に審議を始め、同志へ最終的に達せられたのは十二月二日のことである。

その日、大石内蔵助は深川八幡の前の料理茶屋に、頼母子講を始める集りを開くという名目で同志を招集した。連署血判をとった日付は資料によって十一月七、八日という説もある。深川八幡前ではなくて、大石の宿である石町の小山屋へ同志を数人ずつ呼んで連署血判を求めたというのである。ここでは松島栄一『忠臣蔵』にもとづいて前者をとる。

注目すべきは、起請文前書の中で、討入りの後、功の深浅を問わないというくだりのあることである。上野介の首級をあげた者も、警固にあった者も同然と見なすことにしている。功に逸って討入り勢の足並が揃わないことになれば、せっかくの一挙が失敗するとおもんぱかったのであろう。

攻撃三倍の原則というものがある。

現代の戦争にも適用される原則であって、勝つためには攻撃側が守備側の少くとも三倍以上の兵員を用意しなければならない。太平洋戦争でアメリカ軍は忠実にこの原則にのっとって行動した。吉良方には上杉家の付人を含め、百名は下らないと推定されていた。同志は五十名に足りない。何よりも重んじなければならないのは協力一致の心がけである。

討入り後の戦闘要領については、これより先、大石内蔵助が鎌倉から川崎の平間村へ移ったとき、同志へ発した訓令にも細かく定められている。十月末のことである。

十一ヵ条で成っている令のうち、おもなものをあげれば、武器は随意、ただし、槍、半弓を用いる者は届出ること、褌の垂れがはずれないように注意すること、相印、合言葉はあとで通告することなど、微に入り細にわたった注意を申し渡している。その中でも内蔵助はきびしく「機会があっても抜駆けで本意をとげることは許さない」と達している。

この達しがあったために、保科家の家中を装って上野介のかごを止め、挨拶をした若い浪士は「今なら討てる」と思ったものの自分を抑えたのだった。少数で多数に当るにはチームワークが第一である。平間村の訓令でもっとも興味深いのは九条めである。

目的はいうまでもなく上野介父子の首級をあげることであるが、この二人にばかり気をとられていては、討ちもらす憂えがあるから邸内の男女は見さかいなく皆殺しの覚悟でなければならない。表門、裏門、新門の三ヵ所を固める者は、どんなことがあっても持場を離れることは許されない。またこの三ヵ所の他に邸から外へ出られる所があるかもしれないから、調査のうえ人員を配置すること、というのである。

「男女の差別なく皆殺し」という心がまえが面白い。しかし、実際に殺傷された女はいなかった。

兵学の心得があった吉田忠左衛門は、吉良邸の周辺を歩きまわって地理を探り、上杉家から助勢があった場合、どこでどう防ぐかを考えた。若い浪士たちもそれぞれ変装して吉良邸付近を偵察し、地理にあらかじめ通じておくように心がけた。

討入り前に達せられた「人々心得之覚書」は十三ヵ条である。

一、日がきまったら、かねて定めの通り、前日の夜中より定めの三ヵ所へ物静かに集ること。

一、当日は、あらかじめ決定した刻限に出発すべきこと。
一、敵の首級をあげたなら、ひきあげの場所へ持参するべく敵の死体の上着を剝ぎ、包んで持って行く。上使に出会ったら「これは泉岳寺へ持って行くつもりであるが、お許しがなければ致し方がない。かといって御歴々の首ゆえ捨ててゆくわけにもゆかない。先方へお返しくださるか、いかようともお指図次第に致します」と挨拶し、役人に反抗してはならない。勝手を役人に許されたら泉岳寺へ持参し、お墓にそなえること。
一、子息の首級は持参に及ばない。討捨てる覚悟であること。
一、味方の負傷者はできるだけ力を尽して助けだすべきであるが、肩にかけても運び出せない重傷者は介錯してひきあげること。
一、父子を討取ったら合図の小笛を吹き、だんだん吹き継いで皆にしらせること。
一、ひきあげの合図は銅鑼を鳴らすこと。
一、ひきあげ口は裏門であること。
一、ひきあげ場は無縁寺（回向院）にするが、寺内に入ることを許されない場合は両国橋の東の橋ぎわにある広場に集ること。
一、ひきあげる途中、近所の屋敷から人が出て押しとどめたら、事情を告げ、「自分たちは逃げ隠れする者ではない。無縁寺へひきあげて公儀の御検分使を請い、委細を申し上げるつもりである。しかし、疑われるなら寺までついて来ていただきたい。一人も逃げる者はない」と挨拶すること。

一、追手がかかったら、全員ふみとどまって戦うこと。

一、まだ敵の首級をあげる前に御検使が見えたら、門をしめ一人だけ脇門から出て挨拶する。そのときはもう敵は討ったといい、生残りの人数をまとめたうえで御下知にしたがう旨を申し出ること。門内に入って検分したいと相手がいっても決して門をあけないで、「討入った者が屋敷中に散らばっているから、混雑の際いかなる無礼がないともかぎらない。しかし、追っつけ開門します」といって引きのばすこと。

一、以上はひきあげの心得であるが、討入りの覚悟は必死でなければならぬ。それゆえ、ひきあげるときの工夫ばかり考えていて、討入りのときこれにわずらわされてはならない。ひきあげたところで生命はおぼつかない我々である。討入りの覚悟は必死を分として十分な働きをすること。

討入りの趣意書は一党のうちおもだった者六、七人が懐中におさめておくことになった。堀部弥兵衛はこのとき七十七歳、一党の中で最年長者である。元赤穂藩の江戸留守居番をつとめていた当時は三百石を、隠居してからは隠居料として二十石を与えられていた。安兵衛の養父にあたる。安兵衛は柳沢藩の儒臣、細井広沢と親交があった。のちに彼が「浅野内匠頭家来口上書」をまとめるとき、「君父之讐不㆑可㆓共戴㆒天之儀」という句の、君父という用い方について細井にただし賛同を得ている。というのは「礼記」の曲礼編に「父之讐、弗ニ与共戴レ天」とあって、「君父」とはないからである。『忠臣蔵』の著者松島栄一氏はこのくだりに注目し、君と父とがここで同一されるにいたった点に、読者の注意をうながしている。

敵討ちはもともと肉親の讐を討つことであったのが、赤穂浪士の討入りによって、主君のうらみを報ずるという名分が半ば公認されることになったわけである。高田馬場での大立ちまわりだけしか後世に知られないとすれば、安兵衛としても心外だろう。口上書をまとめる役を申しつけられるほどの学問的素養が安兵衛にはあった。ただの腕が立つ剣客以上の侍であった。

次に彼らが用意した武器、道具の類を記しておく。

槍十二（前もって柄を切り縮めたもの）、薙刀二、まさかり二、弓四（内半弓二）、竹梯子大小四、げんのう二、鉄てこ二、木でこ二、鉄槌二、大鋸二、かすがい六十、かなすき二、取鉤（長細引付）十余、かけや六、野太刀二、龕灯一、玉火松明各自、ちゃるめるの小笛各自、銅鑼一。

かなすき（鉄鋤）を用意したのは土蔵の抜け穴でも掘りあてるつもりだったのだろうか。壁をこわすためだったのか。かすがいの用途がわからない。察するところ、下人共を長屋の内に閉じこめるためのものか、それとも上野介の首を打つ前に邸内に上杉家から助勢が駆けつけた場合にそなえて、内側から門を固く閉ざすために用いるつもりだったのか。無用の道具は何ひとつなかったはずであるから、かすがいをどういう用途に使ったのか識者の正しいご教示を得たい。

野太刀というのはふつうの太刀より大振りのものである。かけやとは樫などで造った大槌のこと、げんのうは大型の鉄鎚、細引付の取鉤は竹梯子が折れるか何かして使えない場合に塀をよじ登るためのものだろう。龕灯は念のために説明すれば、銅で釣鐘形の外枠を作り、内にローソク立てが自由に回転するように作った提灯のことである。

準備は万端ととのった。

大石内蔵助は十一月二十九日、瑶泉院の用人落合与左衛門に「金銀請払帳」を届けている。赤穂から持ち去った公金の支出明細である。届けたのは寺坂吉右衛門と察せられる。帳じりは七両一分の赤字だったが、それは内蔵助自身が支払ったと記してあった。主家がほろんだとき横領した公金を内蔵助が酒色に費したのではないかと、当時も疑う者があった。「金銀請払帳」はその疑いをはらす証拠である。内蔵助は金銭については潔白であった。自分のための遊興は自分の金しか使わなかった。きれいなものである。

浅野家瓦解のおり、藩士たちは身分に応じ定められた割合で藩庫の所蔵金の配当を受けたのだったが、内蔵助はこのとき一文も配当にあずかっていない。公金は亡君の供養と同志のうち貧窮した者の生活費にそして十四日夜から明朝にかけての討入りのために当てられた。

突入！ 午前四時

その日の大石内蔵助は、瑠璃紺《るりこん》色の緞子《どんす》の裏甲《きごみ》、同じ色、同じ地の股引と籠手《こて》、黒小袖の紋付、黒羅紗《らしゃ》の羽織、黒革包みの白革縁《べり》をつけた冑頭巾に紅革《べにかわ》の忍びの緒をつけ、黄金造りの黒塗りの鞘の両刀をおび、采配をたずさえていた。

一行四十七名は、吉良邸の屋敷辻で東西二手にわかれた。表門と裏門である。寺坂を加えれば、表門に二十三名、裏門に二十四名がまわったことになる。

表門側の隊は竹梯子を塀にかけてあっけなく邸内へ降り立った。まっさきに大高源五と間十次郎、つぎに吉田沢右衛門、岡島八十右衛門の順であった。七十七歳の堀部弥兵衛は塀からとび降りるとき、大高源五が下から支えた。

番所から異変に気づいた足軽たちがとび出して来た。つぎつぎと塀からやがて門から乱入する浪士勢に怯えて番小屋へ逃げこみ、うち一人が捕えられて邸内の情勢を訊問された。警衛の人数は予想より少なかった。士分の者は上杉家の付人も含めて五十七名しかいなかった。松の廊下事件の直後からしばらくの間は上杉家からも多数の付人が来ており、吉良家も少なからぬ剣客を召抱えていたのが、二年近くたつうちに警戒がゆるんでしまったのである。もちろん右の五十七名の中には足軽、仲間小者は数えられていない。

表門側が全員、邸内に降り立ったとき、塀をこえて三つの人影が近づいて来た。大石三平（大石無人の息子）、堀部弥兵衛の甥九十郎、佐藤丈右衛門で助太刀を申し出たが内蔵助に断わられた。家中の者以外を加えたら徒党を組むことになり名分にそむくことになるからである。三人は納得して邸外へ出た。

表門の二十三名は四手にわかれた。表門内に、大石内蔵助、原惣右衛門、間瀬久太夫。屋内に突入したのは片岡源五右衛門、富森助右衛門、武林唯七、奥田孫太夫、矢田五郎右衛門、勝田新左衛門、吉田沢右衛門、岡島八十右衛門、小野寺幸右衛門。屋外に待ちかまえて、外へ出てくる敵に当ったのは、早水藤左衛門、神崎与五郎、矢頭右衛門七、大高源五、近松勘六、間十次郎。

表門と新門及び長屋を見張る役は、堀部弥兵衛、村松喜兵衛、岡野金右衛門、横川勘平、貝賀弥左衛門。

午前四時といえば眠りがもっとも深いときである。茶会の主に高家衆の大友近江守義孝を迎え、あとを片づけて家中が寝についたのはふだんより遅かった。時ならぬ庭内の物音に愕然として起きた者の耳に、浪士たちのときの声がとびこんで来た。つづいて采配を振るらしい者の命令も聞えた。

「片岡の三十人組は玄関を破れ、早水の三十人組は長屋の前を固めろ、堀部の三十人組は庭にまわれ」

浪士たちは三人一組となって行動するように打合せていた。三十人組と呼んだのは少数とさとられないため一組を十倍にしたのである。これはききめがあった。討入り後、幕府が派遣した検使役人の調べによると、吉良方の侍で初めから怯えて物かげにひそみ、浪士たちに立ち向わなかった者が二十三名もいた。逃亡者も五名いた。

戦死者は吉良方のみ十六名、けなげな仲間が一名加えられている。このうち十一名の刀に血がついていた。吉良方の負傷者は十五名から二十四名の間という。浪士方は死者はなく、手傷を負うた者が四名だけであった。

ここで、はなばなしい斬合いの模様を描写するのが作家の本領というものだろう。一応、通説にしたがってあらましを記す。

討入り後、浪士たちは大名の家へ分散してあずけられ、それぞれ詳しい戦いの報告をした。したがって誰がどのような働きをしたかは、ほぼ記録に残っている。裏門にまわった一隊も表門と同じく屋内組の十人、屋外組の十一人、裏門と長屋の警戒の三人にわかれた。屋内組の儀貝十郎左衛門が、勝手ですくんでいた小者を捕え、ローソクを出させて各室に点火して歩いたという。このことは討入り後の取調べの際、吉田忠左衛門と富森助右衛門が大目付に陳述し、若さに似げない沈着を賞讃されている。それにしてもまっくら闇の中での斬りあいである。ローソクが一本ずつあったところで、どの程度、めいめいの働きが認められたか疑わしい。疑い出せばキリがないのであって、屋内だけでも確実に五十名以上が入り乱れて白刃を振りまわしているときに、どうやってローソクを立てて歩いたのか。これは騒ぎがいったんおさまって、上野介の姿が見えないときに立てたのではないかとさえ思われてくる。

沈着といえば小野寺幸右衛門もそうである。彼は玄関を押し破って広間に駆けこみ、宿直の三人のうち上杉家の付人新貝弥七を倒した。床の間に幾挺かの弓が弦を張って並べてあったので切り払った。この機転も世人に賞められることになる。幸右衛門の父十内が京の妻にあてた手紙に述べられているという。

矢田五郎右衛門らは書院を目ざしたが、物かげにひそんでいた敵に後ろから斬られた。切先は衷甲にさまたげられて肌に達しなかった。矢田はこの敵を斬ったが、胴を両断した刀が勢いあまって火鉢に当り、二つに折れたという。これを信ずるとすれば矢田は余程の強力だったのであろう。矢田は斬った敵の刀を取って書院に駆けこんだ。

武林唯七は当主義周《よしちか》の居間近くまで進入した。いきなり暗闇の奥から薙刀がひらめいた。唯七が額に一太刀あびせると、相手は薙刀をほうり出して背を向けたので、またその背中に一太刀を加えた。あとで邸内を見まわったとき、この薙刀の柄に吉良家の定紋が散らしてあるのに気づき、義周と知り、唯七は口惜しがったという。義周は当時十九歳。

奥田孫太夫は同志の中でも屈指の剣客であった。二尺八寸の刀身に一尺七寸の樫の柄と鉄鍔をはめた刀をふるって戦った。堀部安兵衛と共に江戸で聞えた剣客堀内源太左衛門の高弟に数えられていた。屋外組の一人である大高源五も目立った。大高は両面紅の広袖の下着に黒の広袖の上着を重ねていた。海音寺潮五郎氏の表現によれば「狂風に狂う緋牡丹のような華麗な武者ぶり」であった。早水藤左衛門と神崎与五郎は弓術に長けていた。庭の一角に陣取って出て来る敵を射すくめた。不破数右衛門の戦いがもっとも目ざましかった。着物はさんざんに切り裂かれ若布のように垂れ下がり、刀は刃こぼれてささらのようになった。四、五人を一人で斬り伏せたといわれる。

吉良邸の異変に近隣の屋敷は色めいた。北隣の土屋邸は高提灯を立てつらねて万一に備えた。原惣右衛門らが塀ぎわで討入りの趣旨を大声で呼ばわった。答えはなかった。

敵をおおかた倒したものの目ざす上野介の姿が見えない。捕えた足軽を先に立てて上野介の居間に入った。夜具にまだぬくもりがあった。東の空が白みかかった。上野介を打ち取ることができなかったからには、この場で腹を切らなければならない。浪士たちは血眼で邸内を探しまわった。吉田忠左衛門と間十次郎が台所の隅にあった炭小屋の所へ足音をしのばせて近づいたとき、内部からひそひそ声が聞えた。二人は大声で同志を招きよせた。戸を蹴破ると、中から皿、茶碗、薪、炭などが飛んで来た。大須賀次郎右衛門が刀をふりかざして討って出た。たちまち浪士たちに寄ってたかって殺された。次に清水一学が、榊原平右衛門がとび出したが、同じように斬られた。三人を討ちとったのは堀部安兵衛、矢田五郎右衛門、三村次郎左衛門という。隅に一人白い人影がうずくまっている。間十次郎が槍で突いた。人影は脇差をふりまわした。武林唯七が斬りつけて倒した。台所前の広場に引きずり出し、用意の小笛を吹いて一同を集めた。額の傷は消えていたが、白無垢の小袖を脱がせて肩を調べてみると、刀痕があった。内蔵助がとどめを刺し、間十次郎が初槍をつけたゆえに首級をあげさせた。足軽はご隠居様に違いありませんと証言した。内蔵助はしきたりにのっとって勝鬨をあげさせた。

浪士たちは小声で一度だけ勝鬨を上げた。

長駆する秋山騎兵旅団

日本騎兵の創設

秋山好古《よしふる》は安政六（一八五九）年正月、伊予松山にうまれた。三男である。父久敬は藩主久松家につかえる中間小頭で、禄は十石そこそこだから足軽に毛のはえた程度と思っていい。もっとも好古と名づけたのは、『論語』の「信而好レ古」によったというから足軽にしては学問の心得があったわけだ。五男が後に海軍参謀となる真之《さねゆき》で、明治元（一八六八）年三月にうまれている。

秋山支隊は日本陸軍が（正しくは秋山好古が）創設した最初の機動火力集団である。日露戦争における支隊の功績としては、㈠遼陽《りょうよう》戦のさい奥第二軍の左翼を掩護したこと、㈡黒溝台《こくこうだい》の奮戦、㈢奉天戦に乃木第三軍の旋回運動を容易にしたこと、などがあげられる。また日露戦争ちゅう日本軍が行動した最北端へ進出したのは秋山支隊である。遠く公主嶺、長春へ潜入した永沼、長谷川の二挺進隊《ていしんたい》も支隊の一部であった。

好古は大阪師範を出て、名古屋の小学校教師を半年間つとめ、明治十年二月西南の役が起ると同時に陸軍士官学校へ第三期生として入学している。明治十二年末、卒業した騎兵将校は好古を含め三名であった。明治十八年末、陸大の一期生として卒業、このとき騎兵将校は好古のみ。同期生十名のうち東条英教《ひでのり》がいる。日露戦争時、第十旅団長であったが師団長の意にそむき内地帰還を命ぜられた。下士官から特進して陸大を出たのは東条英教だけで、他はみな陸士卒である。しかも東条の席次は首席であった。日露戦争において一期生は旅団長、軍参謀、参謀長として活躍した。のち大将に昇進したのは、清洲軍参謀井口省吾と第一騎兵旅団長秋山好古の二名である。プロシア陸軍の少佐参謀ヤコブ・メッケルが来日したのは明治十八年三月中旬だから一期生はおよそ九ヵ月、メッケル少佐の教えをうけたことになる。少佐は明治二十一年三月まで陸大で教鞭をとった。

秋山好古

好古はうまれつき病弱であったが、長じるにつれて体質が改まり頑健になった。

明治二十年、フランスのサンシール士官学校に聴講生として留学、初めは私費であったがのち官費となった。明治二十四年末帰国したとき、日本陸軍はフランス式を廃しドイツ式を採用していた。好古は同僚が二十代に妻をめとるのにいい顔をしなかった。頭がぼけるというのである。明治二十六年、ようやく三十六歳になって結婚している。翌年の日清戦争には騎兵大隊長として出征、この間とくに記すことはない。凱旋するまでの八ヵ月間、一回も入浴しなかったことくらいだろうか。好古は大の風呂ぎらい医者ぎらいであった。

明治二十九年、陸軍乗馬学校長に任ぜられた。

日清戦争時まで、騎兵隊は二コ中隊をもって一コ大隊を編成し、常備七コ大隊しかなかった。好古が乗馬学校長となった年、三コ中隊で一コ連隊とし、十三コ連隊二コ旅団の騎兵隊が編成された。好古は明治三十年、「本邦騎兵用法論」を佐野騎兵監に提出し、翌年には「本邦騎兵に付属すべき騎砲論」を上申している。七年後の日露戦争に騎兵隊をどのように運用するか、すでにその構想は校長当時、好古の胸にあったと見なしてさしつかえない。

三コ中隊に機関銃六挺と予備中隊を加えて一コ連隊を編成したのは、イギリスとスイスの模倣である。ほとんどの史書には、この機関銃を機関砲としているが、正確には双輪付繋駕ホチキス機関銃であって砲ではない。支隊にはのちに火砲も与えられた。野砲であったか山砲であったかはわからない。たんに騎砲とあるのみである。いずれにせよ、機関銃と火砲を持った騎兵隊は満洲軍においてもっとも機動性に富んだ独自の集団であった。

好古は騎兵通信を重視した。ドイツ騎兵の制式を参考とし、有線と無線による通信の訓練をおこなった。支隊が日露戦争の折り、敵中深く潜行して探った情報は、効果的に司令部へもたらされた。通信技術の点で、ロシア軍は日本軍に劣った。伝令に多くたよりすぎたのである。ちなみにロシア軍騎兵は、一コ中隊百二十騎、六コ中隊をもって一コ連隊とした。秋山支隊三千余騎に対して、ミシチェンコ騎兵団はおよそ一万余騎、兵力の隔絶に日本軍騎兵はしばしば苦しめられることになる。

明治三十六年秋、ロシア軍は沿海州において陸軍大演習をおこなった。示威のためである。関特演（関東軍特種大演習）のロシア版というところか。視察に招待された好古は、ロシア軍騎兵に注目した。日本馬と異なり、ロシア馬は背が高く脚力も強い。その上、騎兵の平均身長は百七十センチもある。まともに馬上で渡りあえば勝ち目がないのは明らかであった。砲兵も馬がまさっているので機動力は日本軍砲兵をしのいでいると好古は観察した。ただ、日露の歩兵は大差がないと報告している。

三千余騎はぎりぎりの数であった。日本陸軍は対ロシア戦にそなえて一万頭の馬をヨーロッパ諸国から買い入れようとしていたが、馬が着いたのは戦後のことである。日本全土からかき集め、訓練に耐える軍馬に仕立てられるのが三千余頭しかなかったと思わなければならない。おまけに補充もおいそれとはゆかなかった。きのうまで田畠をすいていた百姓馬を戦場へつれて来ても役に立たないのである。

初陣の苦戦

明治三十七年五月、少将秋山好古の率いる第一騎兵旅団は、広島市の宇品《うじな》から出港した。将官は規定として三コの軍用行李を携行する。なかはがらがらで、着換えのシャツと股引の他は靴下二、三足しかはいっていなかった。図嚢の中身は一本の鉛筆と二、三枚の地図、それに盃であった。水筒にはつねに酒がつめてあった。アルコールであればなんでもよかった。コーリャン酒、ブランデー、ブドー酒、焼酎など時に応じて中身は変った。

初陣は五月二十六日の南山攻撃である。秋山旅団は第五師団の一翼をにない、奥第二軍の背後を掩護する任にあたった。南山は陥落し旅順は孤立した。極東総督アレキセーフ大将はロシア軍総司令官のクロパトキン大将に旅順救援を命じた。クロパトキンはシベリア第一軍団を得利寺に集結させ、南進して日本軍を撃破しようとした。秋山旅団とぶつかったのはその先進部隊であって、ゼルツヒン中佐の率いるコサック騎兵約六中隊を主力とする歩砲混成の敵が接近戦を挑んで来た。ロシア軍はおびただしい弾丸を秋山旅団の前線にそそぎこんだ。ゼルツヒン部隊にあたったのは旅団の一コ連隊である。たちまち弾丸を射ちつくし、機関銃の弾薬を小銃に流用して散兵線の火力を維持した。好古は敵弾の集中する機関銃陣地で指揮していた。旅団副官が危いから後方へ下ってはとすすめたがきき入れなかった。将校が走って来て、この場をすてていったん後方の隘路《あいろ》まで退却し、そこをしっかり守った方が有利だと進言した。戦術的にはまったくその通りである。好古は「うん」と答えてブランデーを飲みほし、傍にある支那家屋の石垣に横たわってしまった。二時間後、ロシア軍は退却した。

後日、好古は回想している。

「おれはあのときほど困ったことはない。もし意見具申にしたがって後退したら、肝腎の緒戦のこととて騎兵の士気に影響するし、ロシア軍騎兵にも馬鹿にされる。だからおれは聞かんふりをして寝てしまったのだ」

この日、戦場にちらばる屍は黄色の肋骨《エポレット》を三重にめぐらした黒い上衣に赤いズボンの日本兵のみで、遺棄されたロシア軍の戦死者は野村少尉が斬殺したコサック騎兵一名だけであった。コサックとはダッタン語で山賊の意味である。馬をよくし射撃に秀で、騎兵として一人一人の素質はすぐれていたが、もともと正規の集団運動に長じていないうらみがあり、統制のとれた日本軍騎兵は数の上では少数ながら彼らを撃破することができたのだった。第一騎兵旅団が秋山支隊と改称するのはこの年の七月三十一日である。支隊には第一騎兵旅団の他に、歩兵第三十八連隊、騎兵第三、第六連隊の主力、野戦砲兵第十四連隊第二大隊、騎砲兵中隊、工兵第四大隊第三中隊が配属された。

首山堡の戦いの責任者は誰か

支隊は奥第二軍の左翼を掩護すると共に敵の右側背を脅威するよう命じられた。このとき、支隊の正面にいたのがミシチェンコの騎兵団である。

戦史を読むのはむずかしい。とくに戦前、参謀本部が編纂した『公刊日露戦史』は、当事者を除いては理解不可能である。日時、地名、部隊名が羅列しているだけのもので再読三読しても戦闘経過が具体的につかめない。まだ生存者が大勢いる頃に編纂されたものであるため、彼らの名誉を傷つけないように配慮されたふしがある。また、軍の上層部にあった高級軍人への顧慮もあったことは考えられる。坂間訓一氏は陸士三十一期生で、昭和八年から二十年まで参謀本部第四部（情報）に勤務するかたわら陸大教官を兼ねた。きっすいのロシア通である。

坂間氏は革命前に公刊されたロシア側の日露戦史を全部、通読し「これが一番はっきりした価値評価も加えてあり、明確に事実をつきとめることができた」と語っている。一般に公刊戦史は戦勝国のそれより敗戦国のそれが真実を伝えているものなのである。ロシア側の戦史は革命後に新刊が出ているが、これは敗北をすべてツアーの将軍たちの愚劣と無能のせいにしているという。

筆者がこのようなくだくだしい前置きを書くのは、遼陽会戦について『公刊日露戦史』

の歯切れが悪いからである。とくに奥第二軍が鞍山站を抜き、首山堡の堅陣に衝突して大損害を出すくだりは、責任の所在があいまいになっている。敵情判断と作戦立案は軍参謀長の任務である。ろくな準備もせずに首山堡の要塞群に挑戦し、莫大な死傷者を生じさせた責任は、誰が見ても奥軍の参謀長であった少将落合豊三郎にあったとするのが常識的で

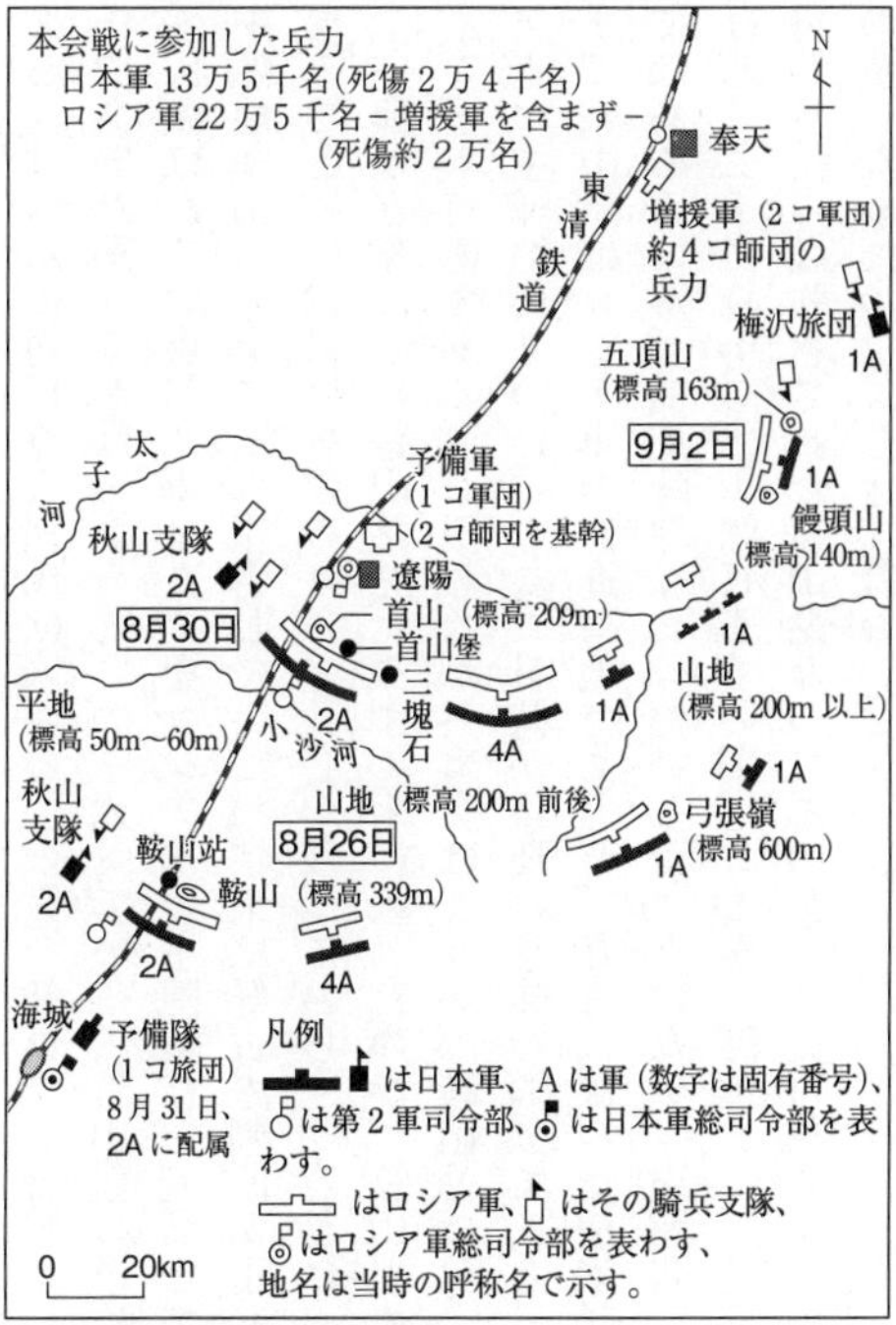

日露戦争遼陽会戦（明治37年8月下旬～9月上旬）落合秀正氏による

あろう。げんに司馬遼太郎氏は『坂の上の雲』初稿で「野戦軍の参謀長としてきわめて適任であったかどうかはわからない」と述べている。首山堡のほぼ南およそ四十キロの所に鞍山站はある。奥第二軍はここをロシア軍の主陣地だと判断していた。好古は首山堡こそ主陣地であると第二軍に報告していた。結果は好古の判断が正しかった。第二軍が攻撃してみると鞍山站には少数のロシア兵しか残っておらず、容易に占領することができた。

主陣地と見なした鞍山站をたやすく手に入れたので、首山堡の敵陣を甘く見たと推測することも可能である。しかしながら事実はどうか。鞍山站は第二軍が判断したようにロシア軍の主陣地であった。ここで日時が重要な意味をおびてくる。八月十六日から二十二日まで鞍山站はロシア軍の前進陣地であった。好古の放った捜索隊が偵察したのはこの期間ではあるまいか。前進陣地なら「たいしたことはない」と報告して当然である。ロシア軍は八月二十三日から二十四日までの間、ここを主陣地として防塁を強化している。落合少将が見たのは強化された鞍山站なのであった。工兵将校あがりの参謀長が要塞攻撃を前に慎重になったのはふしぎではない。

前もってたっぷりと砲弾を防塁群に送りこみ、鉄条網と交通壕を破壊し、銃眼をつぶしておかなければならない。落合少将の慎重さが総司令部にはやる気なしと映った。この問題はさておき、鞍山站がやすやすと陥ちたのは八月二十七日午前四時にロシア軍が撤収したからである。攻撃開始の直前にあたる。落合少将の判断は誤っていなかったことになる。

坂間氏によると、最近のソ連の百科事典では、遼陽の陣地は郊外の設保陣地を主、首山堡を従、鞍山站を前（陣地）としていたと記述してあるという。

谷寿夫著『機密日露戦史』は、戦後二十年たってさらけだされるものは皆、語りつくしてあるとされているが、このときでもなお一部分は削除されており、全面的に信用できない由である。これとは別に『秘密日露戦史』十二、三巻が陸大の教材として使われていた。主として作戦の当否と責任を追求する研究書であり、遼陽会戦についても南山や旅順攻撃についても、もっとも参考になる資料（ガリ版刷り約二百部）であったが、最高機密に属したので陸大学生にも交付せず一括保管し、終戦時に担当者が焼却してしまった。鞍山站が前進陣地から主陣地へさらに攻撃直前に空となる変化はこの資料に依る。

第二軍の尻を叩いて攻撃を急がせた総司令部にもいい分はある。日本軍の補給は乏しい。兵力も格段に少ない。落合少将はいわば作戦の正統派である。しかし正統派のいうことを聞いていたらロシア軍の増援が到着して日本軍は敗退する。なにがなんでも猪突猛進して敵を早急に各個撃破してしまわなければならなかった。野戦軍全体の風潮でもあった。それゆえ落合少将が総司令部の命令に対して慎重にかまえるのは受けが良くなかった。首山堡に急行して手痛い反撃をくらった責任は落合少将になくむしろ攻撃をやいのやいのとせきたてた総司令部にあると見る方が妥当である。

奥第二軍の落合参謀長と高柳作戦参謀は、会戦後、総司令部の閑職にとばされている。

『公刊日露戦史』はその理由にふれていない。司馬氏ならずとも表面的な記述を追えば、首山堡に正面からぶつかった愚は落合参謀長の軽率と見なすだろう。司馬氏は全集月報と文庫版あとがきで初稿の文章を改めている。

「落合参謀長は秋山らの報告その他を総合して、首山堡の敵状をさらに明らかにした上でとりかかることにし、とりあえずの行動として、全軍をもって小沙河の線を占領しておこうとした。奥・落合は用心ぶかかったといっていい。奥軍では、このための軍命令を隷下に発したところ、十分後に総司令部から『スミヤカニ首山堡ヲ攻略スベシ』という旨の命令が来てしまったということになる。このため、前令を改めあわてて総司令部の命令どおりにせざるをえなかった」

『機密日露戦史』で総司令部の松川参謀が首山堡攻撃は自分の誤断であったと告白している。この時期（遼陽会戦）、松川参謀は落合少将に対して感情的になっていた。「第二軍参謀長が首山堡の防禦工事堅固なる理由をもって慎重なるはもっとも不可なり」と記した松川参謀のメモがある。落合少将を左遷する腹案を松川参謀は井口少将と相談した上で首山堡攻撃の命令を下していたのである。

大佐松川敏胤は陸大三期生、少将井口五郎は落合豊三郎と同じ二期生である。ただし陸士においては好古と同期であった。

秋山支隊砲兵の活躍

首山堡の西に位置する村に好古はいた。

小さな廟《びょう》の前にコーリャン殻を敷き、支那卓の上に地図を拡げてあぐらをかき、ブランデーをなめながら一心に見入っていた。ロシア軍の砲弾があたりに落ち、家々をふきとばした。

村の西北端にいて敵情を監視していた兵卒榊原平三は、ロシア兵約三百が猛烈に射撃しながら逆襲してくるのを発見し、好古のもとへかけつけてその旨を報告した。

「旅団長閣下」

「おう」

「敵兵約三百が攻撃して来ました」

好古は傍の副官に「大隊長を呼んでこい」と命じ、歩兵一中隊をもってこの敵を撃退せよといいつけた。おちつきはらった好古の態度に榊原平三は安心した。この情景は榊原が戦後、回想して綴った文章による。一兵卒の目に好古がすこぶるたのもしく映ったことはまちがいない。

八月三十日朝、シベリア第一軍団司令官シタケルベルグ中将は日本軍の砲撃に愕然とした。首山堡の南、王二屯付近から射ちかけてきたのである。好古の砲兵一コ中隊がひそかに陣地を占領していたのだった。奥第二軍前線のはるか外側である。この砲撃は効果が大きかった。ロシア軍の東狙撃砲兵旅団の陣地に砲弾は落下し、第三中隊のすべての将校が倒れた。砲二門が破壊された。シタケルベルグ中将はやっきになって日本軍砲兵の陣地を探させたが、所在をつきとめることができなかった。正午までに旅団の第一、第二中隊の全将校のうち一人を除いて死傷させた。せいぜい一コ中隊の日本軍砲兵がこれほどまでに効果的な射撃をなしえたのは、事前に精密な観測をおこなって諸元をつかんでいたからである。

支隊は王二屯の他に烏竜合と水泉を占領していた。右翼に日本軍騎兵が出現したと知って、シタケルベルグ中将はグルコ大佐にコサック騎兵二コ連隊半をつけて出発させた。グルコ大佐は好古がロシア陸軍の大演習を見学に来たとき、共に酒をくみかわした人物である。榊原が村の外に見たのは彼らであった。支隊は激しい銃撃をまじえてコサック騎兵を撃退した。

奥第二軍には旅順攻撃ちゅうの乃木軍から借りた攻城砲二門があった。これを遼陽の停車場へ射ちこむよう進言したのは好古である。そこにはクロパトキンの司令部が置かれている。糧秣弾薬などの集積場でもある。攻城砲の射程は長いから充分に届くはずである。副官は第二軍の司令部へ馬をとばして好古の案を伝えた。まもなく巨弾が唸りをあげて遼陽駅へ飛来した。過度に神経質になっていたクロパトキンに対して、この砲撃は心理的にも効果があった。パニックが起った。

筆者は日本軍が鞍山站を容易におとしたと述べたが比較の上で容易と表現したわけで、それほど日露の主戦場は彼我ともに死傷者が多いのである。鞍山站にはロシア軍のしんがり部隊が残っており、日本軍に抵抗した。千五百余名のロシア側死傷者のほとんどは銃剣と軍刀によるものであったという点でも戦いの激しさがしのばれるだろう。ともあれ遼陽はおちた。

黒溝台の奮戦

明治三十八年の年があけた。

好古に旧知の袁世凱《えんせいがい》から贈り物が届いた。シャンパン、ワイン、ウィスキー、ブランデーなど四ダース入りの箱である。好古は水筒につめたそれを茶碗についで飲みながら作戦をねった。支隊はひきつづいて奥第二軍左翼を掩護している。好古にわりあてられたのは三十二キロもの戦線である。好古が重視したのは沈旦堡と黒溝台であって、この二要点を固守できるかどうかは支隊の運命を左右し、ひいては全満洲軍の命運にかかわるとさえ思われた。好古は拠点式防禦法を案出した。村落を囲む土塀に銃眼をうがち、要所に砲座をすえ、各村落を小要塞に変えるのである。工事は十二月に始まり、会戦の二日前に完成した。好古はこの間、朝の調馬運動と必要な用務以外は外に出なかった。破れ机と火鉢しかない不潔な支那家屋の床にアンペラを敷き、あぐらをかいて地図をにらんでいた。

永沼挺進隊約二百名が出発したのは一月九日である。彼らはロシア軍の後方に潜入して新開河の鉄橋を爆破した。一月十日、ミシチェンコ騎兵団が南下して営口に前進して来たと報じられた。これは満洲軍左翼に対して非常な脅威でもあり、後方連絡線の危機でもあった。好古は一月十二日、長谷川中佐の指揮する第二挺進隊を敵中に派遣した。彼らは六十余日にわたってロシア軍の交通線を破壊し糧秣倉庫を焼くなど縦横に活躍した。そのためミシチェンコ騎兵団は営口まで南下したにもかかわらず、その後北上して挺進隊を追いまわすハメになり、奉天会戦という重大局面においてロシア軍の左翼をがらあきにし、大部分が松花江の沿線にとどまる結果になってしまった。また奉天会戦にさいして両挺進隊の脅威は、クロパトキンに後方情況を誤認させ、全兵力を第一線に使用する決意をにぶらせた。

欧露から来援したグリッペンベルグ大将の第二軍は十コ師団を奥第二軍にぶっつけてきた。一月二十四日、黒溝台の戦いが始まった。雪が広野を埋めた。好古は沈旦堡の豊辺大佐に固守せよと命じた。黒溝台を守っていた種田支隊は苦戦におちいり、古城子に退却した。好古は支隊司令部を李大人屯においていた。二十五、六日は激戦のうちにくれた。危機は好古が予測していたことであった。もし沈旦堡を抜かれたら全線が崩壊する。ロシア軍の兵力は我の七倍であった。好古はこれまでしなかったことをした。すなわち総司令部

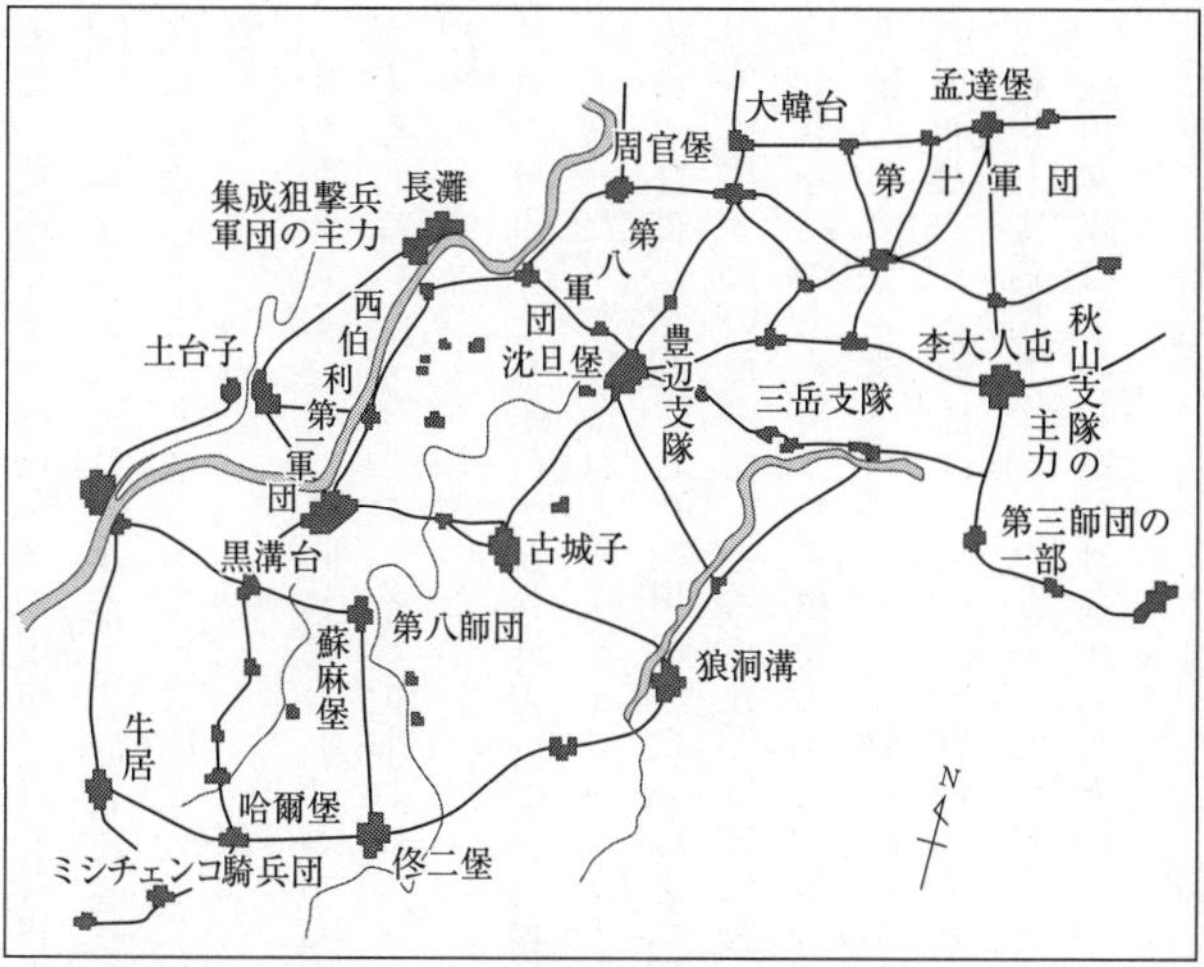

黒溝台付近の戦闘　1月26日午後6時の位置

に電話で救援を要請したのである。蒼くなって電話に応対している児玉参謀総長に傍の大山元帥が「きょうはいくさがごわすか」とたずねたエピソードは知られている。総司令部は前線の危機をにわかに理解しなかった。好古と児玉との間に激しい応酬があった。児玉はとりあえず中将立見《たつみ》尚文の指揮する第八師団と後備第八旅団を黒溝台に急行させ、さらに第五、第三、第二師団をも立見中将の隷下に入れた。ありったけの兵力をかき集めて黒溝台を奪取しようとした。ロシア軍の抵抗はすさまじかった。この戦いは日露戦争ちゅうもっとも危機的な局面であった。

一月二十九日は零下二十度の寒さになった。ロシア軍はようやく退却を始めた。戦闘ちゅう総司令部の田村参謀が好古をたずね「閣下、いかがでございますか」と問うと「まあ見た通り無事だ」と好古は答えた。「これからどうなされますか」という質問に好古は「どうしようもないよ」といってブランデーを飲みほした。戦後、好古は語っている。

「田村が来たときは、本当にどうしようもなかった。敵は迫っているし、いつ突入されるかもしれない時じゃった。それでおれはピストルに弾をこめて万一の場合は自分でポンとやってしまうつもりじゃったよ」

ロシア軍がしりぞいてから好古は烟台の総司令部に馬をとばし「総司令部のバカ野郎」とどなった。おいそれと救援をよこさなかった総司令部の態度に業をにやしていたのであろう。好古に詰問された松川参謀は「なあに、あの時はお客さんが左翼から来るだろうと思って待っていたのだ」と答えた。好古はむっとしてやり返した。

「お客を待つなら待つで、歓待の手段を取っておかねばならんじゃないか。何にも接待の準備がしてない所へお客さんに見舞われたから、あの醜状を暴露したのだ。敵の強大な集団が進んでくる模様は、何べんも警告しておったのに、総司令部ではああまた例の報告かと軽視して信用しなかったから、ついにあんな不始末になったのだよ」

松川参謀は二の句がつげなかったという。

奉天会戦の功績

奉天会戦において秋山支隊は第二軍の左翼を掩護し、第二軍と第三軍の連絡に任じるよう命じられた。三月一日、支隊は乃木第三軍に転属されることになった。

三月三日、欧露から新しく到着したビルゲル中将の率いる一コ師団が支隊と衝突した。大房身の付近である。兵力ははるかにロシア軍が上まわっていた。日本軍将兵の衣服が垢と泥にまみれていたのに対し、ロシア軍は新鮮荘重な軍装をととのえ士気も高かった。彼らは奉天の決戦に参加すべく駆けつけたのである。乃木第三軍が旋回運動を始めて三日めにあたる。ここで敗退すれば第三軍の旋回が失敗する。

戦闘は午前十時に始まり、夜明けまで続いた。豊辺大佐が負傷した。

「なに、豊辺がやられた。この次はおれじゃな」

と好古はつぶやいた。乃木軍司令官は日没までは大房身でビルゲル師団を喰いとめるようにと好古に命じていた。旋回は日没に終るのである。それ以後は敵から離脱して退却してもいいということになっていた。けっきょく、ビルゲル師団は支隊の抵抗にあって北へさがり、奉天会戦に参加できなかった。

〈座談会〉熱論「邪馬台国」をめぐって

古田武彦（古代史研究家）
安本美典（産業能率大学教授）
野呂邦暢（司会）

＊肩書きは当時のもの

古代史の方法について

野呂　きょうは、古代史に関心のある一般読者の代表として、司会役をつとめさせていただきます。私からみると、お二方には共通点があると思います。まず、古代史がもともと専門ではなかった。古田さんは親鸞《しんらん》の研究家ですし、安本さんは数理文献学、文章心理学の研究から古代史の分野に入られました。

もう一つは、従来の古代史研究に対して、新しい方法でショッキングな提案をされたという点です。古田さんは『三国志』の十二世紀刊本である南宋紹熙《しょうき》本を詳しく検討され、いわゆる「邪馬臺（台）国」の「臺」は、実は「壹」である。三世紀の卑弥呼の国としては「邪馬壹（一）国」が正しいのだ、と古代史研究家が瞠目する発言をなさいました。それ以後、九州王朝の問題その他、古田さんの発言は広く古代史研究家の耳目をそばだたせています。

一方、安本さんの場合は、御専門の統計学、数理文献学を古代史に応用なさって、古代の天皇の平均的在位年数が約十年であること、とするとアマテラスオオミカミの活躍時期は、実は三世紀で、アマテラスは卑弥呼が伝説化したものと考えられること、などの卓見を、これまでの古代史学者が持たなかった平明な文章で発表されました。——そういうわけで、日本の古代史ファンはお二人の研究活動に注目しているのです。

ところで、最近、安本さんは『「邪馬壹国」はなかった』（一九八〇年、新人物往来社）という本を書かれて、古田さんの研究内容に異論を立てられました。読者の大部分はいったいどちらが正しいんだろう、というふうな素朴な疑念を持っているわけです。それで、きょうは読者として、お二人の率直なご発言をうかがうことにしました。

内容に入る前に、この討論には、ある種のルールが必要だと思います。これは、もちろんゲームではありませんけれど、お互いにご自分の主張を一方的に主張されてもみのりがありませんので、ある種の事前的な了解が必要ではないかと思うのですが、いかがでしょう。

安本　従来の邪馬台国論争というのは、割合に同じ立場の人が、同じ雰囲気をもって議論していて、論点自体は、まともに煮詰められていないという感じが強くいたします。古田さんと私とでは、近いところもあり、遠いところもありますから、こういう機会に、論点を煮詰めるのはよいことだと思います。

古田さんは「論理」ということを強調しておられ、私も「論理」ということを言っているわけですが、その意味内容が必ずしも一致していないと思うのです。しかし、少くとも「論理」という以上、一つ一つを丁寧に詰めていくということは前提にしてよろしいでしょうね？

古田　はい。

野呂　では、まずお二人に、ご自分の方法論とか論理とかについて、ごく簡単に話していただくことから始めましょう。

安本　私の方法上の立場について、詳しくは『「邪馬壹国」はなかった』に書いてありますが、基本的には数理文献学の立場に立つものです。

この数理文献学あるいは現代文献学には、基本的に二つの柱があります。一つはコンピュータを利用すること、もう一つは統計的方法を用いるということで、二つは車の両輪の関係にあります。

最近の例では、ミノスの線文字Bの解読を行ったことでも有名なチャドウィックというケンブリッジ大学の先生がホメロスの作品約二十五万語をコンピュータで分析して、結局、ホメロスというのは実在した人物であることを主張しています。また、ミリックという人もコンピュータを利用してジョナサン・スウィフトの作品を分析し、本当にスウィフトの著作であるか否かが疑問視されていた作品が、実作であるという結論を出しています。

もっとも、日本の文献の場合、コンピュータ利用には問題が含まれています。西洋の場合には、文章が分かち書きされていますが、日本文にしても漢文にしても分かち書きの習慣がない。また、漢字をそのまま処理するコンピュータをつくることが、なかなか難しいということなどです。しかし、現在、文部省の科学技術研究費をもらって、統計数理研究所の村上征勝さん、藤本熙さんなどが中心となり、日蓮の『三大秘法抄』の分析がすすめられています。私もこの研究メンバーに加わって、この文献が本当に日蓮の真跡であるか否かを、コンピュータで処理する問題に関係していますが、最近、コンピュータ処理のプログラムが完成しました。つまり、従来、ネックになっていた日本の文献をコンピュータに入れて処理するための方法がなんとか解決したのです。将来、漢字そのものを十分処理できるコンピュータが登場する可能性が大きいですから、これからの進歩が期待できます。

統計学の方法という点については、従来のいわば、数を数えていくという記述統計学という立場は、大体三十年ぐらい前に克服され、推測統計学——推計学が登場しました。さらに最近では因子分析などを主体とする多変量解析があらわれ、現代文献学では、この推測統計学、あるいは多変量解析の方法が駆使されています。

私は、人間のすることには限度がある、と考えています。コンピュータは、それを補う役割を果すと思うのです。例として『三国志』における「里」数値をあげます。（資料配布）ここに示したのは『三国志』の「里」数値をすべて書き抜いたものです。古田さんは『「邪馬台国」はなかった』（一九七一年、朝日新聞社）において、『三国志』全体に出てくる「里」数値は一五九個だとしておられる（一八三ページ）。ところが最近、篠原俊次さんの調査では一八九個だとされる（「魏志倭人伝の里程単位――里（歩）程論争をめぐって」『計量史研究』一の二、一九七九年）。つまり古田さんは六つに一つ、パーセントにして一五から一六パーセントぐらい数え落しておられることになる。もちろん篠原さんの調査にも問題はあって「百里奚」という人名を数えたものが二つあり、これは適切でない。また古田さんとくらべればはるかに厳密な篠原さんの調査にも数え落しとみられるものが一つある。どうしても人間のすることには限度がある。

古田さんは他の学説を批判する際、「主観主義まる出し」、「恣意勝手な議論」あるいは「きわめて主観的、恣意的で、客観的かつ厳密な方法とはいえない」というような言葉をしばしばお使いになります。私のばあいは、コンピュータの利用によって客観化をはかりうるという方向性があると思うのですが、古田さんはどういう方向で、ご自分の方法を客観化できるのか、伺ってみたいと思います。

古田　安本さんが言われたコンピュータ使用と統計学的な方法というのは、非常に面白い方法だと思いますし、早くからこういう方法にとり組んで来られた安本さんに敬意を表したいと思います。

ただし、その場合、わたしの目から見ると注意しておかなければいけない問題があると思うんですね。といいますのは、自然科学的方法を人文関係の分野に適用するというのは、まだ非常に日が浅いわけでして、その適用の仕方がどういう風にすれば妥当であるのか、そしてその限界への見きわめが、まだついていないと思うのです。安本さんはこの分野でパイオニア的な位置におられると思いますが、それだけに、今後の多くの研究者がいろんな違った研究成果を累積していって、その後はじめて、文化的領域において自然科学的な方法を適用しうる範囲、つまりその妥当性と非妥当性が正確に検証されていくであろうと考えます。

わたしの場合、現存する最古の版本では、『三国志』の「倭人伝」には、すべて例外なく「邪馬壹国」とあるにもかかわらず、従来、この「壹」は「臺」の誤りであるとして疑わなかった。まずそこに疑問を感じたのです。それというのも、親鸞の研究に際して同じような経験をしていたためで、親鸞の文章の現存するテキストを、ともすると安易に、誤りとして処理してきた。これは、実は本願寺教学からみてまず一つの親鸞聖人像というものがあり、これに合致しない場合に、史料の方が誤っていると断定して来たためです。このやり方の妥当でなかったことが次々明らかになってきた経験を通して、〃史料批判に当っては、基本になる史料を後代人の判断によって軽々しく改めるべきではない、特にイデオロギー上の理由から改める場合には、その危険性が高い〃と、そういう根本の認識に達していました。そこで「倭人伝」の場合、〃「壱」は「台」の誤りである〃とした理由を探ってみようと、研究史をさかのぼってみたところ、意外にも、まとまった議論が行われた形跡がない。戦後・戦前はもちろん、明治から江戸時代にはいっても、後期の宣長、中期の新井白石、みな同じです。ようやく理由説明らしきものに出会ったのは江戸前期の松下見林『異称日本伝』にさかのぼってからでした。〃「倭人伝」がのべているのは、倭王と言う以上、当然、天皇家のことである。その天皇家が都したところ、それは神武から光仁までは、ほぼ大和であった。したがって、これはヤマトと読むべきである。「邪馬壱」ではヤマトと読めないから、『後漢書』などの「邪馬台」の方を採用すればよい〃として「邪馬壱」を捨てて「邪馬台」を採用しているのです。

これでは、親鸞のテキストをイデオロギー上の理由で「改正」した封建教学の立場と同じことです。すなわち原点になっているのは、松下見林のイデオロギー（皇国史観）上の見解であり、安本さんの依拠されたような、〃文字が似ているから誤ったのであろう〃とか、『後漢書』その他のテキストに「邪馬台国」とあるから〃というのは、あくまで後からつけ足した理由づけにすぎません。この点が肝要です。

新井白石は、最初、見林にしたがって「邪馬台国」を大和に比定しますが、「外国事《とつくにのこと》調書《しらべがき》」という遺稿では、九州説に立場を変えたことが知られています。しかし、彼は「邪馬台」の音にあわせて「山門《やまと》郡」に比定してしまった。つまり松下見林が畿内の天皇家の所在にあわせて「邪馬台」とした国名をもとに、同じ音を九州にも求めるというのでは、動機と結論がバラバラになるのではないか。目の前にある史料を訂正するからには、確固たる理由が必要です。それがなければやはり史料をありのままに読む、つまり「邪馬壱国」という考え方を出発点としたわけです。

これは、私が親鸞をめぐって、誤写・誤刻をふくむ幾多の史料群を前に悪戦苦闘した経験から身につけてきた原則、いわば公理でして、この点は私の『親鸞思想――その史料批判』（冨山房）をご覧いただければ判ると思います。ですから、安本さんが何か、〝古田は人間のすることとは間違いないものだと思いこむ型の人間だ〟と理解していらっしゃるのだとするなら、それはわたしを全く逆さまに見ておられることになります。

また篠原さんの調査表との比較は、安本さんの「誤解」です。なぜなら、わたしが篠原さんに、わたしのやり方とちがった方法（面積、固有名詞その他も「里」という字はすべてあげる）で、新しい表を作り直してほしい、と示唆、もしくは勧奨して作られた表なのだからです（本来『ここに古代王朝ありき』に付載の予定でした）。採字姿勢がちがうのですから、結果もちがって当然です。ですから安本さんの「批判」は〝見当はずれ〟というわけです。

「邪馬臺国」か「邪馬壹国」か

野呂　それでは「臺（台）」と「壹（一・壱）」の問題にはいります。古田さんは先に『「邪馬台国」はなかった』（一九七一年、朝日新聞社、角川文庫所収）という本を書かれて、いわゆる「邪馬台国」は「邪馬一国」が正しいのである、という衝撃的な説を出されました。一方、安本さんはこれと対になるような題名の『「邪馬壹国」はなかった』（一九八〇年、新人物往来社）を書かれて、これに反論なさいました。お二人の根本的な対立点の一つと思いますので、論議をつくしていただきたいと思います。

安本　古田さんは、『三国志』に「邪馬壹国」とあるのは「邪馬臺国」の間違いではなく、このままで正しいのだ、ということの論拠を三つあげられている。一は金石文の字形、二は「台」と「壱」の統計、三は「台」という字は「神聖至高の文字」であるということ。――そして、第一の金石文の字形については、決め手にならないと書いておいでですから、これは省略して、統計の問題から入りたいと思うのですが、この点はよろしゅうございましょうね。

古田　はい。

安本　この点に関して古田さんは『三国志』全部の「台」と「壱」について統計をとられた。そこには八六個の「壱」と五六個の「台」があったが、書き誤りは一つもみとめられなかった。したがって、最古の刊本以前の写本の筆跡において、「壹と臺は字形が似ているから誤ったのであろう」という「推定」は根拠がないことが判明した、とされる。
そこで、まず伺いたいのは、古田さんは「両字の分量と分布は統計的処理に十分な状況であった」（同書五〇ページ）とされるわけですが、この「十分な」はどういう意味なんでしょう？　統計をとっておられるわけですが、統計学的概念とは違うわけですか、同じなんですか？　といいますのは、統計学ではどの程度の量のデータがあれば「十分」といえるのかについては明確に定められている。その客観的な規準を提供したのが、現代統計学、推計学の大きい成果であったと思うからなんです。

古田　私の立論の根本、いわば公理を申しあげますと、「ときとして写本の中に、あまりにも不可解・不合理であり、当然不注意なミスであるかに見える個所を見出す。そのとき、直ちにこれを原文のあやまりと断定し、後代の目から理解しやすい形に改定してはならない」（前掲書）ということです。これが文献処理上の原則であると考えるわけです。
その上で、古代史に対する態度としてわたしは二つの指針をかかげた。「第一、簡明率直な方法であること。第二、基礎的で確実な方法であること」。わたしは学問の論証の基本は単純であると思うのです。「たとえば小・中学生に対してさえも、説得力をもち、ハッキリと理解されるものでなければならない」そう明記しています。したがってわたしの示文章中の「統計」や「十分」を近代統計学の術語として理解するのではなく、わたしの示した文脈、つまり「指針」に従って理解していただきたい。そこで小・中学生に「統計」とは、どう受け取られているかといいますと、例えば「同じ種類のことがらについて、いろいろの資料を集め、整理して数字や表にあらわすこと」（三省堂『国語辞典』）（以下、古田氏はいくつかの国語辞典にあげられた「統計」の定義を列挙した）……ですからわたしが「統計的処理」と言いました場合は、この意味でつかっているわけです。仮に『三国志』全体を通じて五つか六つ、あるいは十くらいしか出て来なければ、なるほど不十分だと思われますけれど、「台」と「壱」をあわせて一四二個（二個追加）あったので、それを「十分な状況」と表現したわけです。

安本　いまの古田さんのご発言は、内容が二つに分れていると思います。第一は「小・中学生にもわかる」ということ。古田さんご自身、一方では、ご本の中で「科学的な実証」「学問的な検証」ということを強調されています。「小・中学生にもわかる」推論が科学的・学問的に誤りがないという保証は、どこにもないわけです。もし「中学生にわかる」推論が正しいのだったら、邪馬台国問題を中学生が扱うのが一番いいということにもなりかねません。つまり研究の水準が持つべき性質と、それを中学生や小学生にわかるように説明することとを、ごっちゃにしておいでだと思います。

例えば天動説と地動説にしても、小・中学生や、ぜんぜん教養のない人の目からみたら、太陽の方が動いているとみる天動説の方がわかりやすいでしょう。しかし学問的にはこちらが誤っていることは明らかで、地動説の方が正しい。なぜ正しいかというと、天体観測上の各種データを合理的に説明し得るという点にある。「小・中学生にわかりやすい統計」ということで、現代統計学の立場からみて誤った推論をすることは許されません。

古田　わたしはそう思いません。学問というものは、論証過程は非常に複雑であっても、本質的には小・中学生にもわかる簡明さを備えているべきものだと思いますね。いま例に引かれた天動説・地動説にしても、よき科学者が明確に精しく説明したら、小・中学生にでも納得させることはできると思います。

それから、もう一つは私の「科学的」という言葉の使い方です。「壱か台か」を問題にした際、安本さんもかつて依拠された「定説」流のやり方、つまり〝字が似ているから書き誤ったのであろう〟というような目見当の断定による、いわゆる「定説」こそが、俗耳には入りやすいけれど、裏づけを欠いた「どんぶり勘定」的なやり方だと思うのです。それに対して私の行った検証は、この独断的な判断に対して、より「科学的」だと言っているのです。

安本　いまのお話にも二つくらい論点がでてきました。私は、最初の古田さんのご発言に対して二つの論点があるといい、そのうち一つについて私が反論したら、また二つ出て来た。――これに反論すると、また二つくらい出てくると思うんで、議論は次第に枝分れしていって、最初の論点はとうとう議論されないままに終る可能性が出てくる。やはり議論というのは一つ一つ詰めていかないといけないと思うんですがね。

まず最初の論点にもどって、天動説と地動説についての例をあげたら、古田さんは地動説だって丁寧に説明すれば、小・中学生にもわかるはずだと言われました。それが学問の本質、科学の本質だとお考えのわけですね。そうしますと統計学は科学でしょうか。科学じゃないんでしょうか。もし統計学が科学であるならば、これも丁寧に教えたならば、小・中学生にもわかるはずですね。

古田 そうですよ。

安本 推計学も、多変量解析も?

古田 はい。

安本 それならば、最初の古田さんのご発言の第二の論点、つまり「統計上、十分」という問題にはいります。

どの程度のデータがあれば、どの程度まで確実なことが主張できるかということを、現代の推測統計学は、まさに教えています。古田さんが、「十分な」とされた『三国志』のなかの「台」と「壱」の数は、推測統計学の教えるところによれば、少しも十分ではありません。詳しい説明は、私の書物(五七ページ以下)に書いてありますが、古田さんが調査された『三国志』中の八六個の「壱」のうち、問題となっている「邪馬壹国」(一例)と「壹与」(三例)をのぞいた八二個について、「台」の誤記と認定されるものは一例もないとしても、『三国志』の著者、陳寿の用いる「壱」の字に「台」の誤記が起り得ないという証明にはなりません。統計学者の増山元三郎さんの著作にも動物実験の信頼率というものがでてきますが、仮に五〇四の動物を使って一四も中毒症状を示さなくても、もっとたくさんの動物を使えば一〇パーセント近く犠牲が出る可能性があり得るのです（『サリドマイド』東京大学出版会、九〜一〇ページ。安本六一ページに重引）。つまり、古田さんのような推論を行う場合に、八二という標本の数は、現代の統計学の教えるところでは十分ではないんです。

古田　いまわたしは、すぐれた統計学者がいるならば、現代統計学の方法を小・中学生にも説明し得るだろう、ということは認めましたけれど、わたし自身は推計学などの方法でやったわけではありません。そこをごっちゃにしないでいただきたい。

わたしは『三国志』刊本の「壱」と「台」を調べてみたところ、「壱」を「台」と誤記したと認識し得たものはなかった。だからといって即〝「邪馬壱国」が正しくて「邪馬台国」の可能性がない〟とはわたしは決して考えてはいません。しかし、少くとも従来の安本さんたちのような「どんぶり勘定」で〝「台と壱」は誤りやすいから誰かが間違えたのであろう〟というような断定によるていの史料改定のための確実な根拠には到底ならない。そのことを知るためには十分な状況といえる。そう言っているのです。

安本　現代の統計学では明らかにデータ不足だといえるものを、古田さんは「十分である」と判断される。古田さんの判断の「客観的」なモノサシは何かということになってくるわけです。時計なしで「いま何時」かということを議論したら、これはモノサシがないんですから、私は四時と思う。古田さんは五時だと思う。いくら活発に議論したところで結論はでるはずがない。ですから、ものごとを判断するときには「客観的なモノサシ」の導入ということが必要だと思うのです。現代統計学は、判断を行うための「客観的なモノサシ」を提供していると思います。「客観的なモノサシ」なしで議論するとどうなるか。古田さんがよくいわれるように「主観主義まる出し」という類の言葉だけの投げ合いになってしまうと思うんです。客観的なモノサシの提供なしで、こういう言葉をつかわれるということ自体、それがまさに、主観的であることになってしまうと思うのです。

野呂　それでは、ぼくの方からお訊ねしますが、十分な状況であるためには――つまり「台」と「壱」の異同を決める場合に、どのくらいの個数があればいいわけですか。

安本　これを話すと実は長くなってしまうのですが、一方ではデータの分量と関係してきます。また他方では仮説の立て方と関係してしまうわけなんです。古田さんのような仮説の立て方をした場合には、実は膨大な量のデータを必要としてしまう。別の仮説の立て方をすると十例か二十例でも非常にはっきりしたことが言える場合があります。現代統計学のことを「小標本の理論」ともいうくらいで、それが実は現代統計学の特徴でもあるわけなのですがね。しかし、そういう仮説の立て方を、古田さんは小・中学生には理解できないという理由のもとで拒否なさっているのですから。

古田　問題の性格は、はっきりしていると思うのですがね。安本さんを含めた、従来の「壱は台の書き誤り」という、いわゆる「定説」は、高度の統計学的な立場で〝断定〟されているわけではなく、あくまで〝目見当〟による議論でした。わたしは、それに対し、少しでもデータを揃えた判断を得たいと思って、全数調査をしたわけです。決して大量のもののなかから「標本」として抜き出して調べたわけではありません。念のため、統計学者、数学者、自然科学研究者にかなり訊いてまわったのですが、わたしの本をよく読んでいただいた上での一致した結論は、〝あなたのやった問題は統計学を適用して論ずべき問題ではない〟ということでした。

安本　古田さんは、全数調査を行ったということを強調されて、最新の論文（「九州王朝の証言（六）」『東アジアの古代文化』一九八〇年春号、大和書房）でも、「母集団―標本」という形で理解すべきものではない、といわれます（これに対する反論は別に同誌に投稿しました）。しかし、古田さんの行っている推測の内容では、明らかに、その全数が標本として扱われている（この場合、母集団は「著者の陳寿が用いるであろう『壹』のすべての集まり」）。ですからその推論に疑問がでてくるのです。古田さんは数学者・自然科学者などから同一の答を得たといわれますけれど、それは事実なのでしょうか。もし、そのような数学者・自然科学者がおられたとすれば、それはおそらく全数調査が行われているという点にだけ目をとめ、古田さんの行っておられる推論全体の構造をみおとした方の意見だと思うのです。

例えば立教大学の赤摂《せき》也さんの次の文章をみてみましょう。赤さんは東大の数学科を出られた現代の代表的数学者の一人です（『数学セミナー』一九七七年十月号所載・愛知三郎のペンネームによる「邪馬台国」）。

なるほど、『魏志』の古い写本にはたしかに『邪馬壹国』とある。後世の人は、種々の理由から、これを『邪馬臺国』の誤りだとしたのである。

しかし古田氏は、そんなことはないという。氏は、『魏志』の写本全巻を克明に調べ、『壹』であるところが『臺』と書き誤られている例は『一つもない』ことを確めることができた。だから、と氏は主張する、『邪馬壹国』は正しいのであると。

これを読んで、私は、古田氏には悪いが思わず苦笑した。

最近出た安本美典氏の『新考・邪馬台国への道』は、『邪馬台国問題』の本で、私が本当に面白いと思ったものの一つである。

この本で、氏は古田氏の議論に的確な反論を加えている。古田氏の本には『三』が『二』に誤植されているところが一ヶ所だけある。これは、古田氏も新聞紙上で認めている誤植だ。しかしそれ以外には、『三』が『二』に誤植されている例はないのだから、この『三』を『二』でなければならない、といったら、古田氏はどう答えるつもりかと。

私は、古田氏の本に、過去の論理教育の欠陥を見る。そういう意味で『教訓的』なのである。

古田さんは、先ほど「五つか六つ、あるいは十くらいしか出て来なければ、なるほど不十分だと思われるけれど」と言われました。もし全数調査なら、五つも六つも一四〇も一〇〇〇も、全部同じじゃないですか。つまり「五つか六つなら」「不十分」という考え方自体のなかに、全数調査とはいっても、これがある種の標本になっているということが、古田さんの暗黙の了解になっていると思うのです。標本的なとりあつかいをされておきながら、私への反論では全数調査だとおっしゃるのは誤りだと思います。

古田　くり返しになりますが、わたしはさきにのべたように明示した自分の「指針」にしたがって検証作業を行っています。そのなかで「統計」とか「十分」という言葉が出てきても、文脈とその作業内容を追ってきた読者は諒解して下さると思います。わたしの文章の文脈のなかでわたしの用語を理解しないで、統計学者が自分の概念で「わたしの用語」を扱ってわたしの間違いを云々されるのは、「文脈→単語」の方向の逆で、理解の方向がまちがっているのだと思います。

赤摂也さんは、先ほどからのべたようなわたしの論旨を全く誤解しておられます。またわたしを批判するだけなら結構ですが、〝わたしの先生〟を非難するような口調は不当です。なぜなら、わたしが「赤さんや安本さんは、〝文脈から単語を判断する〟という文章解釈の常道を見失っている。ここに両氏のかつて受けた国語教育の欠陥を見る」と言うようなものですから。これは〝失礼〟かつ〝余計〟な話です。

安本 古田さんも私たちも、ともに「データの量」を問題にしていると思いますがね。「台」と「壱」の問題以外でも、現代の統計学の立場からは、正しいといえることが古田さんによって「空論」だとされている例があります。逆に現代統計学の立場からは誤りといえるものが、古田さんによって正しいとされている。こういう例がすくなくありません。

「臺」は貴字であったか

野呂 それでは、つぎに「貴字」問題、つまり「臺」という字は魏にとって特殊神聖な文字であってみだりに使えなかったはずだという古田さんの説をめぐる討論に移りたいと思います。

古田 貴字の問題というのは、「壱と台」の探索のなかで出てきた思いがけぬ発見だったのです。「倭人伝」の最後に壱与のところで「台に詣る」という言葉が出てきます。別のところには「天子に詣る」という表現があって、これは同じことを指していることは明らかです。特に「魏志」のなかでは、「台」は「天子の宮殿及び天子直属の中央政庁」という意味で使われていることも明らかになりました。

ところで『三国志』の烏丸・鮮卑・東夷伝などでは、国名や人名の固有名詞表記に、邪・卑・奴・鬼などという多くの「卑字」が使われています。夷蛮を見下したことのあらわれだと思います。仮に「ヤマト」に音を当てて漢字表記したとしても、邪・馬という「卑字」をわざわざ当てておいて、最後に、魏にとって至高神聖な文字「台」を持ってくるはずはないのです。事実『三国志』のどこを調べても「台」が蛮夷の固有名詞の表音に使われた例はありません。これは偶然ではなく、「貴字」を「卑字」と一緒に使わないということは彼らの基本的エチケットであったと思います。

さきの「壱と台」の検査は、書き誤り説に対する反論として、いわば相対的な論証力しかもたないかと思いますが、台が至高の貴字であるということは、「邪馬壱国」を証明する、いわば絶対的な論証力をもつものと考えます。三世紀においては「邪馬台国」という表記はあり得ないということです。

安本　古田さんは『「邪馬台国」はなかった』のなかで、「三国時代、魏は、劉備や孫権を蜀賊、呉賊と称した。正統の天子たる魏朝に従わないからである。『三国志』もこの立場に立っている」（一一九ページ）つまり、蜀の劉備や呉の孫権は天子として認められていなかった、と書いておられます。しかし『三国志』を調べてみますと蜀の地名として「台登」というのが出てきます。私には古田さんのいう「特殊至高の文字」とか「神聖至高の文字」という言葉の意味が、まず分らないのです。「台」がそのように特殊な文字であるなら、魏からみて正統でない賊の土地の県名に、なぜ、その文字を使ったんでしょう。当然ほかの文字に置きかえるべきじゃなかったか。

古田　台登というのは、後漢からすでにある地名で、それが蜀になっても使われていたということにすぎません。魏や西晋では、〝このような地名を変えてしまう〟という、始皇帝のような政策はとりませんでした。だから現にある地名をそのまま記した。そのことと、史官がはじめてお目にかかった夷蛮の名に表音漢字をあてはめる際に天子の宮殿や中央官庁を指す「台」の字を、他の「ト」に当る多くの字をさしおいて使うか否かということとは、だいぶ次元が違う話です。

安本　そうすると、この「特殊至高文字」「神聖至高文字」の「台」という字は、呉賊、蜀賊というようなところが使ってもかまわないわけなんですね。

古田　ですから、いま言いましたように、地名として残っているものは、わざわざ遠慮させるという政策はとっていないだけのことです。

　それから、神聖至高文字というのは、古田が言い出したことだと言われましたけれど、これは正確じゃないですね。すでに宋の洪邁《こうまい》が、『容斎続筆』という本で、「晋宋の間、朝廷禁省を謂《い》ひて臺と為す。故に禁城を称して臺城と為し、官軍を臺軍と為し、使者を臺使と為す。卿士を臺官と為し、法令を臺格と為す」といっています。このような「臺」使用の盛行は、四世紀初頭の李柏自筆書簡（楼蘭出土李柏文書）に「今、臺使を奉じて西に来る」とあることでも裏づけられると思います（古田、前掲書）。

安本　しかし、ここで言っているのは「禁城・禁軍」の代りに「台城・台軍」と言っていた、ということであって、洪邁の文章じたいの中には、「特殊至高文字」「神聖至高文字」ということばは、全然はいっていないわけです。それを「特殊至高文字」というふうにおきかえられるのは、古田さんの「判断」であって、具体的な「事実」ではありません。「判断」と「事実」が置きかえられちゃっている。

古田　ちょっと待ってください。「禁城」というのは天子の城を貴んで、特殊・神聖なものとして「禁」字を用いているわけでしょう。それを晋宋の間には「台城」という表現にかえているのですから、その「台」はやはり特殊・神聖な表現としてさしつかえないと思います。

安本　反論をかねて先へ進みます。たとえば『梁書』には「台に還りて高祖に礼拝す」「台に送る」等々の文章があり、他方では「祁馬台国」と「台」字を用いた表現がとられています。「台」が神聖至高の文字だったら『梁書』でも「祁馬台国」とはいわなかったのではないか。この点はどうなんでしょう。

古田　三世紀には、たしかに「台」は神聖至高の文字でしたが、五世紀になり南北朝の対立、五胡十六国の出現という時代になって、「〜台」の類が各国の都に叢立し、「台」字の性質は変って（相対化されて）くるのです。したがって五世紀になって成立した『後漢書』では「邪馬台国」が出現してきても不思議はない。そのことは『「邪馬台国」はなかった』

『失われた九州王朝』でも書いてあります。まして『梁書』は唐代に出来た書物ですから。

安本　いまのは反論にも何にもなっていないと思います。たしかに『梁書』の成立は六二七年です。しかし、古田さんの議論の本質は「台」は「天子宮殿および天子直属の中央官庁」の意味で使うから「神聖至高の文字」であり、東夷の女王国の名に用いるはずはないということでしょう。だから『梁書』で「台」が「天子の宮殿」の意味につかわれ、かつ女王国の名にも使われている例を挙げれば、古田さんの議論の根拠は崩れるはずなんです。「神聖至高」などというのは古田さんの主観にすぎない。

古田　やはり史料の扱い方の根本が私とは全然、違うということがわかりました。『梁書』は、七世紀に唐代になってから、六世紀前半の梁時代のことを書いたものですから、梁自身の文献を反映したものと、唐代の著者の判断を反映したものと二重になっている。そこを区別する必要があるというのが第一点。

つぎに、『三国志』の場合には、三世紀に書かれた三世紀を対象とする同時代史書であり、そこから端的に得られた判断として〝神聖至高の文字〟ということを言っているわけです。『三国志』の資料で〝「台」は至高の文字ではない〟という証拠（先の「台登」では駄目です）を出されるならともかく、他の時代の例を持ち出されるのは、議論を散漫に拡大していることになると思います。

安本　古田さんは「台」は神聖至高の文字であって、それこそ反論にもなにもなっていないですよ。蛮夷のヒミコの国名などに用いることはないと言われる。じゃ、神聖至高の根拠はなにか。宮廷のことを指しているからだ。しかし、そういう用例は『梁書』にもあるではないか。いや、それはまた時代が別だからちがう。……これでは堂々めぐりになってしまう。「神聖至高の文字」について明示された定義というものはなくて、要は古田さんの「判断」しかないわけです。『三国志』の「東夷伝」では、神聖だから「台」を使わなかったんではなくて、たまたま使わなかっただけかもしれないのです。これだけの標本数では判断を下すのには不足であるのに、古田さんは判断を下してしまっておられる。

三世紀の『三国志』には、女王国の名が「邪馬台国」なのか「邪馬壱国」なのか分らない。したがって現在、われわれの手許にある史料からこれを推定しようということが問題の本質である、そう考えてよろしいですか。

古田　それは、安本さんが、そう考える、ということでしょう。

安本　あ、そうですか。じゃ、そこのところを説明していただけますか。

古田　〝現存する『三国志』版本には、全例すべて「邪馬壱（一）国」とあるのが基本であるから、これを「邪馬台国」の間違いであると訂正される方は、その確実な理由をあげるべきだ〟という立場なんです。後代史料の「台」と三世紀の同時代史書の「壱」とをいきなり「同列」に扱って、安本さんのように「邪馬x国」と置きなおしていいとは思いません。これは史料処理の根本の問題です。

安本　古田さんは『「邪馬台国」はなかった』の結びのところでも書いておられるように、三世紀のヒミコの国の名は「邪馬壱国」だったと考えておられるわけです。ところが、私は「壱」である可能性は少いと思っています。

ところで、現在、十二世紀以後の刊本があり、これでは「邪馬壱国」となっている。またヒミコの宗女の名も「壱与」である。ここまでは共通の認識としてよろしいですね。

ところが福岡県の太宰府天満宮に伝来する張楚金撰、雍公叡注の『翰苑』というのがあります。九世紀に書写されたものです。この書の中にはヒミコの宗女の名を「臺與（台与）」としています。では三世紀の『三国志』原本には宗女の名は何とあったのでしょう。

古田　この問題についても、安本さんとは文献処理の仕方がちがいます。安本さんのように、『三国志』刊本は十二世紀である。それより古い九世紀の『翰苑』写本は無視できないのではないか、というニュアンスの議論は無理です。なぜなら『翰苑』は、史書ではなく『三国志』『後漢書』と史料性格が異なります。その上、本文の成立は八世紀です。すると七世紀に成立した『隋書』や『北史』、『梁書』の線（「邪馬台国」）を受けついでいて当然と思われます。わたしは五世紀以降なら「邪馬台国」で正しい、と言っているのですから「台与」と書かれても「あやまり」とは速断できません。また三世紀における宗女の名（「壱与」）に対し、ずっと後世の九世紀の写本を持ち出して論じても反論にはなりません。

なぜなら、たとえば『古事記』でいちばん古い写本は南北朝の真福寺本です。一方、鎌倉時代の親鸞の和讃の自筆本には、聖徳太子に関する記事がでてきます。もし、仮に両者に固有名詞にずれがあったとした場合、より古い時代の親鸞自筆本をとって安易に真福寺本の『古事記』を手直しするわけにはいかない。そんなことをしたら、笑われます。それと同じです。

安本　すると、三世紀の『三国志』原本においては「壱与」であった。九世紀の写本では「台与」になった。それが十二世紀の『三国志』刊本ではまた「壱与」になっている。『翰苑』の「台与」は、三世紀には「壱与」であったと改めるためには古田さんご自身の論法でいけば「必要にして十分な論証」が必要になりはしませんか。例えば白崎昭一郎さんも、古田さんの「必要にして十分」の意味がよくわからないとおっしゃる（『東アジアの中の邪馬臺国』一九七八年、芙容書房）し、そこのところを、もう一度、説明していただけませんか。

古田　わたしは今のべたとおり、「壱与」に対する「台与」もまた、誤りとは断定できないと思うんです。なぜかといいますと、何回も書いておりますように、三世紀は「邪馬壱国」であるけれど、五世紀の国名は「邪馬台国」で正しい。『隋書』等の唐宋代史書（および『翰苑』も）は、五世紀以降の国名にもとづいて三世紀の国名を「改定」して記したのであろう、というのがわたしの基本的な考え方なのです。

そういう立場からしますと、「壱与」は、例えば「イヨ」という和音に漢字を当てはめたのではないと思います。「壱」プラス「与」で、「与」は中国風一字名称、「壱」の方は国名だと思うのです。あの時代、倭国を「キコク」と呼んだと思うのですが、「壱」はその「キコク」を背景にした表現だと思います。たちいって説明すると長くなるので、結論だけ申し上げますと、私は、これは壱与の側による表記であるとみる。「壱」は中国の天子に忠節という意味を含む善字でして、本来は、壱与の上表文に用いた「国名」表記の用語ではないかと考えています。

『翰苑』がなぜ「台与」と直したかについては、こういう断片しかない史料からだけでは判断しにくい、つまり「あやまり」と軽々に断じてはならないと私は思います。

安本　古田さんが「邪馬台国」の「台」を安易に書き改めてはいけない、必要にして十分な論証をすべし、とおっしゃるなら、それは九世紀写本の「台与」についても、まったく同じ条件が当てはまるはずなんですがね。

いまの古田さんの議論、それからいまに限らず古田さんの議論について感ずるのですが、一つの解釈が成り立つということと、それが絶対に正しいということは別問題だと思うのですね。古田さんの解釈も成り立つけれど、ほかの解釈も当然、成り立つでしょう。他の解釈の余地があるにもかかわらず、古田さんは「邪馬台国という表記は『三国志』に関する限り絶対に存在し得ない。」「(『北史』や『隋書』の記事をもとに)三世紀『三国志』原本を改定すべき確実な史料と見なすことは、史料批判上とうてい許されないことである」といわれる。私から見れば言葉の「解釈」にすぎないものが、絶対化されてしまう。そういう客観的モノサシなしの言葉の投げあいは、空《むな》しいと思うのです。

いまの宗女の名は、原本は不明で「x与」である。九世紀写本は「台」である。つぎに十二世紀は「壱与」である。古田さんの場合、このxは「壱」だから、すると、壱↓台↓壱と変化したということになって、たいへん複雑な議論を展開しなければならなくなる。私はもっと素朴にx＝台と考える。つまり変化は台↓台↓壱で、十一世紀ないし十二世紀の刊本の段階で誤写または誤刻により、「壱」が現われたんだと思うのです。井上光貞・山尾幸久、それに古田さんが論争されている三木太郎さんもほぼ同じ意見です。古田さんとは、別の「解釈」がありうるわけで、それを完全に否定できなければ、古田説が、「絶対に」正しいなどとはいえません。

古田　それは、失礼ながら「邪馬台国」の名をたいした吟味もせずに使っていた人たちやその後継者が自説を守ろうとしてのご意見だと思います。

それに、いまのご発言は原書と写本と刊本を混線して「同列」に扱っておられる。特に八世紀の原書成立で九世紀の写本である『翰苑』は周知のように、きわめて誤写の多い写本である上、他の正史類とは史料性格もちがいます。ところで『三国志』の場合にはかなりたくさん宋代のものが残っていて、現存する南宋刊本より古い北宋の刊本にも「壹

（一）」を使っていたとみられる形跡がハッキリとあるのです。

安本　現存の『三国志』は、いろいろあるといわれるけれど、全部、裴松之《はいしょうし》の注の入った本でしょう。つまり、同一系統の本であって、一度、誤写が起ったなら、広く大幅にそれが伝わった可能性もあるわけです。

それと、いま『翰苑』には誤写があるといわれましたが、古田さんは「邪馬台国」と、「邪馬壱国」問題については、「問題はきびしく限定されているのである。『三国志』刊本のほかの個所に誤写誤刻があっても、『台』と『壱』以外の字だったら問題にすべきではない」と言っておられる。古田さんの論法によれば、誤写が多いことは問題になりません。

古田　いまのご発言は、他書との間の問題と混線した上、写本性格の吟味という根本を忘れ、ご自分にご都合のいいところだけとっておられるなという気がします。例えば『三国志』だけは、裴松之注しか残っていない、『後漢書』その他の本はいろんな注や編集のものが残っている、そういう版本状況ならいまの安本さんの議論は意味をもつでしょうが、実際には『後漢書』も李賢注しか残っていない。いま依拠しておられる『翰苑』にいたっては、誤写の多いことが誰の目にも明らかな日本側写本しか残っていないわけです。そういうものにくらべれば、むしろ『三国志』は版本の数が非常に多く残っているといってよい。それが全部が全部、例外なく「邪馬壹（一）国」です。ご自分の依拠される史料の性格のことも忘れて、わたしを批判することばかりに急になっておられるように思います。

わたしの方から指摘しておきたいのは、安本さんの「統計」の基礎資料の処理が〝杜《ず》撰《さん》〟な点です。たとえば倭人伝自体の「誤り」の統計をとるのに紹興本だけにしかない「女三国」をあげている。こういうとき各版本を検査するのが当然なのに欠けています。内藤湖南の「版本検査」の水準以前への「退化」とすら、言えます。次に『邪馬台国への道』で「誤りは定説」（一八四ページ）とされたものが、今やそう簡単には言えません。ことに「青大句珠は青大勾珠の誤り」など、どうしてあの時点でも「定説」とはとても言えませんから。

安本　古田さんの批判は、まったくあたりません。そのことは、私の本と、古田さんの本との、出版の年次をしらべ、本の内容をみれば、すぐわかることです。

すなわち、次のようになっています。

(1)　昭和四十二年、すなわち十三年前に、私の『邪馬台国への道』（筑摩書房）が刊行されました。この時点では、古田さんの「邪馬壹国」に関する著書・論文は、刊行されておりません。したがって、その時点での定説にしたがい、「邪馬壹国」「一大国」「女三国」「東治」「青大句珠」などは、誤りであることが、「定説となっている」と記しました。ここで、これらの「誤り」が「定説」となっているとみなすかどうかの判断は、井上光貞氏の『神話から歴史へ』（中央公論社、この本の「魏志倭人伝」は、青山公亮・青山治郎両氏の校訂による）と、岩波文庫本の『魏志倭人伝』とで、共通してなおしているかどうかによりました。十三年前のこの時点では、古田さんの論著は、まだ刊行されておらず、これらについて、とくに強く異論をとなえる人はおりませんでした。紹興本は、現存最古の刊本ですし、その「女三国」が「女王国」の誤りであることは明らかです。したがって、この私の本で、「紹興本に『女三国』とあるのは、『女王国』の誤り」と、ちゃんと刊本名をいれたうえで、誤りであることを記したのは当然です。刊本に、誤りがある以上、「誤り」の統計にとるのも当然です。それが、どうして、「杜撰」といえるのでしょう。

(2) 昭和四十六年に、古田さんの『「邪馬台国」はなかった』が刊行されました。

(3) 昭和五十二年、私の『新考邪馬台国への道』(筑摩書房)が刊行されました。私は、この時点では、古田さんの「邪馬壹国」論には、よし賛成ではないにしても、そのような異説が提出されたことを知っていました。したがって、「邪馬壹国」「一大国」……「青大句珠」などを、「誤り」とすることは、「定説」とは、いえなくなったと判断しました。そこで、この『新考邪馬台国への道』では、それらを「誤り」とすることが「定説」であるとする表現は、一切カットしました。それらをカットしても、女王国の位置についての私の結論は、ほとんどなんの影響もうけないからです。そして、この本の「はじめに」で、つぎのように明記しました。

「この本でのべていることが、これまでに私があらわした本でのべていることとちがっているばあいは、この本でのべているところを、私の考えとしてとっていただきたい」

私の『新考邪馬台国への道』の「はじめに」に、このように明記してあるにもかかわらず、古田さんは、それを故意に無視して、十三年前の『邪馬台国への道』の方にさかのぼります。そして、「今やそう簡単には言えません」などと言われます。十三年前を、現時点におきかえた批判としか思えません。

〔実際の討論では「貴字」問題の開始に先立って安本氏から尾崎雄二郎氏の論文「邪馬台国について」（京都大学教養部『人文』第十六集）を引いて古田氏の貴字論への批判が行われた。尾崎氏は唐・宋の「韻書」の「小韻の首字」によって外国音の漢字表記が行われたにすぎず「卑字」説は疑問であるという。これについての古田氏の反論は『邪馬壹国の論理』参照。〕

「魏晋朝短里」をめぐって

野呂　つぎは里数問題に移りたいと思います。

古田　まず第一に申したいのは、きょうは安本さんとの相違点が非常に出てきましたが、実は「短里」説や「筑紫」説等、共通点も、他の人以上にあるわけでして、その点は大事にして行きたいと思います。その前提で申しあげるのですが、安本さんがかつて（昭46・12・11）『図書新聞』に書かれたわたしの『「邪馬台国」はなかった』に対する書評を再三自分で引用されたさい、「（里数について）じつは、私も、古田氏と、同様の調査を行ないつつあった。そして古田氏と同様の結論を得つつあった。……自分でも、行なっていたのでのべることができる。古田氏の調査は、ゆきとどいている。そして、すくなくとも、その『里』についての結論は、みとめるべきであると思う」の部分をカットして（読者にわからぬ形で）用いておられるのは、フェアでない、と思います。自分の意見の変ったことを明記されればいいのです。

安本　お答えいたします。

古田さんは、『東アジアの古代文化』の今年の「春」号（23号）でも、この『図書新聞』のことを、とりあげておられますね。

『図書新聞』の書評は、今から、九年ほど前に書いたものです。『東アジアの古代文化』の方で、古田さんは言われます。

『図書新聞』の文章では、安本氏は、自分（古田さん）の「魏晋朝短里説」に、「賛成して」いる。『図書新聞』のその文章は、安本氏の著書『「邪馬壹国」はなかった』に、ほとんど全文掲載されている。ところが、今回の本では、自分（古田さん）の見解に、「賛成して」いた部分だけが、〝きれいに〟カットされている。今回の本で、安本氏は、自分（古田さん）以外に、「魏晋朝短里説」に立つ人はいない、と書いているが、九年前には、安本氏じしん、「賛成して」いた。その「賛成して」いた個所、重要な部分を、「（一部略）」というような、さりげない形でカットするのは、読者に対する〝心理的詐欺〟である。――

では、そのカットした部分の文章を、いまいちど、くわしくみてみましょう。

「じつは、私も、古田氏と、同様の調査を行ないつつあった。そして古田氏と同様の結論を得つつあった」

「自分でも、行なっていたのでのべることができる。古田氏の調査は、ゆきとどいている。そして、すくなくとも、その『里』についての結論は、みとめるべきであると思う」

以下、古田さんの批判に、個条書きのような形で答えます。

(1)　このカットした部分の文章を、よく見てください。そこでは、「同様の調査を行ないつつあった」「同様の結論を得つつあった」というように、進行形になっています。九年前の、書評を書いた時点では、調査は、完了していないのです。そして、調査を完了した時点で、古田さんの「魏晋朝短里説」は、「韓伝」「倭人伝」以外には、まったく成立しないことに気がついたのです。明白に、それを否定する証例が、いくつもあることを知ったのです。今回の本では、すでに調査が完了しているのですから、九年前の「進行形」の文章の部分を、カットしたのは、当然です。

(2)　今回の本を書いた時点では、古田さんの「里数値」の調査なるものが、まったく粗雑で、「ゆきとどいて」いないことを知っていました。古田さんは、『「邪馬台国」はなかった』の中で、「『三国志』全体の中には、一五九個の『里数値』が書かれている」と明記しておられます。しかし、これは、すでに述べましたように、六つに一つていどは、数えおとしておられるものです。今回の本で、『図書新聞』に書いた文章から、「ゆきとどいている」という表現を含む部分をカットしたのは当然です。

これが、古田さんが、「心理的詐欺」といわれたものの内容です。これが、どうして、「心理的詐欺」になるのですか。

古田さんの著書・論文には、このような用語が、大変多いですね。ちょっと、ひろってみましょう。

「まやかしの弁舌」「見苦しい弁明」「盗人たけだけしい」「馬鹿げた書き方」「あつかましい手口」「国語学や歴史学の大家が、そのイロハをまちがっている」「不遜《ふそん》をおそれずに言わせていただければ、一つの知的退廃ではあるまいか」「あまりにも〝厚顔〟と言ったら言いすぎだろうか」「奇態これにすぐるはない」「奇怪な説明」「主観主義まるだし」「二枚舌的性格」「常習犯」「〝卑怯〟なやり方」「それは狂気の沙汰としかいいようがない」「古い手口」……

このような筆づかいは、いわば、「ことばの棍棒」で、相手をたたきふせる方法です。このような方法を用いれば、たいていの学者は、沈黙します。学問的な議論にならないと思うからです。これらは、いずれも、古田さんの「意見」を述べているもので、客観的な

「事実」を述べているものではありません。「意見」は、しばしば、主観的なレッテルはりです。そこには、どのようなばあいにそのことばを用いるべきか客観的な基準がありません。したがって、論者が、つかいたいと思えば、誰にたいしてもつかうことができます。つまり、古田さんが、他を批判するのに用いたさきのようなレッテルは、また、古田さんじしんの見解にも、はりつけることができるのです。

このようなことばを用いての議論は、真実を明らかにして行く作業とは、なんの関係もなく、私は、無意味だと思いますね。

古田　さて〝「倭人伝」の里程記事は実数に合致しないから誇張だ〟という、従来の誇張説はいまや根拠を失ったと思われます。

というのは、谷本茂さんという方が「中国最古の天文算術書『周髀算経《しゅうひさんけい》』之事」という論文を発表されました（『数理科学』一九七八年三月）。この算術書に使われている里単位はメートル法に換算すると七六～七七メートルとなり、谷本さんご自身が、〝これが古田の得た約七五メートル（七五～九〇メートルのうち七五メートルに近い）の結果と一致することは偶然ではあるまい〟と書いておられます。つまり『三国志』の里単位と、全く別の『周髀算経』という本に書かれている里単位が一致した里単位（短里）であったということを、はっきり認識すべきです。ということは従来、白鳥庫吉さんから松本清張さんに至るまで言われてきた「里程の誇張説」は遠慮なく言えば、その根拠を失ったとせねばなりません。

しかし第二点として、その短里で書かれている範囲が安本さんとわたしはちがう。わたしは『三国志』全体だと思いますし、安本さんは「韓伝」及び「倭人伝」に限るとされる。

だが、その問題に入る前に、「里単位」についてみますと安本さんは一里は九〇～一〇〇メートル前後としておいでです。したがってわたしの数値の方が谷本さんの『周髀算経』による数値に近かったということになります。白鳥庫吉さんは、誇張説をとられましたが、氏の測定値自体を推算しますと、一里は八二・七メートルになり、安本さんよりは白鳥さんの測定の方が、むしろ実体に近かったことになるのです。

なぜ安本さんはこんな不正確な結論に陥られたかということを吟味しますと、測定基準自体に問題があるように思います。「倭人伝」に記された里数と、地図によって測定した実際の距離とを比較する際、安本さんは帯方郡から狗邪韓国に至る距離（「七千余里」）をとり、以下、朝鮮半島の西岸と南岸を水行するという形で距離を計算されました（安本一四一ページ）。「韓伝」には、韓地は「方四千里」つまり四千里四方とありますから、朝鮮半島の西北端から南下し、さらに東行して東南端に達するならば、それだけで完全に八千里あることになり、「倭人伝」の七千余里を上まわることになる。このように矛盾のある距離を測定対象に選ばれたことが一つ。

もう一つは、狗邪韓国から対馬、対馬から壱岐、壱岐から末盧、それぞれ一千余里という数字をとられた。この場合、どこを中点とするかという主観が入ります。また陸上にくらべて水上を測る方法は不正確度が高いと考えられる。そこを測定対象にされたために合計も狂ってきたのだと思います。安本さんは実測の結果、一里を八九メートル弱とされましたが、それを補正して、一里は九〇〜一〇〇メートルとしておられる。これも、測定対象が妥当ではなかったという背景があったためかと思われます。

これに対し、わたしは韓地が方四千里ということから南辺を測り、七五ないし九〇メートルという数値を得、異論が少ない一大国すなわち壱岐を対象にして微差調整をしたのです。その結果、九〇メートルよりもむしろ七五メートルに近い方に考えざるを得ないという結論になったのです。ここにも安本さんの方法の基礎をなす「資料のとり扱い方」が適切でない、という問題があります。

安本　まず第一点の誇張説の問題ですが、ここでは古田さんと微妙な差があります。私は誇張説も一つの仮説であり、短里説も一つの仮説である以上、自分の心のなかで双方の可能性を生かしておきたいと思います。誇張説という仮説も、成り立つ余地がまったくないとは私は考えません。「根拠を失った」とは考えません。ただし、いろいろなデータを考えると、「韓伝」「倭人伝」については、短里説の可能性の方が大きいと思います。いずれにしてもデータそのものの問題ではなく、それをどう「解釈」するかの問題ですから、そうなるのです。この辺に古田さんと私とで、微妙なちがいがあることを、まず指摘しておきたいと思います。

第二に、古田さんの『「邪馬台国」はなかった』を拝見したとき、「倭人伝」の里程記事と実測値の比較をしておられる。私もそれ以前に(『邪馬台国への道』)こういう比較を行ったことがあったので、方法論上の同志を得たという感じをもったのです。その点において共通の立場があるわけです。

ただ、なぜ私が平均値八九メートルを得たにもかかわらず、一〇〇メートル前後という値をとっているかといいますと、この平均値のなかには壱岐―末盧間の一里五二メートルという非常に小さい数字が入っているためです。こういう例外を除いた、いわゆる最頻値あるいは並み数をとると、九〇～一〇〇メートルとなるのです。

つぎに谷本さんの論文その他と一致するか否かという問題。私としては七五メートルであっても一〇〇メートルであっても、いずれにしても短里説の範囲に入るわけであって、ここで時間を費して議論しなければならない問題だとは思いません。谷本さんの数字の出し方には多少、異論もありますが、大略としてはよいだろうと思っています。

ところで、最初、古田さんのご本が出たときに、私は同志を得たという感じをもったのですが、次第に、どうも違うらしいということに気づきました。それは「事実」と「検証」の問題でして、たとえば女性を論ずる場合に、二重まぶたか一重まぶたかという問題は「検証可能」ですが、美人であるか否かは「検証不可能」です。人によって判断がちがうわけですから。私は「検証可能」な命題のなかで出来るだけ論じたい、と思うのですが、ここらへんから古田さんとは大分、ちがうらしいのです。

古田　安本さんの地域的短里説は、『三国志』の「韓伝」「倭人伝」のみ短里が成り立つという御意見ですが、これが適当かどうか論証したいと思います。

例を朝鮮の北辺、高句麗と接するところにとって考えます。韓の地は方四千里であるから、朝鮮半島の南辺は約四千里である。一方、半島の北辺を計算すると高句麗は方二千里であるから、高句麗の南辺の幅は二千里。その位置は「遼東の東、千里にあり」といわれますから、朝鮮半島の北端を東へ千里ほど入った位置に当る。一方、高句麗の東南にある東沃沮《よくそ》は「西南長、千里なる可し」とありますから、高句麗の東南端から東の海上までの距離、すなわち東沃沮の幅も約一千里。一千里プラス二千里プラス一千里であわせて四千里。これは、韓地の大きさから出てきた朝鮮半島の東西の幅の長さとも

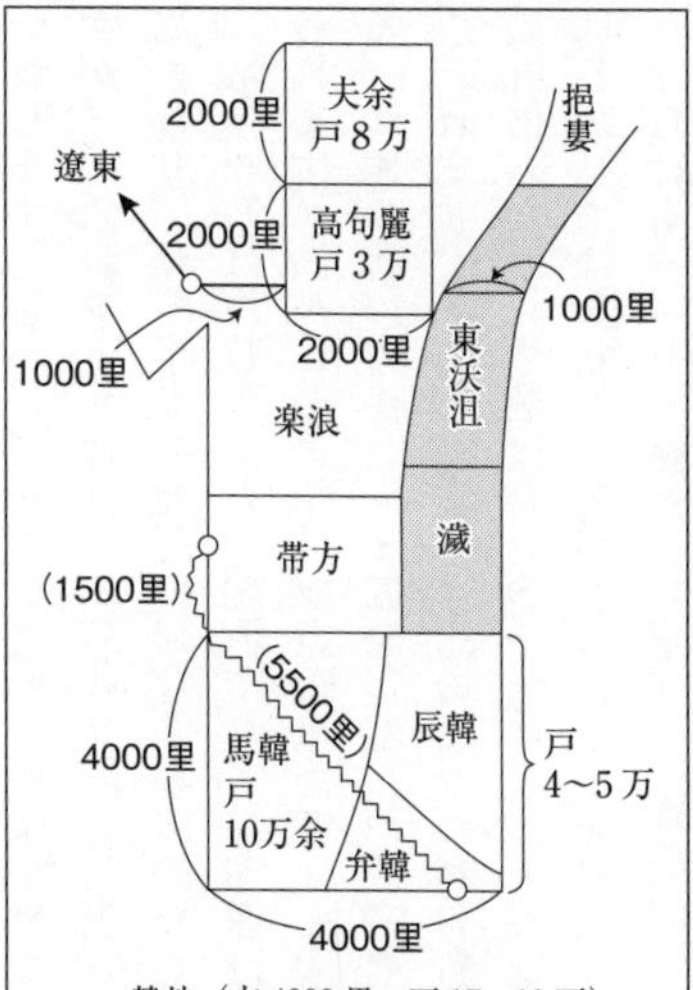

韓地（方 4000 里、戸 17〜19 万）
〈13〜4 万 +4〜5 万〉
アミ部分は旧玄菟郡（漢の四郡）

一致します。しかし、安本説だと、韓は短里で四千里。高句麗の方は長里だということですから、(朝鮮半島北部はいまの計算で) 長里四千里すなわち短里換算なら六倍の二万四千里となり、朝鮮半島の北辺の形は非現実的なものとなります。

もう一つは戸数密度との関係です。高句麗は戸三万とあり、韓は一七〜一九万戸と考えられます。わたしのように双方短里と考えますと面積四倍の韓地に、ほぼ六倍の戸数がある。つまり韓の方が、一・五倍程度、戸数密度が高いということで、ほぼ妥当な数字かと思われます。ところが安本さんのように高句麗は長里であると考えると、その面積は韓地の九倍となり、戸数は六分の一ということになる。つまり人口比は五四対一となる。これはわたしにはあり得る数字とは思えません。

さらにもう一つ問題があります。「東夷伝」を読みなおしていて気付いたのですが、東沃沮と濊《わい》には面積も戸数も記されておりません。ここはもと、漢の玄菟《げんと》郡の地であり、現に中国の直接支配する楽浪・帯方のすぐ東隣に当るにもかかわらず、なぜ記載がないのか。よく考えると、実は何でもないんで、楽浪・帯方自身、記載がない。つまり、これらの土地については安定した情報を別に行政文書のなかで持っていたから、あえて歴史書には記さなかったと思うのです。——そこで、この中国直轄地ということを考えるなら、韓地の北辺四千里というのは、実は国境ですから、直轄地の南辺の長さでもあったわけです。同じく高句麗の南辺二千里というのも、直轄地の側からみるなら北辺の国境線の長さになるわけです。つまり中国側からみるなら、同じ直轄地の南辺の長さを短里、北辺の長さを長里で書くなどということは、あり得ることではないと思われます。また「倭人伝」で帯方郡治から狗邪韓国まで七千余里といった場合、これを短里とみなすのなら、このうちの帯方郡治から狗邪韓国の西北端に至るまでの部分も当然、短里で表記されているわけで、中国直轄地についても短里が用いられていたことを示す裏づけです。

安本　いろいろな論点があったと思いますが主要な点四つについてだけお答えします。

第一は、高句麗の「方二千里」について。これは『三国志』のみではなく、『後漢書』にも同じ表現があります。ところで古田さんは「思ってもみよう。一つの本の中に二種類の『里』単位が同居しているとしたら、――そんなことこそ奇々怪々だ。なにか、その著者が錯覚しているのだ」云々と書いておられる（二〇〇ページ）。私にはここの「奇々怪々」という言葉の意味がわかりかねますが、つまりは一つの本のなかに二種類の里はないといっておられるのでしょう。『三国志』の「方二千里」が短里であるなら、同じ記事の『後漢書』もまた短里である。しかるに古田さんも「魏晋朝短里説」をとられているだけで、後漢にまで短里が行われていたとは主張されていない。事実、『後漢書』には、明らかに長里で書かれている他の例がある。すると『後漢書』では長里と短里を併記するという「奇々怪々」なことが起ってしまうことになる。

第二点。古田さんは、朝鮮の北方に、高句麗が二千里四方で接しているような形で説明されましたが、現実には、高句麗は中国東北（満州）にあった国で、実際には朝鮮半島の幅よりも広い拡がりをもっていたと考えられる。古田さんの示された地図は人に錯覚を与えるものだと思います。

第三点。人口密度のことについてお話しになりましたが、これは非常に解釈の余地が入りやすい問題だと思います。現在でも、シベリアだのカナダだの、非常に人口密度の小さい土地があるのですから、この点は議論の対象になり得ないと思います。

第四点。古田さんは、先ほど高句麗の「南辺」は二千里であるとされましたが、『三国志』には高句麗が「方可二千里」とあるだけで、「南辺」とは書いてありません。これは古田さんの「解釈」のわけです。現実には、第二点として申上げたように、ここはいわゆる満州の地ですから朝鮮半島より幅が広く、したがって長里であっても二千里くらいであり得たと思います。——以上、四点にわたってお答えしました。

古田　『後漢書』の著者、范曄《はんよう》は二つの里単位を混用した、ということについては、わたしの『失われた九州王朝』第一章に「范曄の真の錯覚」という節を設けて詳しく書いてあります。一例だけ挙げますと「軍行三十里、程と為す。日南を去る九千余里。三百日にして乃《すなわ》ち到る」（列伝七十六・南蛮伝）とあるのは明らかに長里であり、「楽浪郡徼《きょう》、其の国を去る万二千里。其の西北界狗邪韓国を去る七千余里」（列伝七十五・東夷伝倭伝）は、『三国志』にみられるように短里です。『後漢書』は五世紀の人が一、二世紀のことを書いている歴史書であり、そのなかで『三国志』を引用しているために、こういう混乱を生じたのだと思います。わたしは、『三国志』自体のなかでは里の単位は統一がとれている、ということを言うために分裂したケースを「奇々怪々」と表現したのです。現に『後漢書』の方には混用がたしかにあるのです。

安本　古田さんの論法をおしすすめて行くと短里が、非常に広い範囲に使われていることになって「魏晋朝短里説」の限界をこえてしまうことになると思います。そのような事例を三つあげます。

まず第一の事例をあげます。古田さんが、『邪馬一国への道標』のなかで挙げられた例に、『三国志』「蜀志巻二・先主伝」の「一日一夜、行くこと三百余里」があります。曹操が精騎五千をひきいて劉備の軍を追いかけたときの速度です。当時の軍行は「一日三十里」とあるので、この三百余里が長里であるとしたら当時の軍行一日相場の十倍以上という「空想的なスピード」になる。ゆえにこれは短里であるというのが古田さんの結論です。

ところが、類似の表現は、ほかの史書にもいろいろ出てくるのです。『漢書』に「曹、半日ならずして二百余里を馳す」。これは一日に換算するなら四百里です。『漢書』の成立は『三国志』より前ですから、「魏晋朝短里」の記述が混入したとはいえないでしょう。『後漢書』に「歩によって従い、一日一夜行くこと四百余里」。これは先の三百余里よりも長い。また同じく『後漢書』に「日夜、道を進みて兼行すること百余里」。それからもう一つ「軽兵を率いて兼行すること一日一夜二百余里」。『晋書』に「一日一夜行くこと三百余里」、『陳書』に「歩行日に三百里」。もし「一日一夜行くこと三百余里」が、古田さんが言われるように長里ならば「空想的なスピード」になるというのであれば、これら類似の記述もすべて短里でなければならなくなり、『漢書』『後漢書』『晋書』『陳書』なども皆、短里で書かれていることになる。つまり「魏晋朝短里説」を、もっと広い範囲に拡大しなければならなくなってしまう。今のは、ほんの一例です。

第二の事例をあげます。それは、古田さんが『三国志』は短里で書かれているという命題を立証すべき五個の明確な事例として「五証の弁証」と名付けられたもののうちの四番目にあたるものです。「南、零《れい》・桂《けい》を収め、北、漢川に拠る。地方数千里」（『魏志』六、劉表伝）。これは荊州（湖南省のあたり）を「方数千里」といっており、長里で表記するなら中国全土にまたがる広大な面積になってしまうから「明白」に短里である、と古田さんは主張されるわけです（『邪馬壹国の論理』）。ところが『後漢書』「劉表伝」にもまったく同じ表現がある。「北、漢川に拠る。地、方数千里、帯甲十余万」。これも短里にしなければならなくなってしまいます。

さらに、第三の事例をあげます。古田さんは、これも「五証の弁証」の三として、「江東に割拠す、地、方数千里」（『三国志』呉志）をあげ、数千里というのは五、六千里の意味だと断定した上で、もし長里で五、六千里四方であったなら、これだけで中国全土にまたがる広大な面積となってしまうから、という理由で、短里であると主張される。ところが、『史記』には「今、楚の地は方五千里」(「楚世家」「蘇秦列伝」および「平原君虞卿列伝」)という表現があり、古田さんの論法だと、楚の国だけで中国全土にまたがる広大な面積ということになってしまいます。

古田　今日は、押し問答だけではなくて新しい論点を出したいと思ってきましたので、この機会に提出させていただきます。つまり短里が何を起源としているかという問題です。先にあげた『周髀算経』という中国最古の天文算術書は周公と商高という人との対話ではじまっています。明治の啓蒙主義史観でいえば、これは周公に仮託して後世の人が書いたのであろうということになりかねませんが、天文学的にみて紀元前一一二二(初周)年の前後百年あまりの星の運行を記しているので、周公の時点において短里が用いられていたということの説明になると思います。

また、この書が現在のような形になるまでに各種の増補が行われたであろうというのが定説ですが、やはり春秋戦国ごろの星の運行についての記述を含んでいるので、これまた、この当時、短里が用いられていた証拠といえると思います。

それでは、この『周髀算経』の原形はいつ成立したのか。後漢のはじめに『論衡』の著者として有名な王充が「蓋天説」つまり天は蓋のようなものであるという議論の際に、この書の概念を引用しているので、すでに原形は成立していたことが知られます。当時、この蓋天説に対立して「渾天説」というものが出され、まるで現代の「邪馬台国論争」のように、後漢の間中、論争が続けられました。そしてこの『周髀算経』に注をした趙君卿は後漢の人で紀元二〇六年までの史料を引用しています。後漢が滅びたのは二二〇年ですから、趙君卿注の成立は二〇六〜二二〇年の間であるということが限定し得る、非常にしあわせなケースといえます。

安本さんは、周・春秋・戦国時代にある地域で行われていた「短里」が周辺部におよび、中央部で滅びたのちにも朝鮮半島南部を中心とする地域で行われていたという「周圏論」の立場をとられましたが、後漢の間中、ホットな論争の材料にされていたということは、中心部でも空白ではなかったという証明であり、安本さん流の周圏論――ドーナッツ化論は成立し得ないということをハッキリ確認しておきたいと思います。

ところで『周髀算経』の論証に対し、さらにわたしは『戦国策』に注目して、周代の短里使用を証明することにします。『戦国策』は史料批判上は面倒な本ですが、基本部分は周代成立と考えられる。そして、それを調べてみると、ここでも短里が用いられているのです。『史記』に「楚は方五千里」とあるのは、そっくり『戦国策』の文章であることを、安本さんはお気づきにならなかったかと思いますが。

安本　いや『戦国策』は調べました。たしかに全く同じ記事がありますけれど、私は『史記』も『戦国策』も長里だと判断します。

古田　さきほど安本さんは『史記』の例をたくさん出されましたが、例えば「蘇秦列伝」などは『戦国策』をほぼそのまま材料にしています。したがってむしろこの問題は、『戦国策』の問題になるわけです。楚の国の大きさに決め手となる史料はありませんが「方五千里」は漢の長里すなわち一里四三五メートルでは、あまりにも過大です（中国全土にまたがる）。

ところが斉の国というのがあります。これはご承知のように山東半島に近く、東は海で限られている。そして西の趙の国で限られている。趙には東辺近く邯鄲《かんたん》の都があり、またその西には洛陽もあり、位置がきまっていますから、斉の東西は自ずと限定されるわけです。ところが『戦国策』には斉は「方二千里」とあります。これは短里でないと説明できない。また斉と趙の間は三千里とされる記事もあって、これは、都と都の間ですから、これも短里でないとあてはまらない。

ということで『戦国策』のすくなくとも基本部分は短里とみなされるのです。

ここから短里は周王朝に由来するものといえそうです。さらにいうと『周髀算経』の周公の相手をしている商高は殷《いん》高ともいわれ、殷の人だとされていますから、この天文術と短里とは殷に起源するものかもしれません。そこで「千里の馬」とか「千里の道を遠しとせず」などという言葉も、単なる文飾ではなく、短里と考えるなら現実性のある表現であったかもしれないのです。

ですから『後漢書』に『三国志』の短里記述が混入してくるような例は、もっと広範に起り得たということになり、一層、厳密な史料批判が必要かと思われます。一例をあげますと『史記』がいくら『戦国策』をうけて短里による記述をしているからといって、他方ではもちろん漢の長里による記述もあります。たとえば「項羽本紀」で垓下《がいか》の戦いに敗れた項羽を亭長がはげまして「江東小なりといえども、地方千里」といっているのは周代の歴史の記述ではないのですから長里と考える方が自然です。そういうものを一緒にして論じると混乱が生じてくる。安本さんは魏晋朝短里では説明のつかない例（たとえば楚の地の「方五千里」）の矛盾を指摘されましたが、それではみずからはどう解釈するかは一切お示しにならなかったし、またやろうとしても、お出来にならないだろうと思います。しかし「周朝の短里」という概念を導入するとき、非常に明晰な理解を得ることができるのです。また、「蜀志」の諸葛亮伝中の陳寿の上表文中、「西晋の武帝は（魏と同じく）周公のやり方をうけつがれた」と特記しています。これも「魏晋朝短里説」の裏づけです。

安本　私の質問にはお答えにならないで、新しい問題をまた出されていると思います。『史記』や『戦国策』の例を挙げられましたけれど『史記』には長里であることが明らかなものもありますから、古田説を認めるなら『史記』においても二つの里単位があらわれることになる。一つの書のなかで二つの里単位が混用されるという「奇々怪々」が、あちらでもこちらでも起きることになります。

古田　まだわたしの論点をご理解いただいていないようですが、わたしは、史書のなかに別種の単位が共存することは、奇々怪々といえようが、それは実はあり得るのだ、ということをハッキリ言っているのです。特に同時代に書かれた書でなく、対象となった時代と記述者自身の時代の里単位が異なるような場合には、起り得る。それを『失われた九州王朝』では『後漢書』を例にあげて説明したし、いまは『史記』『漢書』でも起っていることを証明したのです。

安本　私が最初にあげた「一日一夜、行くこと三百余里」には、まだお答えになっていませんね。古田さんは、これを「空想的スピード」とされる。ところが『三国志』以外の書でも、「一日一夜、行くこと四百里」とか「一日一夜、行くこと三百里」という表現がたくさん出てくる。同じ文字の解釈が、文献によって「空想的なスピード」になったり、「現実的なスピード」になったり、かわってくるのですか？

古田　おっしゃるとおりで、一つ一つについて吟味しなければなりません。同じ「三百余里」でも一騎で行く場合と、五千騎で行く場合とでは可能・不可能は分れてきます。また「三百余里」前後だから一緒だという史料の扱い方は、失礼ながらあまり厳密ではないと思います。

（蜀志先主伝のこの文言をめぐる古田氏の立論は『邪馬一国への道標』、安本氏の批判は『数理科学』一九七八年三月号論文、古田氏の反論の論文は『東アジアの古代文化』一九七八年秋号、安本氏の再反論は『「邪馬壹国」はなかった』一六八ページ以下を参照）

問題の「曹公、精騎五千を将《ひき》い、これを急追す。一日一夜、行くこと三百余里」についてわたしは、これは、〝両地（襄陽と当陽の長坂）間の距離が三百余里〟というのでなく、〝一日一夜追いかけて三百余里〟という一昼夜の速度をあらわしているとみるのが自然だと思います。ここは確かに解釈の相違でしょう。

可能性の問題として考えると、この三百里を長里と仮定するなら、短里に換算して約二千里前後、すると朝鮮半島の南辺四千里の半分、キロに換算して一五〇キロとなる。角川春樹さんは野性号で朝鮮半島沿岸をまわるとき一日十時間で四〇キロの目標で、現実には二〇キロしか進めなかったそうです。二千里を、この船の計算でいけば七日半かかる。仮に昼夜兼行で行ったとしても三日はかかる。そこを馬で二十四時間で行けるものでしょうか。わたしは非常に難しいと思うのですが、これはやはり主観的な判断の問題となるのではないでしょうか。それも馬一頭ではなく、五千騎で走る、相手が橋を切ったりして妨害する、となると速度はもっと遅くなるのは常識ではないでしょうか。先日、アメリカの馬術競技について読者の方（田島芳郎さん）から教えていただきまして、トレイル・ライドでは一日三〇マイルすなわち四八キロ、エンデュアランス・ライドという非常に過酷な競技では一日五〇ないし七五マイルつまり八〇～一二〇キロ行くそうです。これにくらべて五千騎で、各種の妨害工作のあるなかを一五〇キロ行くのは、無理だと思うのです。しかし主観が入りますから、私としては「不定の事例」としているのです。

安本　「空想的スピード」がたちまち「不定の事例」になってしまうわけですね。いまの議論で、私と古田さんとの立場のちがいはよく出たと思います。私はなるべく事実にしたがって議論したい。最初のうちは古田さんも同じ立場のように思えたので、同志を得たと感じたのですが、議論を重ねて行くと結局、「解釈」の問題になってしまう。そして「史料を適切に扱っていない」などとおっしゃるけれど、それは要するに古田さんの「解釈」が正しいという前提のもとにそうなので、他の「解釈」も成り立ち得るわけです。古田さんは、権威・通説によることを批判されました。私もまた、客観的に正しいという根拠のないかぎり、古田さんの見解を、権威あるものとみとめることができないのです。これが第一点。

第二に、魏晋朝短里の矛盾をつくことはできても安本氏には解釈できないというようなことをいわれましたが、私は、短里が成り立つのは『三国志』の「韓伝」と「倭人伝」の範囲であると明示していますから、他は長里で解釈するのが妥当であるといっているのです。

ところで、さっき私が挙げた「北、漢川に拠る。地、方数千里、帯甲十余万」についてまだ答えていただいてないのですが、これは『後漢書』『三国志』ともに「劉表伝」に出てくる言葉です。古田さんは、『後漢書』が『三国志』の短里をそのまま採ったと解釈されるわけですね。

古田 そうです。

安本 これは高句麗とか倭とかいう辺地ではなく、中国のいわばド真中についての記述です。そこへ短里の表現をそのまま採用すると他の長里表現とは辻褄があわなくなり、誰もが気付くと思いますが？

古田 それは『史記』に『戦国策』の斉地や楚地をしめす場合の短里が混入しているのと全く同じケースだと思います。これも中国の「ド真中」です。

安本 私は、そういうことは普通ではまず起り得ないと思います。つぎに、私が最初にあげた四点のうち第二点、高句麗の国境の幅について伺いたいと思います。

古田 さっき言ったように「高句麗は遼東の東千里に在り」といって西は限定されている。東側には東沃沮があって、これも海で限られている。したがって東西は限定されている。しかもその東西幅を短里四千里とすると、よく地理状況に適合すると思います。

また、魏では毌丘倹《かんきゅうけん》の軍隊が高句麗を討伐して、東沃沮を通り、挹婁《ゆうろう》まで行って日本海へ達している。これだけ大勢の人間が経験したことの距離を間違えて記載するということはあり得ないと思います。

安本　そういう議論になってしまえば何とでも言えるでしょう。第三点の人口密度の問題、第四の「南辺」と古田さんはいうけれど「南辺」などとは、史料のどこにも書いていないじゃないか、という問題は省略しましょう。

古田　あなたは質問したんだから、質問した人間が答を省略させるのはちょっとおかしいですね。

第三点、人口密度については、意味がないと言われる意味が判らない。安本さんのように北辺の高句麗側を長里と考えるなら、人口密度は五四対一になって矛盾がある。双方、短里と考えれば矛盾なく理解できます。

第四点も何を言っておられるかわからないのです。南辺が二千里とはどこにも書いてないとおっしゃいますが、高句麗は「方二千里」とある。ほぼ正方形を考えて縦横二千里ということですから、当然、南辺も二千里でしょう。

安本　こういう客観的なきめ手のない解釈論をいくらやってもしようがないとは思いますけれど、それではおつき合いします。

第二点について、大勢の人間が経験しているから間違いがない、とおっしゃるなら、私が先にひいた『後漢書』「劉表伝」の「北、漢川に拠る。地、方数千里」は、中国本土で、まさに大勢の人間が経験している。その部分だけ短里だとしたら、当然、その史書を読む多くの人が矛盾を感じることになるはずだと思います。

第三の人口密度。これはデータ不足で当時の人口密度なんて、誰にも判りっこないのですから「矛盾がある」と感じられるのは古田さんの「解釈」にすぎません。したがって議論をしても仕方がない。

第四点の高句麗の「南辺」。古田さんの説明では、あらゆる土地は全部正方形をなしているようにきこえる。私には、とてもあり得ないことだと思います。朝鮮半島と接する部分を問題になさっているようですが、接しているからといって、高句麗の「方」から考えられる幅が朝鮮半島の幅よりも小さいという議論は成り立たないと思います。旧満州は、朝鮮と接していても、朝鮮よりもずっと幅がひろかったことをお考え下さい。

古田　すべての土地は正方形であるなんていっているわけではなく、中国で、土地の面積を表記するとき、ほぼ、四角形と内接する形で理解する、その方法にすぎません。いい例は一大国——壱岐で、どうみても四角ではないけれど四角形に内接する形で表記している。その理解にもとづいて算出した短里が、『周髀算経』の短里数値と一致した、ということは、わたしの理解方法の正しさを証明するものだと思います。

安本　次の問題に行きます。古田さんは卑弥呼の墓の「径百余歩」に関連して、一歩は里の三〇〇分の一である。一里は七五メートルだから一歩は二五〜三〇センチであるとされた。これに対して市村其三郎さんが批判しておられます。『史記』の「始皇本紀」に「六尺をもって一歩とす」とある。したがって古田さんのいわれるように一歩が二五～三〇センチなら一尺は四～五センチになってしまう。『三国志』には劉備玄徳の身長が七尺五寸とありまして、古田さんによれば彼は「偉丈夫」なのですが、するとその身長は三〇～四〇センチということになってしまう。そんなことは現実にはあり得ないわけです。

ところが古田さんはこれに対して反論して市村氏の議論は成立し得ない。「寸―尺―丈」という単位と「歩―里」という単位は測定対象が慣例的に異なっており、両者は互いに接続しない別の系列だ、といわれました。

市村さんはこれに対して反論しておられませんけれど、この二つの系列の単位を接続して使った例はいくらもある。たとえば『三国志』より前の『淮南子』に、「一万一千里一百十四歩三尺六寸」、『三国志』より後の例としては『晋書』に「三十九尺三十二里七百十一歩二尺三寸」など。また類似の例では『史記』で阿房宮の大きさをのべて「東西五百歩、南北五十丈」と、東西については歩を使い、南北について丈を使った例があります。『三国志』に混用の例がないだけで、前後にはいくらもあるのです。『三国志』は中国史書の一つとしてみる必要がありますからね。

ところで『文化評論』の四月号で古田さんは私に反論され、つぎのようにのべておられます。「(安本氏は、)『山の高さ』は『丈』で現わして『里』では表記せぬ、とされた」こんなことは、私はのべておりません。古田さんの「寸―尺―丈」という単位と「歩―里」

という単位は「測定対象が慣例的に異なる」という論理を用いれば「山の高さ」を「丈」ではかった例は『三国志』に確実にあるから、「(天柱山)高峻二十余里道嶮しく」の「二十余里」は、古田さんの説くように「山の直高」を示すものではなく、「道のり」を示すことになるではないかと言っただけです。

つまり古田さんの論法にたった場合の、古田さんの議論の矛盾をついているのです。

こうしてぐるっとまわって結局、古田さんは私の説ではなく、古田さん御自身の議論を攻撃しておられることになる。議論がこのような、ヒョウタンでナマズをおさえるようなことになるのはなぜか。それは、古田さんの議論においては、つねにことばの定義が不正確で反論をうけると、いや、そのことばの意味は、そういう意味ではない。あなたは、私のいっていることを理解していない、といって、すこしずつ、意味をずらしていかれるからです。そしてついには、御自身の説を攻撃されるようなことになる。これでは、なるほど議論に敗れることは、ないわけです。尺度は、もともと、人間のからだの長さをもとにしているのですから、「寸—尺—丈」と「歩—里」とが、無関係であるはずがないのです。

古田　丈—尺—寸は、それぞれ十倍、十倍で一丈＝十尺という関係が成り立つ。里＝三〇〇歩は別の系列で、だからこそ二つの系列の関係をつけるために「歩＝六尺」という換算が入るのです。これは長里の場合でして、したがって短里になればほぼ一歩＝一尺となるから、一層、両系列は一緒に使いにくくなる。先にあげた『周髀算経』では、里、歩の下に寸を使わずに千四百六十一分の二百七十歩（分歩）というふうに分数の形で表現しています。また、漢代に起源し、魏になっていまの形になったといわれる『九章算術』や、その付録の『海島算経』は長里で書かれた本ですが、（適用しうるにもかかわらず）やはり里―歩に尺―寸を接続していません。算経十書では唐代の『五経算術』などではじめて両者の接続がみられます。一方、『晋書』などは長里の行われた時期の成立ですから、「里・歩」と「尺・寸」が適用されていても、不思議はありません。

次にわたしにとって肝心な点を申します。毌丘倹伝に「沃沮を過ぐること千有余里」（高句麗遠征）とあるのは、「挹婁、夫余《ふよ》の東北、千余里に在り」（挹婁伝）が朝鮮半島北辺で（以上の論証により）短里だとすると、これも短里です。ほぼ両者同一領域ですから。とすると、同じ毌丘倹伝に書かれた公孫淵遠征について、明帝が「四千里征伐」（明帝紀）と言っているのも、やはり短里。これが論証の心臓部です。〝天子が短里でしゃべっている〟のですから。

この帰結点から見ると、「韓伝、倭人伝だけ短里」という安本さんの仮説の不合理は明らかです。なぜなら「倭人伝の『一万二千余里』『七千余里』等について、魏使（帯方郡）が短里で報告し、被報告者（天子）が『長里』の概念で聞く」というのは、明白な背理ですから。つまり「倭人伝短里説」は「明帝（や斉王たち）短里説」を前提にしていなければなりません。

安本　あとの方の議論、三つにわけて、お答えします。

第一に、「邪婁、夫余の東北、千余里に在り」を短里であるとする古田さんの議論について。これと同一の文は、『後漢書』にもあります。したがって、一つの書のなかで二つの里単位が混用されるという「奇々怪々」が、そんなにしばしば起きてよいのかという議論の、むしかえしになってしまいます。「一つの本の中に二種類の『里単位』が同居しているとしたら、——そんなことは奇々怪々だ」などの古田さんの表現が不正確であることを、今一度指摘します。

第二に、「四千里征伐」の件。古田さんは、この「四千里」を、「遼東郡」での戦闘領域内の距離をさすとされます。これに対し、山尾幸久氏・牧健二氏・白崎昭一郎氏・阿倍秀雄氏は、洛陽から遼東までの距離をさすとします。私もまた、山尾氏などの見解に賛成です。「四千里征伐」は、長里で書かれていると思います。長里説をとる人は、とうぜんそう考えていると思います。

第三に、「韓伝・倭人伝だけ短里」とする私の考えについて。

元禄時代に、オランダの医師として来日したドイツの博物学者ケンペルは、『日本誌』をあらわしました。その中の長崎から江戸までの経路をのべたところで、ケンペルは、つぎのように記しています。

「日本の里程では、里という長さは一定しない。九州島および伊勢の国では、五〇町をもって一里とし、その他では、一般に三十六町をもって一里としている」

また、戦前の本ですが、陸軍中将であった吉田平太郎氏は、その著『蒙古踏破記』において述べています。

「一寸支那里につき一言すべし。支那の六、七里が日本の一里に相当する所と、十里が一里に当る所とありて一定せず」

千数百年まえ、日本よりも広い中国において、時代的・地域的にさまざまなモノサシが用いられた可能性があります。

『三国志』の著者陳寿は、直接日本に行ったわけではありません。陳寿が利用した資料には、さまざまなものがあったでしょう。そして、私は、陳寿が、もとの史書・資料にあった「里数」は、それを尊重し、そのまま『三国志』にのせたと思うのです。陳寿が、どの地方で、どのような里制が行われていたかを正確に知り、それを統一的に換算することは、困難であったと思うのです。古田さんですら、同一の史書に、二種類の「里単位」が同居しうることを、あちこちで、認めざるをえなくなっているのではないですか。

以上、三つにわけてお答えしました。

「安本さんの仮説の不合理」などは、すこしも明らかになっておりません。

邪馬台（一）国の所在

野呂　非常に時間が残り少くなってしまいましたが、「邪馬台（一）国」の所在について時間の許すかぎり話していただきます。

安本　なるべく客観的に議論できる問題に限定したいと思います。古田氏は弥生時代の遺物の分布をとりあげて「邪馬一国は博多沿岸にあり」と帰結しておいでです（『ここに古代王朝ありき』一九七九年、朝日新聞社）。私はそれに対して邪馬台国の中心は、もっと南の甘木市のあたりと考えています。その一つのデータとして大阪の千里にある国立民族学博物館の小山修三氏が欧文の『千里民族学研究』に発表された「縄文時代の暮しと人口」という論文（Jomon Subsitence and Population, "Senri Ethnological Studies" No.2）のデータを引用しました。小山氏は遺跡地図にのせられている生活跡のデータをコンピュータに入れ、時代別に分類し、人口推計を行われたのですが、いまの問題に関係のある弥生時代の部分についてみると、九州の人口の中心部は博多湾岸にはなくて、北九州の中央部（甘木あたり）から筑後にあることは明らかです（安本二四三ページ以下）。

これに対して古田さんの最近の論文（「邪馬壹国の証明」『文化評論』一九八〇年四月号、これに対する私の反論は「『邪馬壹国』論の崩壊」『文化評論』一九八〇年六月号）で、これは「安本氏の犯された大きなミス」だという。古田氏が小山氏を訪ねたところ「氏は安本氏の使用の仕方を見て驚かれ、この地図をそのように使用するのは不適切である旨、刻明に告げられたのである」とのべられています。そして千平方キロのメッシュ（網の目）を使ったために「筑後北部と筑前南部（春日市付近）は同じメッシュに入っているけれど、春日市・太宰府近辺に遺跡の濃密なことは、十分意識していた」と古田さんに語られたという。

この小山さんが驚かれた、というあたり、古田さんの主観が入っている表現に思われたので、私は小山さんに約一時間ほど長距離電話をかけて、そこのところを伺いました。すると、私（安本）の使用の仕方をみて驚かれたのではない、「私（小山）の杜撰な論文が用いられていることに、驚いたのです」（できるだけ小山氏のことばのまま）ということでした。また「春日市・太宰府近辺に遺跡の濃密なことは、十分意識していた」などという事実はないそうです。そもそも、春日市はともかく、太宰府近辺には、それほど多くの弥生遺跡がないのが実状ではないでしょうか。太宰府の近辺は、もうずいぶんていねいな発掘が行われています。太宰

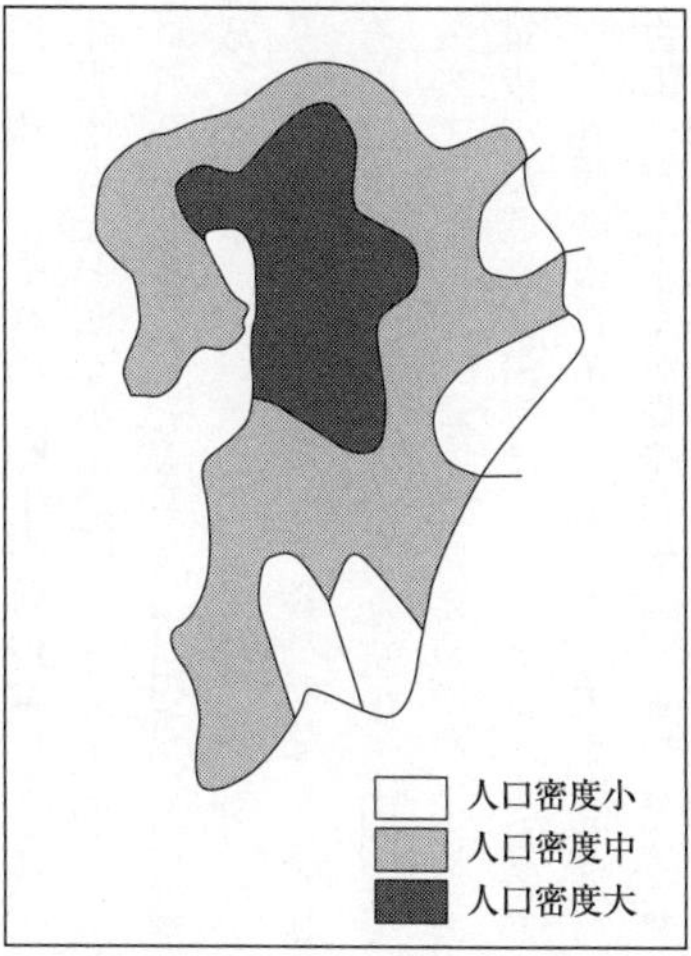

弥生時代の人口分布（小山修三氏）

府近辺に、それほど弥生遺跡のないことは、太宰府にある九州歴史資料館の考古学者、亀井明徳氏などにうかがえばすぐわかることです（亀井氏には、『西都大宰府』〔NHKブックス〕などの著書があります）。古田さんの反論には、相当に古田さんの「解釈」が入っていることを言っておきます。

古田さんは、どの考古学者の本をとっても三世紀の九州北岸にはろくな出土物がない。その他の九州となると有名な筑後・山門など「寥々」「寂寞」といった方がよい、とされるのですが、本当にそう言えるのか。さきの弥生時代の人口分布図を今一度ごらん下さい。博多湾岸が、九州の人口密度のもっとも大きい地域の中心になっているでしょうか。筑後川流域有明沿岸は、もっとも「人口密度大」のところではないでしょうか。

古田　安本さんが長時間電話で尋ねられた翌日、偶然わたしが小山さんにお電話したところ小山さんは、この図はもっと巨視的な図であって、筑前・筑後の比較といった微細な比較をするというには適切ではないということを肯定され、特に「巨視的」という言葉をくりかえし強調しておられました。また「驚かれた」のは二点ありました。第一に自分の図が使われた点、第二にあまりに「微視的」な使われ方を（安本さんによって）された点、この二点です。これらは小山さんが現におられるのですから、確認すればすむことです。

つぎの弥生遺跡の濃密云々については、わたし自身の観察というよりは、中山平次郎さんの強調しておられる点をうけついでいます。中山さんは最初、筑後・山門説が正しいと思われたが、春日市・太宰府あたりから南へ行くにつれて遺物が激減する。山門郡あたりでは非常に少くて無理だというので、近畿説にかわってしまわれるのです。

現在の出土物の分布をみても同じことはいえると思います。樋口隆康編「大陸文化と青銅器」（『古代史発掘』5 講談社）による青銅器の出土数、あるいは広島大学のたたら研究

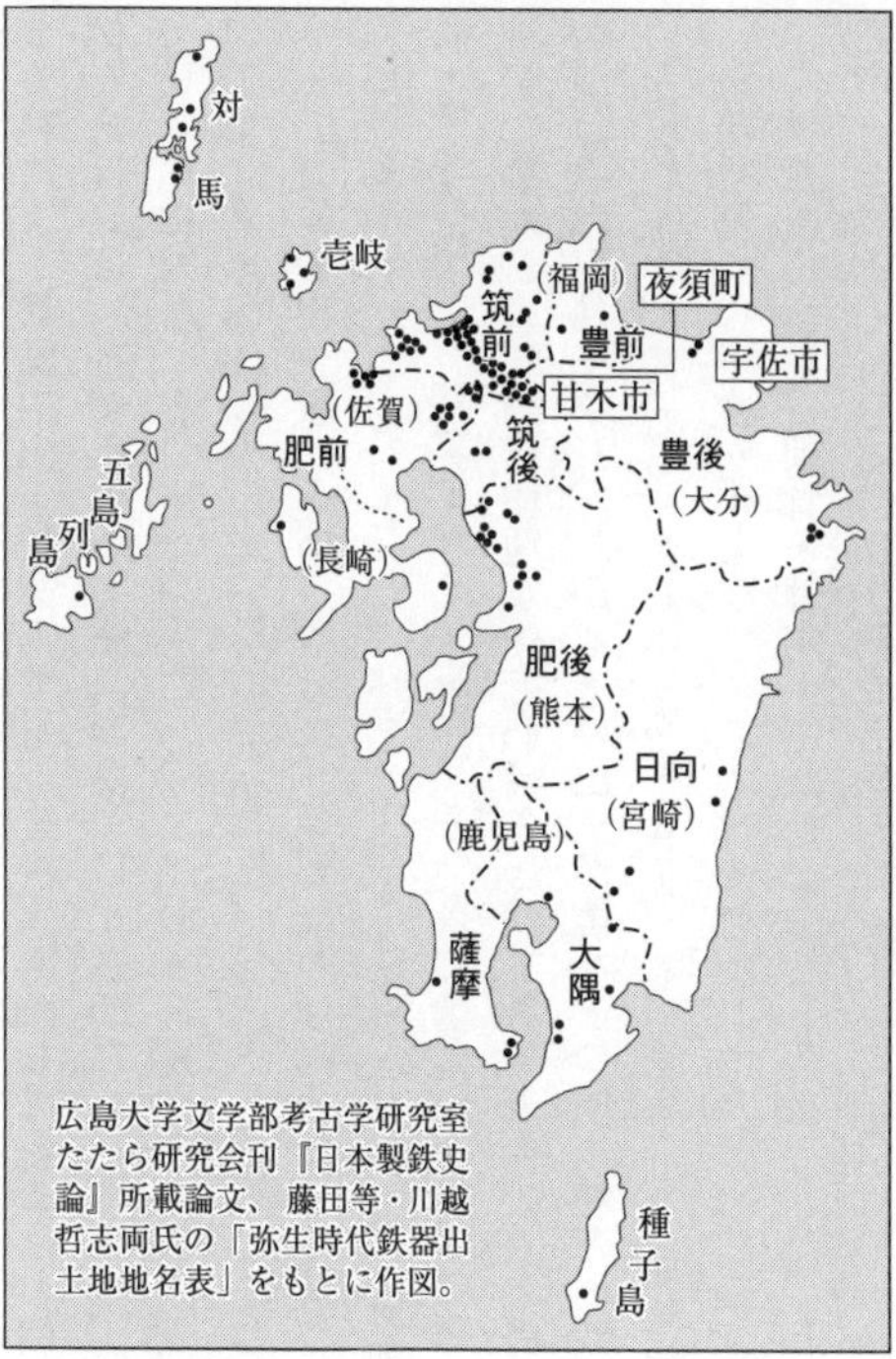

広島大学文学部考古学研究室たたら研究会刊『日本製鉄史論』所載論文、藤田等・川越哲志両氏の「弥生時代鉄器出土地地名表」をもとに作図。

弥生時代鉄器の出土地点

会資料による鉄器の出土数をみても、筑後は激減しています。例えば鏡について多数出土例をあげれば、福岡県内でも糸島半島では平原《ひらばる》四二、三雲三五、井原二一面の鏡が出土しているのに対し、春日市は須玖二〇～二二面。筑後も朝倉も出土例はない。ガラス製品・勾玉類、あるいは弥生出土の鉄製武器についても、筑前（ことに糸島・博多湾岸）とくらべると筑後の出土数は少い。さらに、重要なのは銅矛などの鋳型の出土地が福岡県の博多湾岸に集中していることです。（ここで銅器と鉄器について、「筑前」と「筑後」でなく、「糸島・博多湾岸」と「朝倉・甘木・筑後」とに分けた表四枚を提示）鏡は甕棺から出土するので、神聖な墓地と人間の居住地を一応わけるという考え方も成立し得るとは思います。しかし鋳型は生産用具ですし、しかもその出土が鏡などの出土地と一致するのですから問題はないと思います。（なお、わたしは「朝倉・甘木」も「筑後」も、邪馬一国の内部と考えています）

　最後に肝心の一点を申します。二人はそれぞれちがう方法論でちがう仮説をたて、安本さんは筑後川流域、朝倉・甘木のあたりを中心と考えられた。わたしは糸島・博多湾沿岸と考えた。そして考古学出土物を各種対比してみた結果は、一致して糸島・博多湾岸優位を示している。これによって、はじめは一見「水掛論」に見えた、どちらの仮説が本当に正しかったか、それが的確に証明されたといってよいのではないでしょうか。わたしは「仮説と検証」とはそういうことだと考えます。

安本　古田さんは筑前と筑後の比較を強調されましたが、甘木市周辺を考える私の場合も筑前の領域にはいりますから、筑前・筑後の比較は、あまり意味がありません。

いまの御発言で、いちばん重要な論点は、中山平次郎さんに関する御発言だと思います。古田さんは、中山氏と御意見が一致するかのように説明されましたが、古田さんの御意見と中山説の間には実は重要なくいちがいがある。中山氏は、北九州の弥生時代を推定するのに、貨泉などを手がかりとされました。貨泉なら時代を確定できます（貨泉は、前漢と後漢の間で、王莽がたて、十五年ほど続いた「新」の国の貨幣）。貨泉は、九州北部から出ます。貨泉は、もちろん三世紀以前、一世紀前半のものなのです。つまりヒミコの時代のものではない。したがって邪馬台国は九州ではない。これが中山先生の重要な論点だったのです。ですから、古田さんがその点をはっきりしないで中山氏の分布のみを取り上げるのは間違いだと思います。北九州の青銅の出土品を古田さんのように三世紀まで下げるという考えは、中山平次郎さんになかった考えです。古田さんのように、時代を下げると非常に問題が起きる。この点については白崎昭一郎さんが、かなり詳しくのべておられます。すなわち、もしも古田さんがいわれるように糸島半島の三雲遺跡を、三世紀初頭ぐらいにさげて考えるとすると、「これら前漢式鏡は約二百年も伝世されていたことになります。この時代となれば、当然、後漢鏡も渡ってきていたはずですから、それが一面もはいっていないのは不思議なことです。仿製鏡と考えたとしても事情は同じことで、三雲の人々は二百年前の鏡のみを手本にして鏡を作り、近い時代もしくは同時代の鏡にはまったく関心をもたなかったことになります。このように不自然なことがあり得るでしょうか……このように古田氏の新説を検討してゆくと、三雲・須玖・井原の各遺跡の年代について収拾のつかない混乱に陥るばかりで、何ら新しい展望は開けてまいりません」（白崎昭一郎「大局から見た邪馬台国」『季刊邪馬台国』一九八〇年三号）

ところで、それではなぜ小山さんの地図では、古田さんが「寥々」「寂寞」とされた地域の人口密度が高いのか。これは簡単なことで古田さんのあげなかったデータ、つまり土器の類がたくさん出てくるからです。最近も、私が邪馬台国の中心ではないかと考える甘木市近くの馬田から百二十個もの甕棺が出土しました。一緒に鉄鏃も出ました。

私は弥生後期、まさに邪馬台国時代、三世紀の出土品といえるものとしては、鉄製品をまずあげるべきだと思っています。これは多くの方が、異論をあげにくいと思います。弥生時代の鉄器の出土分布については、私の『高天原の謎』（講談社現代新書、一九七四年）に図を挙げておきましたが、福岡から夜須町・甘木市のあたりに密集している。時代によって銅器・鉄器・土器などいろんな器物の中心地は微妙にずれているのです。

古田　ヒミコが魏からもらった鏡は何であったとお考えですか？

安本　だいたい後漢鏡中心ではないかと思います。しかし『三国志』の記事だけでは断定することはできないでしょう。また魏からもらった銅鏡百枚が、どの程度、遺物としてのこるかについては疑問があると思います。

古田　では、その後漢鏡について、糸島・博多湾岸（北）と朝倉・甘木・筑後（南）と、どっちが多いですか。

安本　朝倉・甘木は筑前ですから筑後と一緒にするのは問題があります。後漢鏡は北の方が多いでしょうね。

古田　前漢鏡はどうですか。

安本　やはり北ですね。しかし鉄になると、すでにのべたように分布の中心はずれてきています。

古田　だったら、どっちとも、北ですね。三角縁神獣鏡なら、近畿になりますよね。鏡については、朝倉・甘木が多くはないことはお認めになりますか。

安本　そうですね。大体認めていいですね。

古田　そこで「鏡は最高度に重要なものだ」と原田大六さんが力説しておいでですが、どう思われますか。

安本　そうですね、大体認めていいでしょうね。ただ、原田大六さんは、中山平次郎さんと同じ立場に立つ人ですよ。

古田　その最高度に重要なものが、前漢鏡・後漢鏡いずれにしても、南でなく北が中心なわけですね。

安本　あ、そこがちょっと違うんです。鏡がなぜ北方に分布するのか。たとえば人口密度からいったら、壱岐などより、はるかに少いはずの対馬に、壱岐よりもずっと多くの鏡をふくむ弥生銅器が出土する。「魏志倭人伝」は「方四百余里」で面積の大きい対馬の戸数を「千余戸」とし、「方三百里ばかり」で、面積の小さい壱岐の戸数を「三千余戸」と記す。これによると「対馬」対「壱岐」の人口密度は、約一対五となる。弥生銅器の分布が、人口分布とは一致していない。以下は仮説にすぎませんが、鏡や矛は祭祀用具として重要だったのではないか。それは、外国と接触する機会のあるような土地に「敵国調伏」的な意味をもつ祭具として広く用いられたのではないかと、私は思うのです。

古田　対馬の広矛などの多量分布について古田はどう説明するのか、と御本にも書いておられたので関連して一言のべさせていただきます。ヒミコがいた博多湾岸から対馬に大量の広矛・広戈を送っていたのは、ヒミコ自身の歴史的意味からくると思います。安本さんはアマテラス＝ヒミコとお考えですが、わたしはアマテラスは弥生前期に属すると考える。倭国が乱れた後でヒミコが登場した秘密は、かつて女性の王者を中心に繁栄した時代があったという神話伝説が倭国の人々に信じられていたという、いわば共同幻想によると思うのです。その神話の主、アマテラス、実はアマテル（阿麻氐留）オオカミの領域は壱岐・対馬に根元があった。「延喜式」にもアマテル神社が対馬にあり、場所は変りますけれど現在でもあります。ヒミコは王者になった後から、その祭祀に広矛などを運んで「聖地を〝守衛〟させた」のだと思います。

土器の出土は庶民の存在をしめします。これに対し、権力中心を考えるには、やはり金属器、珠玉などをもって考えなければいけないのは、当然です。

それから、さっき「古田の図は三世紀でない、私は通説に従う」といわれたが、広矛・広戈やその鋳型は通説でも三世紀ですよ。ですから、この問題を除いて権力中心を考えるのは、おかしいわけです。これによると、やはり中心は博多湾岸です。

安本　広矛・広戈は、対馬からも多く出、筑後・肥後からもでています。また広矛などの件は、さきに引用した白崎さんも反論しておられるので、それを御参照いただければと思います。時間がありませんので。古田さんのように弥生前・中期のものをふくめた青銅器の地域的分布に力点をおいて邪馬台国時代の権力の中心はどこかを考えるのは、時代にずれがあるので無理があると思います。とくに、前漢鏡までもち出されての議論は、すでに白崎氏が論破しておられるように問題になりません。

小山さんによれば、さきの人口密度分布は、機械的に処理したものだから、機械的にみてほしいということでした。「魏志倭人伝」には、各国の人口の分布は書いてあっても銅器の分布状況などは書かれていないわけです。やはりこの人口密度のもっとも高い地域と重なっている甘木・朝倉あたりに中心をおき、筑後川下流にひろがる方向に弥馬台国七万余戸を考える方が素直であると私は思います。博多湾岸では、元禄十四年の統計でも七万余戸をおさめきれません。

司会を終えて

息詰まる七時間

野呂邦暢

古田武彦氏と安本美典氏の論争は、四月二十六日、神田駿河台にある山の上ホテル四階の一室でおこなわれた。

始まったのは午後二時、終わったのは午後十時である。とちゅう、夕食のため約一時間の中休みをとった。実質七時間にわたる白熱した論戦ということができる。冷房が入らない時季であったので、部屋の温度がややむし暑く感じられた。本誌編集長以下三人の編集者が立会い、司会をした私と速記者を入れて合計七人である。

古代史についての論争もしくは対談が、これまで何回あったか私はつまびらかにし得ないが、それらはおおむね和気あいあいとした雰囲気のうちに進められたらしいことは、記録を一読してうかがうことができる。しかし、今回の論争はのっけから緊迫した空気で始まった。進行するにつれてその緊迫感は高まり、息苦しささえ感じたほどである。なれあいはお二方とも拒否した。まずは理想的な論争といっていい。

安本氏は論点が嚙み合わないと、執拗に古田氏を追及した。司会者は最小限度に発言を控えることにした。論点が嚙みあわないのは論争における宿命のようなものである。お二方は鞄に一杯の資料（書籍、パンフレットなど）を携行してきており、それらをテーブルにつみあげて議論の一助とした。

安本氏は数理文献学が専門である。恣意的な解釈によらず、現象を定量的に分析しようとする。あいまいさに対してきびしい態度でのぞむのである。そのきびしさは古田氏もまた同じなのだが、どちらかといえば数学に強い安本氏の要求する「客観」の基準と、古田氏の考える「明証」の基礎は、初めからくいちがっているように感じられた。ものさしが異なるのである。いずれのものさしで古代史を測れば正しいのかは、文字となったお二方の発言を読んで、読者が判断すればいいことだ。

安本氏は小黒板を用い、その主張を文字にしながら議論を展開した。学校の授業ではあるまいし、書く時間がもったいないから、話すだけにしてもらいたいと、古田氏の抗議があったけれども、傍聴者には黒板の文字が理解に便利であった。

安本氏は今年初め『「邪馬壹国」はなかった』を著わし、古田氏はそれに対し、講演「安本美典氏に答える」によって反論している。論争の下地は充分にととのっていたと見なしてさし支えない。四時間の予定を大幅に超過した対談になったが、それだけ、みのりはあったと私は考えている。明白になった論点もあり、ならなかったものもある。言葉はそれ自体が明白である。あいまいな点は言葉に表われてしまう。

お二人とも求める答えが得られないとき、興奮することはあったが、終始、冷静さは失わなかった。これは勝敗を争う論争ではない。くいちがいはくいちがいとして、お二人の主張をはっきりと明確にすることが出来た点は一つの成功と私は考える。

この稿を御執筆の直後に、野呂邦暢氏は急逝されました。つつしんで御冥福をお祈りいたします。

『歴史と人物』編集部

討論を終って

邪馬一国の方法と検証

古田武彦

わたしは今回、論争対談の醍醐味を満喫させてもらった。

思えば氏は何年か前、わたしに会うことを求められた。そのさい「あなた（古田）とわたしとは批判し合わず、一緒に某々氏等を批判することとしたい。」という〝申し入れ〟を行われ、当然ながらわたしは丁重におことわりしたことがあった。それ以来のことである（講演会を除く）。

さて中心国名をめぐっての堂々めぐりめいたやりとり、それが幕明け、そして蜿々七時間の末、ようやく帰趨が見えた。

氏の戦法は、質問攻めで〝全時間をつぶそう〟とされたようであった。従って自説を堂々と展開する、そういった姿勢は全く見られなかった。これに対してわたしの場合〝自説を体系的に明確にのべ切る。それが氏の揶揄・論難に対する、何物にも勝る回答。〟そう思っていた。対談の経過は、それを裏書きしたようである。

ただ当初の予定時間（四時間あまり）は、氏のペースで〝使い切られた〟ため、残り時間が気になった。しかしそれを振り切り、己が論証の連鎖や新しい「周期の短里」の命題などをようやくしてのべ切ることができたのである。その呼吸が対談速記に表現されていれば幸だ。

　わたしのポイントは二つあった。その一つは「短里」問題だ。朝鮮半島南半から北半へ、挹婁《ゆうろう》から遼東へ、遼東から洛陽へと、その「同一単位」の論証を連鎖させる。その「上《あが》り」は明帝の言葉「四千里征伐」だ。その心臓部から倭人伝をふりかえるとき「魏朝への報告者が短里、被報告者が長里の認識に立つことなど、ありえない。」これこそ小・中学生でも分る道理だ。そして氏はこの道理の前で、しばし〝絶句〟されたのである（そのあと答えられた江戸期や明治の事例など、全くの見当はずれだ）。

　その二つは「仮説と検証」問題だ。〝邪馬台国でなく、邪馬一国という史料事実から再出発せねばならぬ。〟わたしが「邪馬壹国」（史学雑誌一九六九・九）で初めて書いたこの命題は、わたしの依って立つ公理、史料の処理法による限り、それは自明だ。だが、それを「自明」とせず、他の立場（三世紀の史書と五世紀以後の史書を「同列」に並べて処理する立場）に立たなければ、従来説は〝維持〟できない。これが安本氏と他の論者（井上光貞・白崎氏等）との「共同戦線」の場だ。従ってこの命題だけをいじっても、答は出ない。基礎の公理がちがうからだ。では、全く出ないか。否か。鍵は考古学上の出土分布図だ。誰

〔弥生後期の鉄器〕	武器（大型）	鏃	農工具	その他	計
糸島・博多湾岸	4（刀片若干）	5	11	3	23（刀片若干）
朝倉・甘木	4	2	4	1	11
筑後	4	1	2	1	8

（「弥生時代鉄器出土地地名表」藤田・川越氏による）

の論証の帰結がそれと合っているか。これが正念場である。

この点、日本列島全弥生期中、抜群の質と量、それは糸島・博多湾岸を中心とする筑前中域に集中している。決して朝倉・甘木をふくむ筑後川流域ではない。すなわちわたしの方法論が是、氏の方法論が非、それが検証されたのである。

この出土物について氏の議論はあいまいさと誤謬に満ちていた。一方で「通説による」とし、他方で「卑弥呼の鏡は後漢鏡が主」と言い（通説では三角縁神獣鏡）、「古田の分布図は全く三世紀に当らない」「鉄器だけは別」とし、「広矛・広戈とその鋳型は三世紀。これは通説ですよ」と言うと、困惑して話題をそらされた。また小山さんの分布図は(A)金属器・ガラス器・珠玉・絹類と(B)土器類を〝等質〟に扱った図だ。だから「都の中心」を求めるには不適当だ。やはり前者(A)によらねばならぬ。この明白な道理からも目をそむけられた。また〝弥生後期の鉄器だけは筑後川流域の方が多い〟かのような言辞、これも事実に反する。上表のようだ（糸島・博多湾岸の分は、弥生期最大の「五尺刀」や「原料鉄」類を含む）。また中山平次郎氏の場合、右の(A)についての議論であること（当然のことだ。）を〝見まい〟とされる。また中山氏とわたしと立場の異なることなど当然。同じならわたしも近畿説になってしまう。中山説批判はすでに詳記した(『ここに古代王朝ありき』朝日新聞社)。氏はこれを〝無視〟されたのである。

また今回強く印象づけられたのは、氏の統計の基礎をなす〝資料処理法〟の〝不精密さ〟だ。対談でふれた、倭人伝の「誤りが定説」問題も、右の出土物の認識も同じだ。この点、十年前も今も、変りがない。あの、くどく主張された尾崎論文の問題も、調べてみると、やっぱりわたしの言った通り。「梵語音」や「唐代の詩人の作品」や「仏典漢訳」等に「字義をはなれた表音的用法」を見出し、その仮説から倭人伝をも解そうとされた論文なのである。

要するに〝いかに流暢な弁舌をもってしても、自己の背理をおおい隠すことはできない。〟氏はこの一事を、今回の対談において、絶妙に〝証明〟されたのであった。

最後に邪馬一国研究史上画期的な谷本氏の証明について、深い機縁の存したことを記させていただきたい。氏は昭和五十年頃(京大工学部学生当時)、わたしの家へ絶えず来ておられた。その前、わたしの本の熱心な読者として手厚いお便りをいただいて以来のことであった。わたしも氏に最近の発見を語るのを楽しみとしていた。そのある日、氏は〝周髀《ひ》算経では「一里=七六~七メートル」となっていた〟として、その計算をしめされたのであった。この重要な発見の「公開」が(東京に就職された後の諸発表に先立ち)、わたしの家の夕食の食卓を囲んで先ずなされたこと、それを今なつかしく想起するのである。

〈補〉三雲遺跡は前漢式鏡と共に「戦国式鏡」を出土し、須玖岡本遺跡は前漢式鏡と共に「夔鳳鏡《きほう》」（三世紀）を出土した。この点を白崎・安本氏は見のがしておられる（この問題の論争史とわたしの立場は改めて詳論したい）。
出土物については『ここに古代王朝ありき』所収図参照。

（五月七日、伊豆の下田〈野性号Ⅲ出帆〉の地にて、野呂氏の訃報を聞く、茫然。「何ぞ我に先立ちたまう。」天に呼べども答なし。古田哀記）

討論を終って

古田武彦説の破産

安本美典

司会をされた野呂邦暢氏が、なくなられた。温顔に、ふたたび接するなきか。ショックである。御冥福を祈ること切である。

さて、七時間余の論戦は終った。本文をお読みいただければわかるように、古田説は、その根拠を失い、破産している。起死回生の法があるとすれば、それは、ただ一つ。お互の原稿も、校正も読めないことになっているこの「討論を終って」の欄を、利用することであろう。たとえば、当日出なかった根拠をもとに、私に反論を加えることである。これなら論戦の場と違って、再反論をうけることはない。ただ、論戦の場で古田氏のだされた根拠は、ほとんどすべて、根拠といえる種のものではなかった。また、その「論理」は、粗雑としかいえぬものであった。さらに、当日反論できなかったことじたい敗北を証明するものである。あるいはまた、「心理的詐欺」でもなんでもないものを、「心理的詐欺」とするような、巧妙なレトリックにより、あるいは泥試合にもちこみ、あるいは「敗北」を

「勝利」であると宣伝する方法も考えられる。「事実」における敗北を、「ことば」によってとりかえす方法である。古田氏の最大の武器は、「ことば」レトリックである。本文にみられるように、古田氏の議論においては、「事実」と「ことば」とが、たえまなくずれている。しかし、どのような牽強付会も、結局はむなしい。当日の論戦を、古田氏がどのように「解釈」し、位置づけようと、本文を読めば、古田氏が、ことごとく論破され、追いつめられ、遁辞に遁辞を重ねていることは、明白である。「ことば」によって、「事実」を変更することはできない。

古田氏はいう。

「自分がすでに提出していた学説の手前、自己に不利な証拠を前にして見苦しい弁明を行う。それは男の、いや人間のとるべき態度ではない。わたしはそれをもっとも嫌悪する。」（『関東に大王あり』）

古田氏が、見苦しい弁明を行い、自己嫌悪におちいることのないことを、切に祈る。

古田氏の議論には、現代科学の共通の基盤の上にたっている部分が、ほとんどない。

私は、『卑弥呼の謎』（講談社現代新書）の中で、邪馬台国問題の研究の良否を判断するめやすとして、つぎのようなことをのべた。

「とっている方法が、現代科学の共通の基盤の上にたっているものであること、つまり、その時代の科学技術の進歩に呼応できるものであること。科学は、どんな科学でも、それだけで孤立してしまうと、みずからの科学性を喪失してくるものである。」

古田氏の議論は、「私はこう解釈する」という「解釈論」に終始している。そこでは、「二つの解釈として、そういう解釈も可能だ」というていどの議論が、つぎつぎと提出されているだけで、古田氏の解釈が正しいという客観的モノサシ（時をはかる時計にあたるもの）の提示がない。

いま、「国名問題」のみ、整理してみる。

古田氏の「邪馬壹国論」の二大支柱は、「臺と壹との統計」と、「臺の字は神聖至高の文字論」とである。

このうち、「臺と壹との統計」にもとづく、古田氏の推論は、現代統計学の立場からは、まったく誤りといえるものである。

「神聖至高の文字論」をとりあげる。本文でものべたように、「神聖至高の文字」などというのは、客観的な「事実」ではなく、古田氏の「解釈」にすぎない。

私は、古田氏に、「神聖至高の文字」の定義をもとめた。これに対し、古田氏は、「天子の宮殿および天子直属の官庁」をさす文字のこととされた。そこで私は、『梁書』の例をあげた。そこでは、「臺に還りて高祖に礼拝す」など、「臺」が「天子の宮殿および直属の官庁」をさしている。しかも、一方、『梁書』では、女王国の名を「邪馬臺国」と記し、「臺」の字を用いている。古田氏によれば、「神聖至高の文字」は、東夷の女王国の名を記すのに用いられるはずはないのに、ここでは、それが用いられている。これに対し、古田氏は、それは、時代がちがうからだと説明される。読者は、よく考えてごらんになられよ。古田氏の、「神聖至高の文字」の定義は、定義にもなにもなっていない。

古田氏の邪馬壹国論の二大支柱は、ともに完全に崩壊している。

現在、私たちの手もとにある『三国志』刊本は、十二世紀以後のものである。一方、三世紀の卑弥呼の国について、古田氏は、「疑いなき邪馬一国」とのべ、「邪馬臺国」という表記は、「絶対に」存在しえない、ととく。三世紀と十二世紀とのあいだには、九世紀のへだたりがある。「絶対に」などとのべるのなら、その間に、誤写も誤刻も、一切なかったことを、「証明」しなければならない。が、そのような「証明」はない。その「証明」ぬきで、なぜ、「疑いなき」とか、「絶対に」などとのべることができるのか。現行刊本の「邪馬壹国」は、「邪馬臺国」の、たんなる誤写、誤刻と考えた方が、すべての事態を、古田説よりも、はるかに簡明に説明できる。古田氏は、「誤写」あるいは「誤刻」にもとづいて、一大学説を立てられた可能性が、きわめて大きい。今や、古田説をささえるものは、信念のみである。

私は、議論は、論旨が、はっきりしていないといけないと思う。簡明な理窟を、ていねいにつみかさねることが、「論理」の根本である。だから、私は、今回の「論戦」を、できれば、一問一答形式で、用語の意味なども確認しながら進めたいと思った。しかし、そのような形の議論は、まず不可能であった。

古田氏は、いったん口をひらかれると、話は、あっちにとび、こっちにとび、つぎからつぎへと新たな命題をのべられる。その諸命題のうちの一つをとりあげて反論すると、それに対してまた、多くの命題がでてくる。命題の数は、鼠算式にふえて行きそうになる。

（本誌掲載のものは、それが整理されている。）

思うに、「論理」とか「科学」とかいうことばを、古田氏は、しばしば用いられるが、それは、古田氏が、主観的に「論理」とか「科学」とか名づけておられるものであり、「科学」でふつうに言われている「論理」とは、無関係のものとみるべきである。

このような方法で議論して、「邪馬台国」について、なにがわかるというのか。

破産をすれば、思わずそうかと思わせる弁論により「いや、銀行の方がつぶれたのだ。」という。それは、レトリックとはいっても、「論理」とはよばない。

「必勝の信念」と「竹ヤリ」と「大本営発表」だけでは、妄想的勝利しかえられない。

宿舎にあてられたのは品川プリンスホテルである。品川も高輪のというから、かの有名な高輪ホテルかと思ったら、国電品川駅のなな め前にある白塗りのビジネスホテルであった。

福岡から空路往復する飛行機料金、朝と昼の食事代、三泊分のホテル代と聴講料がこみで四五、五〇〇円である。高輪プリンスのような高級ホテルに泊れるとかんちがいする方がどうかしている。古代史シンポジウムの参加者は一、一〇〇人と聞いた。うち一、〇〇〇人が東京とその近郊からの聴講者である。一〇〇人が地方からということになる。それぞれ生業をほったらかし、時間と費用のやりくりをしてかけつけた人々であろう。香港やソウルへ物見遊山に出かける連中とはちがう。ホテルについたのは午後であった。シンポジウムの聴講をするのは初めてである。先年、博多で催されたシンポジウムには時間がなくて聴きに行かれなかった。今回は希望者が定員をかなり上まわって、PRにあたった広告代理店は整理するのにひと汗かいたという。

いい時代ではないか。国家成立の謎というテーマをめぐる討論に興味をもって全国の津々浦々から庶民が集まってくるというのは、日本だけの現象であるように思える。戦後三十三年の平和がもたらしたといってすませられることではないだろう。一般的な教育水準の高さだけにも理由を求められない。まして経済成長の結果が古代史への関心を高めたともいえない。これら三つの要素がからみあったものが現在の古代史熱の要因となっているようである。

部屋は六階、編集部の田村さんと隣りあわせになっている。鳥籠さながらのせまくるしい所だが、ビジネスホテルはたいていこんなものだ。旅装を解いた田村さんが私の部屋にやってくる。

「見たところこの六階はほとんど地方からの参加者に当てられているようですね」

といわれて私もそんな気がすると答えた。

ロビーで、あちこちに群をなしていた人々は、それぞれひと癖もふた癖もありそうな面構えである。どことなくただのビジネスマンとは感じが異なる。しろうとの古代史研究者にはある種の雰囲気が漂っているものだ。六階の廊下で、私はそういう人たちとなんべんもすれちがった。

梓書院の営業と編集の二役をかねている田村さんは東京の支社に顔を出してくるといって私の部屋を去った。ベッドにねそべってツェーラムの「神・墓・学者」を読む。昭和三十七年に出た初版の改訳で、奥付を見ると昭和四十六年刊になっている。私はこれを初版で読んだのだが、なにせ二十五、六歳のころとて有り金がとぼしくなったとき古本屋に払い下げてしまった。その後また読みたくなり、あちこち探していたのだが、なかなか見つからず、ようやく先日、新刊書店で改訳を発見してとびたつ思いで手に入れたのである。

副題に「考古学の物語」とある。ただの入門書と早合点するのはまちがいだ。ドイツ人ツェーラムは考古学の専門家ではない。一九一五年ベルリンに生まれ、二次大戦に従軍して捕虜となり、戦後は文学、演劇、映画の批評を書き、各地を旅行して本書の準備をしたという。欧米にはツェーラムのようなジャーナリストが多い。紋切型の新聞記事しか書けないわが国の記者とは大ちがいである。

ツェーラムは本書の他に「狭い谷・黒い山」を書いている。副題は「ヒッタイト帝国の発見」。これも邦訳されている。「神・墓・学者」はベストセラーになり、ドイツだけでも一九五九年に六十六万九千部に達し、一七ヵ国語に翻訳されているという。

シュリーマンのトロヤ発掘、シャンポリオンのロゼッタストーン解読、カーターがしたツタンカーメンの墓陵発見（これは余談ながらリーダーズダイジェスト誌の最近号にその内幕がバクロされている）、バベルの塔、モンテスマ二世の宝、目次からざっと拾いあげただけでも、古代学の全話題をモーラしていることがわかる。

ツェーラムがジャーナリスティックにあるいはセンセイショナルに考古学を面白おかし

く書いたのなら何もベストセラーにはなるいわれはない。彼は考古学を「その味気なさ、その退屈さは定評のあるところ」ときめつけている。無味乾燥な学問をツェーラムは人間の物語に作り変えた。「わたしが問題としていること」と題された序文には「研究者や学者の仕事を、とくに彼らの内面的緊張や劇的な結びつきを、人間的なつながりのなかで描いてみることだった」とある。

いうは易く、行なうはかたし。じっさいにツェーラムの念願をわがものとして考古学の世界に挑んでみても、願望と実行はおのずから別ものであることがわかるだろう。むずかしいことをわかりやすく書くことは並大抵のことではない。専門家と同等、いやある場合にはそれ以上の知識がなければ果たせない。

なぜなら、専門家は自分の研究対象だけ知っておればいいのだが、ツェーラムの場合はそれを人間的なつながりのなかで描こうとしているのだから、いきおい他の分野との比較かねあいが要求される。凡庸なジャーナリストの才能ではまずむりというものだ。才能がいくら豊富だとしても不可能だろう。けっきょくは考古学という対象に対する著者の愛がどのていど深いかということになる。本書の扉にはゲーテの言葉が引用してある。「……芸術と学問は（中略）同時代に生きるすべてのひとびとが、過去の遺産として伝えられているものにたえず関心を払いつつ、広く自由に相互に働きあって初めて促進されうるものである」

いかにも、いかにも。ゲーテがいいそうなことだ。私は次に引用してあるオルテガ・イ・ガセットの言葉の方が面白い。

「おのが時代を正しくみようとするものは、一定の距離をおいてこれを観察しなければならぬ。どのくらいの距離？　しごく簡単――。ちょうどクレオパトラの鼻が識別できなくなるほどの距離」。

すべての歴史は現代史であるという指摘に私は賛成である。このホテルに泊っている人々、明日、シンポジウムの会場に集まる人々は、一七〇〇年前の日本にのみ興味を抱いているのではない。古代史の影が投げかけられたスクリーンの向う側に現代の日本を見ているのだ。室内は暖房がききすぎるほどで、咽喉が渇く。エレベーターのわきにコーヒーとジュースの自動販売機があったことを思い出し部屋を出る。

今しも一人の紳士が販売機の前で途方にくれている。機械が故障していて、コインを入れてもジュースが出てこないのだ。黒いベレー帽をかぶった初老の温厚な人物である。私は直感的にこの人もシンポジウムの参加者ではないかと思った。話しかけてみるとそうだといわれる。私の直感が当ったためしはないのだが、このときは的中した。名刺をさし出す。「季刊邪馬台国」編集長という肩書を刷りこんだものである。Fさんは名古屋から上京したのだそうだ。私の名刺に目を落して、どこかで見たような名前だがと首をひねっている。ありていにいえば、私は本職の編集者ではない。もともとは小説家である。小説を書くようになった時期と、古代史に興味を持ち始めた時期は一致していた。梓書院の依頼で、がらにもなく編集長をひきうけたのは、その興味の延長といえる。

しかし、あくまで私はしろうとの古代史ファンにすぎない。研究に深入りして自分の説を立てようという野心はないのである。学問のきびしさをそのていどには知っているつもりだ。わが町の隣り島原市には、宮崎康平氏がおられる。「まぼろしの邪馬台国」の著者として知らない人はいないだろう。私が古代史に惹かれるようになったのは、この本を読んでからだ。盲目の詩人が耳で聴いた記紀をたよりに邪馬台国のありかを探し求めるというのは充分に話題性があった。バスで二時間とかからない近くに住んでいるのだから、宮崎さんと私は会ったことがあるはずだといわれる。残念ながら今のところ面識がない。噂では「まぼろしの邪馬台国」の愛読者と称してかくべつ用もないのに押しかける人が多いのだそうだ。宮崎さんがヒマをもてあましているわけでもあるまいし、心ない人もいるものだ。

新聞によると、最初の著書を刊行して以来、氏は古代史の研究を続けているとのことである。邪馬台国は諫早湾にあって今は海底に没したというのが記事の要旨であった。邪馬台国の所在をめぐってさまざまな説がある。九州だけでも福岡、長崎、熊本、大分、宮崎、鹿児島にわかれている。学者の説、しろうと研究家の説、かぞえたことはないが、日本全国に五十以上の邪馬台国が存在することになるのではないだろうか。ジャワという説をとなえた大学教授もいる。フィリッピンであるという児童文学者も現われた。それぞれ自信をもって、ここそ邪馬台国と指摘し、自説を裏づける根拠をあげるのだ。

専門家の反応はおしなべてひややかである。

「学問は学者にまかせておけ。しろうとが研究するのは勝手だが、よけいな口出しはやめてもらいたい」

一言でいえばこういう態度である。もちろん学者の考え方にも道理がある。古代史はあそびやクイズではない。学問は科学なのだから緻密な方法論に支えられ、きびしい検証を経たものでなければならない。たとえば、日見岳の下に大和町という地名があるからといって、それだけで邪馬台国の所在地にはならないのである。日見と名づけられたのはいつのことなのか、その文献がかりに奈良時代のものだとされていても、裏づけとなる確証が要る。大和町ももしかしたら江戸時代の名称かもしれない。

しろうと考古学者がもっともおちいりやすい通弊は、資料批判の不備である。三百年前の古文書を解読できないで「魏志倭人伝」の解釈もないものだ。それにふつう「魏志倭人伝」といいならわされているこの資料も正式の名称は別にある。「魏志倭人伝」という本なんか存在しないのだ。私には専門家がしろうとを無視する理由がうなずかれる。

といった上で、しろうとの立場を代弁したい。歴史の主人公は人民であると、あなたたちはことある毎にいい続けはしなかったか。歴史は民衆のものでもある。たしかにこの人たちの研究は、学問的検証に耐えない欠陥にみちているだろう。だからといって学問の世界からしめ出していいということにはなるまい。考古学は原子物理学とはちがい、しろうと研究者が這入りこむ余地が残されている。シュリーマンの例は外国のことだからここではふれないが、岩宿遺跡で旧石器を発見した相沢忠洋氏はこれといった学歴のない行商人にすぎなかった。一人のアマチュアが学界の定説をくつがえしたわけである。

昭和十一年に三十二歳の若さで死んだ森本六爾の生涯は、藤森栄一著「二粒の籾」のなかにくわしく綴られている。森本六爾は地方にいるアマチュア考古学者のために雑誌「考古学」を編集し、出土品からその時代の社会生活、農業技術を実証的に明らかにする方法をうち立て、わが国の考古学の水準を飛躍的に高めたといわれている。彼の方法は今となればあたり前のことになっているけれども、当時の専門家は出土品の分類や考証で満足してすませていたのだから、森本の出現は革命的なことだった。彼は死ぬまでアカデミズムに反撥し、専門家を攻撃した。「考古学」は発表の場を持たない民間研究家の論文に機会を与えた。この雑誌から巣立った研究者に小林行雄と藤森栄一がいる。お二人の業績を認めない人はいないだろう。

原稿を注文する立場に

土器や遺跡の学問的評価と、邪馬台国についての研究は微妙なちがいがある。三、四世紀のわが国がどのようであったかを知る手がかりは文献が皆無に近いのである。いきおい、想像力をはばたかせる仕儀となり、途方もない論文をでっちあげるアマチュアの愉しみもあるわけだが、この人たちの研究がおおやけになる可能性はこれまでゼロであった。身ゼニを切って出版する以外になかった。森本六爾の「考古学」にならうというほどの意気ごみはなくても、埋れた研究者の仕事を広く世に問いたいという気持なら充分に持ちあわせている。「季刊邪馬台国」はいわばアカデミズムとアマチュアリズムとの間によこたわる広い溝に架けられた橋でありたい。梓書院の企画と私の願いが期せずして一致することになり、ここに一人のかけ出し編集長が誕生したわけだ。

原稿を依頼されることには、慣れているのだが、注文するのは初めてである。私は東京で、文芸誌を編集する友人たちから、さんざんひやかされたことを告白する。いい原稿を集めることがどんなに大変なことであるか、やってみればわかるだろうと。しかし、のりかかった船である。今までは小説を書くかたわらひろい読みするていどであった古代史の書物をじっくりと身を入れて読まなければなるまい。おそまきながら断わっておくけれども、「季刊邪馬台国」の発行元が博多の出版社であるからといって、必ずしも邪馬台国九州説に肩入れするつもりはない。

本誌は全国にちらばるアマチュア研究家が古代史に関する労作を寄せてくれることを期待している。この場合、アマチュアというのは大学で古代史の研究にたずさわり、学界に論文を発表している専門家をのぞく人々という意味である。したがって、職業がかりに大学教授であっても古代史を専攻していなければアマチュアと見なされる。作家、医者、町工場の経営者、教師、新聞記者、その人の職業は問わない。古代史の真実を自分の目できわめたい人であれば、そして論文が筋の通ったものであれば、本誌は紙面のゆるす限り掲載したい方針である。

田村さんが帰って来たとき、私は朝日新聞社刊「続・邪馬台国のすべて」を再読していた。ツェーラムの本は面白いが私はやはりさしせまった明日のシンポジウムにつながりのあるテーマに惹かれる。朝日ゼミナールの講演をまとめた本である。冒頭に古田武彦氏の文章「邪馬台国論争は終った」がある。

古田氏の言葉を引用したい。これは本誌の立場でもあるからだ。

「この華やかな邪馬台国論争にぜひともすじめをつけて、かみ合わせるようにしようではないかということです。そのためには、論者に呼びかけるだけではなくて――決め手は一般の、古代史に関心を持つ人びとすべてだと思います――そういう人びとが問題の論点を見つめて〝この論点にこの論者は答えているかどうか〟という目をもって質問をする、話し合う。そういう目がある限り、早晩問題は煮つめられてくるだろうと思うのです」

シンポジウム第一日目

開演は九時半の予定だから、八時半ごろ朝食をすませておけばいいと、のんびりかまえていたらとんでもない。八時にはロビーに集合するようにという達しである。地階の食堂で朝食をとっているのは参加者だけだ。胸にそれぞれ名札をつけている。トースト、スクランブルエッグ、ジュース、サラダ、ベーコンとふつうのビジネスホテルよりは質量ともに豊富な種類の献立がバイキング形式で用意されている。昨夜はおそくまで「続・邪馬台国のすべて」を読んでいたので、頭がモーローとしている。コーヒーは何杯おかわりしてもいいのが嬉しい。

参加者は中年以上の男性ばかりと思っていたのだが、中年の女性も三分の一ほどまざっているのに気づいた。胸に名札をつけているところを見ると、ご主人が上京するついでに東京見物をしに来たわけではないのだろう。ホテルの前に送迎用のバスが来ている。東京プリンスホテルまで、およそ十五分ほどか。左側には増上寺を見て通過する。たびたび上京しているのだが、増上寺を見たのは初めてだ。東京タワーがまぢかに仰がれる。ちょっとしたおのぼりさん気分である。よく晴れた朝、冬日がまぶしい。

ホテルの正面には大きな看板がかかげてあり、白地に黒く「国家成立の謎・古代史シンポジウム会場」とある。広い庭に面したりっぱなホテルで、品川プリンスとは同じプリンスでも月とスッポンのちがいがある。スケジュール表には九時半に始まる予定になっていたが、司会の松本清張氏が登壇して口を切ったのは十時であった。その前にシンポジウムを共催した全日空の重役らしい人物が壇上に現われ、去年一年間、飛行機で運んだ旅行者の数は一位から六位までをアメリカの航空会社が占め、第七位はわが全日空であるゆえに、日本では一位になるなどという挨拶をのべた。国家成立の謎と全日空のかがやかしい業績とどこでどうつながっているのか、頭の悪い私にはさっぱりわからない。

広いホールである。

演壇に向って右側が報道陣の席にあてられている。中央と左側が一般人の席で、細長いテーブルに合成樹脂製の一人掛椅子が用意されてあった。着席は先着順である。私はさいわい壇の正面に近い椅子にすわることができた。一、一〇〇人をたっぷりと収容して余地がある。天井からはシャンデリアがさがって会場をてらしている。煙草をのめないのがちょっとつらい。まあ仕方があるまい。机にノートをおいた後で会場の入口でぶらぶらしているとき松本清張氏や森浩一氏、井上光貞氏が係に案内されて私のすぐ目の前を通った。かねがね写真では拝見していたが、松本清張氏をまぢかに眺めるのは初めてだった。思ったより小柄な方である。

私は松本氏の作品を愛読している。作家は五十代の初めまでに自分の才能をつかい果してしまう。あとはおおむね、前に書いた作品のヴァリエーションを創作することになる。

ところが氏の場合は「或る「小倉日記」伝」いらいまったく才能の枯渇が感じられない。初期の作品「砂の器」「Dの複合」「黒い画集」などもいいが、最近の中篇集もいい。「渡された場面」「巨人の磯」などにはほとほと感心した。長篇「告訴せず」というのも良かった。プロットもさることながら文章がいいのである。

松本清張氏は推理小説をものするかたわら昭和史の隠された真実を探求し、古代史についてもなみなみならぬ造詣が深い。そんな勉強をするひまをどうやって作りだしているのだろうか。これは私には古代史の謎と同じくらいに興味しんしんたる謎である。

フィーバーした場面

シンポジウムが始まるというしらせで、全員が席についた。

私がついた机の左端でいい争っている声がする。二十四、五の顎に濃いヒゲをたくわえた青年が突っ立っておりまっかになって怒っている。この机には自分が鞄を置いて席をはずした。その間に六十代の男が席を占めていた。ヒゲの青年は抗議している。

「ここはぼくの席なんだから移ってくれ。空席がよそにあるじゃありませんか」

「席を立ったきみが悪い。空席があればそっちの方へきみの方こそ変ればいい」

老人はそうやり返した。時ならぬさわぎにまわりの連中は二人を注視する。頭に来た青年はとうとう係をひっぱって事情を説明した。係に説得された老人は、しぶしぶ別の席へ移った。だれしも演壇の正面に近い席がほしいのである。それにしても老人のやり方は強引すぎた。周囲の人々は無言でヒゲの青年を応援しているように見えた。

松本清張氏は左端のテーブルについている。風邪をひいているとかで、声がややハスキーである。邪馬台国問題は論議されつくした感があるので、ひとまず打ち切って後世の学者の愉しみのために残しておくことにする、氏は開口一番こうのべた。

したがって、国家の成立という問題が今や大事な課題である。記紀のなかにある史実、考古学の物的証拠と当時における東北アジアの国際情勢を手がかりに、日本という国家がいつどのようにして成立したかを探ってゆきたい。古代史について自分は多少の考えがないでもないが、きょうは司会役だから、聴講者の代表として質問をするにとどめたい。これが松本氏の前口上であった。紺の背広にうす青色のシャツをつけて赤系統のネクタイをしめていた。挨拶するとき、松本氏は学者の文章にもふれた。専門家はもってまわったいいまわしやむずかしい学術用語を乱用する。論旨がはっきりしない学者がいると指摘した。シンポジウムの一員でない学者で、松本氏の言葉を聞いたら耳が痛い人物がいるのではないだろうか。

記念講演のトップは、大阪市立大教授の直木孝次郎氏であった。テーマは「古代国家成立の諸段階」。ややかん高い声である。古代史についての氏の著書を私は読んだことがある。じっさいにそのお顔を拝見し肉声を聴くというのはおもむきがある。あの本を書いたのはこういう人であったのかという一種の感慨を味わう。私だけではあるまい。歴史に関する説だけを知りたいのなら、わざわざ九州や北海道くんだりからかけつけるに及ばないのである。

「ローマは一日にして成らずという言葉があるように、国家の成立は一朝一夕では不可能であります。段階と形式をふまねばなりません。近代国家と古代のそれは性質も異なっております……」

教授はこう語り始めた。

本稿はシンポジウムで説かれた各学説を紹介するのが目的ではない。それらはやがて朝日新聞社から一冊の本にまとめて刊行されるだろう。教授の説をつづめればこうなる。

「継体は越前、近江より南下して畿内に入り、大和の勢力を打倒して王となった。そのときの戦乱によって従来の大和政権が全国に及ぼしていた力は崩壊した。かくて北九州に威をふるっていた豪族の長である磐井が継体天皇に反抗することになり、大伴、物部によって討たれた。継体が政権を確立できたのは磐井をほろぼすことができたからである」

この間およそ三十分。熱心にノートをとっている人があちこちに見える。テープレコーダーを用意して録音している人もいる。直木教授の話で私の興味をかきたてたのは、日本の神話には水にまつわる伝説が多いという指摘である。イザナギ、イザナミは海人族の間で信じられている神ではないか。この二神は大阪周辺に多く祭られているそうだ。初め大阪平野に誕生した政権は葛城氏と深い関係にあった。瀬戸内海の制海権を河内王朝は持っていた。五世紀中葉、大和に力をのばして葛城氏を倒すことになる。倭王武として宋に通交したのは雄略天皇である。熊本の江田船山古墳から出土した鉄剣の銘はワカタケルと読める。さきたまの稲荷山古墳から出た剣の銘もワカタケルであるからしたがって雄略天皇が当時すでに日本の東西に力を及ぼしていたと推定される。

これを国家と呼んでいいかはまだ確定できない。初めて国家の名に値するものが誕生したのは、継体天皇が磐井氏と吉備氏を倒し、専制的基礎をえたときである。

以上が直木教授の講演のあらましのその要所を私がノートした部分である。ききちがえというのもあるかもしれない。講演後、松本清張氏が短いコメントをはさんだ。「東西から鉄剣が出土し、ワカタケルらしい銘文が解読されたからといって、雄略天皇の権威がそこまで及んでいたとはいいきれない」

それにしても稲荷山古墳から出た鉄剣銘文の解読は大変な歴史的収穫だと今さらながら私は思う。三世紀の日本に関する文献は「魏志倭人伝」しかない。四世紀のそれは皆無である。五世紀になってようやく中国の「梁書諸夷伝」「宋書倭国伝」「南斉書東南夷伝」にほんのちょっぴりふれられることになる。いわゆる「倭の五王」の朝貢である。そこへ鉄剣が現われた。銘文がかりに「獲加多支鹵大王」であり、「ワカタケル大王」と読むのが正しければ、そして熊本、江田船山古墳出土の鉄剣も「治天下獲□□□鹵大王」と読めるのならば、雄略天皇は九州から関東まで支配していたことになるわけだ。すなわち雄略の治世（四五七〜四七九）には、日本国家の基礎ともなるべき体制がほぼととのっていたと考えられる。もっとも、銘文の解読がわずか半年やそこいらで完全な同意に達すると思うのは早計であろう。東大名誉教授井上光貞氏も次の講演で、金石文の読み方については大抵、二つか三つ異説が出るものと発言した。と前置きした上で、氏の見解は、銘文の冒頭にある「辛亥年」を四七一年と見なすのが適当ではないかという。

倭王武の上表文は鉄剣出土によって誇張ではないことが判明した。国家と断じるのはともかくなんらかの統一体ができていたことは疑いをいれない。国家の母胎とでも考えていいような形態である。雄略天皇の時代にはまだ過渡的な体制であった。七世紀における律令国家が、人民の一人一人を戸籍に登録して把握したときに、中央集権的国家が成立したと見なされる。

以上は井上教授の講演の一部である。くわしく知りたい人はそのうちに出る本を読んでもらいたい。井上教授はかつて中央公論社刊「日本の歴史」の第一巻を執筆した方である。古代史に秘められた謎をこの本によって知った読者は多い。宮崎康平氏の「まぼろしの邪馬台国」と同じくらいの影響を日本人に与えたと私は思っている。太宰府に住む推理作家の石沢栄太郎氏は「日本の歴史」第一巻を二十回読んだそうである。邪馬台国研究史が要領よくまとめられていて、私は榎一雄氏の放射線読みというのを、はずかしながら初めて井上教授の著書によって知った。

井上光貞氏は邪馬台国九州説であったと思う。十一時十五分、井上氏の講演が終る。

ふたたび松本清張氏のコメントが加えられる。

「ワカタケルを雄略天皇と必ずしも断じられないのではないか。天皇につかえた若い男子ではないかと自分は解釈する」

休憩中も議論

十一時三十分、短い休みになる。私は会場の外へ出て煙草をのむ。見わたしたところ、高校生のような男女もいる。中学生ていどの男の子がロビーに設けられた古代史関係書の売り場で本をえらんでいる。参加者は中年以上と思いこんでいたのはとんでもないまちがいであった。

ロビーの赤電話にとりついて、禿頭のでっぷりふとった老紳士がどなっている。

「だからね、その件は税理士に一任しておると。帳簿は例のキャビネットにしまってあるといったじゃないか。え？　何も聞いてない？　連絡をうけてないのかね。わしは夕方までここを出られんのだよ。くわしいことは○○にいっといたから」

どうやら中小企業の経営者らしい。書類がどうしたの、税金の申告だのという言葉が聞えてくる。老紳士は五世紀の日本からいっきょに昭和五十四年の現代にひきもどされたらしい。本売り場には「鉄剣文字は語る」とかいう書物を初め、古代史に関する文献が山とつまれ、とぶように売れている。本屋のたくましい商魂に脱帽する。ポスターを買う人もある。今度のシンポジウムのポスターで、一枚五百円。いっそのこと、稲荷山鉄剣の複製品をこしらえて、一本千円くらいで売ったらどうだろう。警察はまさか銃砲刀剣所持法に違反するとかでとりしまりはしないだろう。

私はロビーで煙草をのんでいる中年の男性に話しかけた。横浜から参加したという。印刷会社の社長である。

「五十をすぎてから古代史が好きになりましてね。五千円聴講料を払って聴きに来ました。しかしなんですな。国家成立の謎よりやはりわたしは邪馬台国がどこにあったかが知りたいですよ。松本さんは後世の学者の愉しみにとっておくというい方をしましたが、わたしの目の黒いうちに結論が出ないものですかなあ」

わきに立っていた六十代の紳士が口をはさんだ。

「わたしはどちらかというと無責任な野次馬でして、とっぴょうしもない説が好きです。邪馬台国＝台湾説みたいなね。国家成立の謎に興味がないわけじゃあないけれども、どうもきょうの先生方はカタイお話ばかりで、わしのようにモーロクした男にはよくのみこめん。魏志倭人伝の読み方は出つくしたというようなことを清張氏はいわれたが……」

「いや、邪馬台国問題の論議は出つくした、ですよ」

と社長がいった。

「同じことじゃないですか。わしは出つくしたと思いませんな。里程にしろ方角にしろ解釈の余地はある。解決した論点は何もありゃせんでしょう。学者先生は投げてるのじゃないかね」

老人は千葉県から来た高校の元教師だそうである。担当は歴史でしたかと私がたずねてみると、物理を教えていましたという答えが返って来た。ロビーではあちらに一団、こちらに一群と集まって論議している。休憩時間はまもなく終り、私は会場にもどった。田村さんは右往左往して写真をとっている。次の講演者は、東京国立博物館東洋考古学室長である杉山二郎氏である。

私は用意して来た双眼鏡で壇上の人を眺める。杉山二郎氏が着ておられる背広のえりについている青いものが気になって仕様がない。あれは勾玉ではないかと思うのだが、八倍の双眼鏡ではついに確かめることができなかった。杉山氏の演題は「国家成立に果した仏教の役割」である。

東アジア圏内での独立国家としての体勢をととのえた六世紀前半の日本の姿を、仏教、仏教文化を通して考えてみることを提唱したいと前置きして、杉山氏は十二時五十分まで語った。

私のななめ前にかけている白髪の老紳士は睡魔にさからいかねたと見え、しきりに舟をこいでいる。この人も邪馬台国ファンなので、国家成立に寄与した仏教の役割にはとんと興味がないのであろうか。

シルクロード、アレキサンダー大王、ヘレニズム、インドにおける原始村落、カニシカ王の仏典結集、ゾロアスター教などという言葉が杉山氏の口から矢つぎばやに出てくる。放射線読みが正しいか、直線読みが正しいかということを、口角泡をとばして論じている人たちはさぞ勝手のちがう思いをしたことだろう。

私は無学だから、杉山氏の話は面白かった。インド人には歴史的意識がないという指摘はどこかで読んだことを思い出す。小乗仏教は実践倫理を徳目として国政に関与はするが、王者を礼拝しないという。なるほど、そういうわけか。南ヴェトナムで政府に抗議して焼身自殺した僧侶のことを思い出す。

カニシカ王が騎馬民族の出身者であることは知らなかった。歴史の本で一度くらいは読んでいたかもしれないが、なにせ昔の話である。日々の暮しに追われている俗人である私が、カニシカ王の名前くらいは覚えていても来歴まで脳裡にとどめているわけがない。

北方美術は呪術的で、これは高句麗をへて日本へ伝えられた。南方美術は思弁的という。呪術的というのはわかるけれども、南方＝思弁的というくだりで私は頭をひねる。アンコールワットの形態のどこが思弁的なのだろうか。まあ、専門家のいうことなのだから根拠があるのだろう。私にはむしろ逆なのではないかと思えるのだが。

昔の寺院には城という性格があったと、杉山氏はのべられた。これも初耳であるように思われた。いわれてみればなるほどと思う。倭の五王が献じた上表文は文学者の文章であって、文法的なあやまりはまったくないそうである。こういうことはやはり専門家の言である。聞いていて損はしない。

“文化国家”には泣けてくる

昼食はめいめいの席に弁当が配られた。プラスティックの重箱に入った幕の内である。まずいとはいわないが、お世辞にも旨いといいかねる。私の右隣りでもくもくと弁当をたいらげているのは、四十代半ばの男性でコンピューター関係の仕事をしているそうである。ひらのプログラマーでなく、中堅以上の管理職ということが、言葉のはしばしでわかった。

「仕事にかかりきりでいると、人間バカになりますよ。古代史にふとしたことで興味を持ちだしたら深入りすることになりましてね。博多でのシンポジウム？　ええ、あれにも参加しました。忙しい時間をやりくりして。あのときの雰囲気はきょうのようにかた苦しいものじゃなくて、会の後で先生たちとおしゃべりができたりで、たのしかったですな。息ぬきとしてもってこいです。ぼくは思うんだが、古代といったって、人間のすること考えることは千年や二千年でそう変りはしません。大昔の日本人よりわれわれの方が賢いと思いあがるのはどうかと思いますよ」
仕事をすればバカになるという話が印象に残った。どんな仕事でも片手間にすませられるものはない。他社との競争がある。喰うか喰われるか、いわば資本主義社会は弱肉強食の猛獣が横行する密林のようなものである。社内で同僚と競争もしなければならない。気の弱い人物はノイローゼになる。コンピューター会社の人物はそのようなジレンマを語ったのだと思う。

食事をすませた私はホテルの喫茶室に行った。外人客がちらほら見える。コーヒーをのみながら隣席の参加者と話した。七十代の気むずかしそうな老人である。座間市から来たという。

「先生がたは定説ばかりしゃべっているようですな。私は古田武彦先生の説が気に入っています。倭の大王がこれまで定説となっている天皇であるとは賛成しがたいというのが私の立場です。学者じゃないのだから、確たる根拠があって主張するわけではないけれども。古田先生の説は説得力がありますよ」

この人は多くを語りたがらなかった。

髪を赤く染め、爪にも濃いマニキュアをほどこした三十代の女性が私に話しかけた。指環が三つ四つ指に光っている。派手な身なりと厚化粧はホステス以外の職業と思えないのだが、ホステスが古代史に関心を持ってはいけないという法はない。聞くところでは東京の人だそうである。

「おたく九州の方、うれしいわ、あたし邪馬台国九州説なの」

おいでなすった。この人も邪馬台国ファンであって、国家成立の謎をめぐる諸先生のお話をもてあましているのだ。

「朝が早いでしょう。困るわねえ、九時半の開演に間に合うよう早起きするのに大変だったわよ。あたし、歴史が大好き。古代史の本ならみんな集めて読んでるわ。このあいだ韓国に行って来たの。日本の古代史を研究する人は一度はあちらへ行ってみるべきよ。ソウルと慶州の博物館、あれはすごいんだから。遺跡の保存状態がいいのねえ。遺物もよく保存されているし、日本の出土品とくらべて段ちがいにあちらのものがりっぱだわ。あたし韓国を見直しちゃった」

韓国は国家予算の半分以上を軍事費につぎこんでいる。GNPも日本よりは格段に低い。カラーテレビもなく、マイカーも普及していない国が、文化遺産の保存と整備に力を入れていることは私も知っている。去年、韓国を旅して私もこの女性と同じ感想を持ったのだった。日本はげんみつな意味で文化国家というのははばかられる。乱開発の結果、遺跡はかたっぱしから破壊されている。国家予算の何パーセントが歴史的遺産の継承についやされているか、具体的な数字は知らないけれども、たとえば博多の天神にある博物館の規模を見たら泣けてくるのである。

博物館は太宰府にもある。福岡の古代を知るのにまあ不自由はしないていどの陳列品があるけれども、福岡県は弥生時代の遺跡が質量ともに日本一の土地である。博多の中央に綜合的な歴史博物館があって当然ではないだろうか。

慶州には古墳公園というのがあり、その一つ天馬塚古墳は内部を観覧できるようになっている。ドーム型の内部は出土したときの遺物がそのままの形で眺められるように模造品が半ば土に埋められて陳列されている。本物は近くの博物館で見ることができる。このために莫大な費用がかかったことは察するにかたくない。ひとえに自国の文化と歴史に対する愛情と自信による。

ブルドーザーで古墳をつぶし、出土品を雨ざらしにしてかえりみない日本人の目先しか考えないお粗末な文化行政に肚が立つ。二言めには予算がないという。わが国は韓国よりも貧しいのだろうか。

午後一時三十分、シンポジウムは再開された。同志社大学教授、森浩一氏の演題は「古墳研究からの視点」である。

魏の文帝の「薄葬令」を私はうかつにも森教授の話を聞くまで知らなかった。華北地方において、秦、前漢、後漢の時代には支配者のために壮大な墳丘を築いている。すなわち厚葬である。魏に遣使した卑弥呼が古墳築造を政治秩序化する制度をもたらしたという見方に自分は賛成できないと、森教授はのべる。魏、西晋、東晋、宋、斉、梁など、日本と外交交渉の可能性があった中国王朝は古墳築造をおこなっていないのである。

古墳について、森教授はさらに耳新しい説をるるのべた。さすがに専門家は専門家だけのことはある。私は思いにふけった。

わが日本の古墳はまだいろいろと研究考察を加えなければならないようだ。あの前方後円という形状は日本独特のものである。

邪馬台国についてすべては論じつくされたという。果してそうか。古墳時代に関してはかんじんの古墳についてわかっていることとわかっていないことはどちらが多いのか。天皇陵として宮内庁が認めている御陵のうちどれだけが本当に天皇の墓地なのか、あやしいものだと思っている。

いつぞや、天皇陵の発掘を主張する松本清張氏とある学者の討論がテレビでおこなわれた。両者の主張はかみあわぬまま終ったと記憶している。発掘したところで何も出て来やしませんよと学者はにべもなく松本氏の主張をしりぞけた。発掘しないでどうして何も出てこないといえるのだろうか。発掘したら天皇の権威をそこなうというのではあるまい。今上天皇は文化に理解のある方のはずである。学問の進歩のために宮内庁が理解を示してくれることを望む。わが国の歴史研究にはあまりにタブーが多すぎた。

私は昭和十二年生まれである。敗戦を小学生で迎えている。皇国史観がでっちあげた日本史を少しは教えられた世代だ。皇紀二千六百有余年という途方もない歴史に疑問をおやけにすることは非国民になることを覚悟しなければならない時代があった。もうそろそろ当局は罪ほろぼしをしてもいい。歴史は宗教ではない。タブーが存在することなぞおかしいのだ。

シンポジウムに参加したある五十代の紳士は、自分が古代史を研究するようになったのは、戦後、信じていた日本歴史がウソでかためられていたことを知ったのがきっかけであるといった。この人は電電公社の課長職にあるという。休暇をとって参加したのである。皇国史観がウソと知って本当の日本歴史を知りたいと志した人は右の人物だけではない。

私が会場で知りあった中年の男性で同じように答えた人が何人かあった。今は二千六百年という数字がどのようにしてひねり出されたかシンポジウムの参加者であれば誰でも知っていよう。戦時ちゅう心ある歴史の教師はゆううつだったにちがいない。「わが国の歴史について本当のことをいえば、先生は警察に引っぱられるんだ」といった教師のことを私は知っている。真実を知りたいというのは人間の本能的要求である。

さて、森教授の講演にもどらなければならない。考古学の資料は雄略天皇の時代の政治的単一性を証明しないというのである。なぜなら壁画古墳は九州と関東に分布している。これらと副葬品の銅鏡の分布図がややずれているというのが森教授の指摘であった。

さらに氏は鉄剣の移動性に言及した。ふつう鉄剣は四、五十センチなのに、稲荷山出土の物は七十三・五センチである。栃木県小山市出土の七支刀に似た剣は七十三、四センチで実用的とはいえない。これらは贈り物として用いられたのではないか。六世紀の文化には「統一された面と不等質の一面とがあることに気づくのです」といって森教授は話をしめくくった。

結語はいかにも学者らしい慎重なもののいい方である。

十四時十分、明治大学教授、大塚初重氏の講演が始まった。演題は「考古学上からみた大和政権と地方豪族の関係」である。ユーモラスな話しぶりで、会場にはしばしば笑い声がおこる。私は妙なものを見てしまった。三十二、三歳に見えるサラリーマンふうの男性が、講演はうわの空でしきりに日本経済新聞を読んでいるのである。会場で株式市況を検討したかったのなら何も金を払って参加しなければいいのに。おかしな人もいればいるものだ。

しかし、白状すると私は学界でそうそうたる業績をあげた壇上の先生方よりも、目の前で株価の変動を研究している妙な男に気をそそられたのだ。まったく人間は何を仕出かすかわからない所がある。歴史に対する興味も、せんじつめれば人間への関心である。

大塚教授は六世紀に国家の母胎が形成されたという井上教授の説を支持した。すなわち森教授の説に同じなかったわけである。「五世紀の半ばごろまでに、東北地方南部ですでに須恵器生産が開始されていたという事実は、大和政権と地方豪族との政治的つながりが強いものになっていた可能性のあることを示唆しているようである」

面白い、実に面白い。大塚教授の説ではない。右に引用した表現のしかたである。世のアマチュア研究家諸君、さいごの一行をじっくりと検討されたい。「可能性のあることを示唆しているようである」といういいかたである。なんという謙虚さ、なんという慎重で控えめな態度。学者の良心はこのような慎重な配慮で守られている。私は皮肉をいっているのではない。在野のしろうと研究家がおちいりやすい一人よがり、ゴーマンさに対して反省の一助にもなればと思って大塚教授の表現を紹介しているのである。

可能性と示唆とようでの三句で教授の説はむすばれる。ややもすればこわいもの知らずのしろうと研究者は、自説の合理的立証より他人の説に罵倒につぐ罵倒を加えることで正しさの根拠にしようとする。専門家が相手にしないいわれもそのようにまちがった証明法にあるからではないだろうか。私は謙虚な人が好きである。反論に対しては根拠を示して解答するのが本当の研究家である。学問は論争によって進歩する。ケンカによっては進歩しない。

大塚教授は稲荷山古墳から出土した副葬品に言及された。かなりの数の須恵器は近畿出土のものと似ている。同時に出土した帯金具には透し彫りがあり銀の鈴がついていた。このようにすぐれた品物を当時、武蔵の国では作れなかったはずだ。近畿の支配者からもらったものではないか。

森教授の説にも一理があり、大塚教授の話を聞けば、こちらにも一理があるように思われてくる。無学なしろうとはそうしたものであろう。

女子大生と中学生

二時半から一時間休むことになって、三時半からシンポジウム第一部が始まる。終了は六時半である。日が傾きかけた庭に出る。田村さんが女子大生としゃべっている。現在、日本女子大に在学中であるという。東京の人で、大学では古代史を専攻している由。卒業論文には日本書紀をえらんだとか。

しろうとの説は大半コートームケイになる。邪馬台国については何も出てこないだろう。資料を読みこなすのは専門家にとってもむずかしい。アマチュアが好き勝手に誤読することは、学問の世界を混乱させるばかりだとおっしゃる。こちらとしてはおそれ入るしかない。彼女は古田武彦氏の九州王朝説には批判的であった。

おそらくこれは彼女を指導した教授の意見の反映であろう。教え子はしばしば師の意見に同化する。指導教授は学界の常識を教え子に語っただけなのだ。「しろうとが入ってくると迷惑する」。気持はよくわかるけれども、しろうとが学界に介入する機会も場所も実はありはしないのである。入ろうとしても這入れはしない。どうして迷惑することがありえようか。在野の研究家で今のところ学界がまともにあつかっているのは古田氏のみであるが、その古田氏に対してさえも議論を充全につくしているとはいいがたい。

学界の閉鎖性を私はいちがいに非難しようとは思わない。学問には確かに閉鎖的な側面がある。大学生のゼミナールに小学生がとびこんで来たらどうなるか、考えてみるまでもなく混乱が生じることはあたりまえだ。閉鎖的であることによって進歩する場合もある。

しかし、学問という山を支える裾野は広ければ広いほどいいのではないだろうか。日本歴史について同胞がこれほど多く深くひとしなみに関心を持ったことはかつてなかった。日本学界も朝日新聞社も、日本人のそうした関心の強さを知ったためにシンポジウムを企画したのだろう。私はだから実は楽観している。古代史の研究者はこれから先ふえこそしてもけっしてへることはあるまい。在野の研究家が、専門家と肩をならべて自説を開陳する機会も訪れるだろう。日本人の知的探究心を私は低く評価していないのである。

ホテルの庭で記念撮影をしているグループがいる。地方から上京して来た人々らしい。笑いさざめいている声には東北訛りがある。

私がさきほど話しかけた中年の男性はどこから参加したのかときいてみると、「秋田」とぶっきらぼうに答えて、さっさと行ってしまった。まさか保険のセールスとかんちがいされたわけでもあるまいが、みながみな私の問いに答えてくれたわけではない。

五十代や六十代の男女で、人生に一波瀾を経験したことがない人はまずあるまい。見ず知らずの他人と、気やすく打ちとけて話をすると思う方がそそっかしいのである。ブゼンとしてロビーで煙草をくゆらしていると、主婦らしい女性が話しかけた。神戸から参加したそうである。

「古代史が好きになったのは卑弥呼が女性だからということです。子供も育って手がかからなくなりましたから、大学時代に勉強した日本史のおさらいをしようかと思いまして。家事に追われていますと、めったに旅行もできないでしょう。シンポジウムに出たいからといえば主人も賛成してくれました」

ロビーにたたずんでいる私の目に、庭の芝生で日向ぼっこをしている中学生が映った。漫然と日ざしをあびているのではない。少年はノートを拡げて赤や青のボールペンを使いわけて講演の内容を整理しているように見えた。おそらく十四歳くらい。十五歳まではいっていないようだ。顔にはあどけない少年の面立ちが残っている。

二日間にわたる講演とシンポジウムの結果は、天皇制の起源は六世紀という見解が各講師のほぼ一致した見解であった。

早起きをして朝食もそこそこに会場へ急ぎ、ノートをとり、夜になってホテルでその整理にあけくれた。二十数年ぶりで学生気分を味わったようなものだ。ホテルを引き払う朝。皆さん和やかな表情でトーストをかじっていらっしゃるが、古代史の話は聞けなかった。なるほど、今日からまた生活が始まるのか。

伊佐早氏のゆくへ

「あのときの手紙がのこっておれば……」

と館長はくりかえすのである。諫早の市立図書館で私たちは話していた。

手紙のさし出し人は、我家は伊佐早氏の子孫であると先祖代々いい伝えられてきたので、往年領していた諫早のことを知りたい、といってよこしたそうである。手紙が来たのは十年以上も前のことであった。人口七万あまりの小都市にある図書館とて、レファレンスの専門的な訓練をうけた司書がいるわけではなく、通りいっぺんの返事をして手紙は処分してしまった。

さし出し人がいちばん知りたがっていたのは、一四七〇年ごろの文明年間に当時の領主伊佐早氏をほろぼした西郷氏のことと、そのときのいくさの模様らしかった。西郷氏の出自はつまびらかではない。肥後の菊池氏からわかれた一族というのも伝説のみで根拠となる文書がない。西郷氏は伊佐早氏を追ったのち旧主の所有していた文書はことごとく焼いてしまった。

その西郷氏も一五八七年（天正十五年）に龍造寺氏に討たれて平戸島へ逃げている。諫早を退去するとき、城に火をかけたのはもちろんのこと、歴代の墓地まで破壊してしまった。今でも西郷氏の墓地はつきとめられていない。龍造寺氏はのちに諫早氏と姓を変え、現在に至っている。当主の諫早英雄氏は学習院の生徒であった時分に、「金閣寺」の作者の一級上であった。戦後、新聞で三島氏の顔写真を見て思い出したそうである。氏は海軍予備学生として少尉に任官し、複葉機で特攻に出撃する直前、敗戦となったと私に語ってくれた。

余談はさておき伊佐早氏のことにもどる。

館長と私が向いあっている机の上には一枚の写真がある。せんだって諫早英雄氏が市立図書館に寄贈した史料である。写真は昭和三十三年、東大のH博士が時の市長に贈ったものという。史料編纂所に蔵されている古文書を撮影したものである。越前丸岡藩士遠嶽氏の所蔵していた文書で、全文は四百字詰原稿用紙一枚分にもみたない。

諫早の北東部に小長井という半農半漁の村がある。そこに遠嶽という小山がある。文書は遠嶽の正当な持ち主が自分であることを領主伊佐早氏に確認することを求めたものである。判読しかねる所もあるが、

「……われらは遠嶽へ入るべき由申し出で候えども人体なくて承知せしめ候て伊佐早にまかりのぼりこれにめぐり申し伊佐早どのきこしめして遠嶽知行つかまつり候（略）左候あ

いだ代々をかぎらず知行至地也。鬼屛丸にゆずりあたうところ也」とかろうじて読める。日付は応徳二年七月とある。西暦一〇八五年、平安中期の文書である。これまで伊佐早氏の名前が文献に出てくるのは一三四二年（興国三年）が最初であった。さかのぼること二五七年となる。

越前丸岡などという所に諫早ゆかりの文書があるのは、調べてみれば別にふしぎなことではなかった。丸岡は有馬藩の領した地である。島原の乱後、有馬氏は日向延岡へ移されそこからさらに丸岡へ転封されている。島原は諫早の隣である。伊佐早の一家臣であった遠嶽氏が、主君の滅亡後、有馬氏につかえたことはあり得る話だ。丸岡町史をひもといてみると、遠嶽氏なる代官の名前がのこっている。

さてまた伊佐早氏である。

市史第一巻に「中世の豪族伊佐早氏の行方が史書から消え、杳《よう》として不明であったものが、最近、新潟県汐入郡の一部落に移住したらしいことが判明した」とある。最近とは市史が編まれた昭和三十年のことであろう。残念ながら著者はその後亡くなっているので、根拠となった文献を確かめるすべがない。

それにしても落人がどうして新潟くんだりまで逃げて行ったのか合点しかねる。西郷氏の追及はそれほどきびしかったのであろうか。新潟説にも一理あることを私は認める。思い当ることがある。諫早の船唄にまだら節というのがある。能登の七尾にもこれと同じ船唄がある由である。七尾から新潟は近い。それから諫早の方言で、「みぞうげ」という言葉がある。可愛いという意味で、語源をつまびらかにし得ないが、身粧気あるいは身清気から来ているのではないかと私は想像している。「みじょうげ」ともいうからである。あるいは御族から来ているのかも知れない。

「大日本国語辞典」によると、「みじょうい」という語の分布は、平戸、五島、天草と肥前のほかにもう一ヵ所新潟県中部もあげられている。そこが汐入郡であるかどうか。平凡社の地図で私は汐入郡を探してみたが見当らない。戦後の地名変改で消えてしまったのかもしれない。役所はすることが何もないと見えて土地の名前をやたらに変える。由緒ある地名がいつのまにか地図から消えてしまっている。全国的な風潮のようである。能率がすべてに優先するのであれば地名にはいっそのこと番号でもふりたい所であろう。諫早でかつて遊廓が軒をつらねていた町は厚生町と変り、先ごろ幸町と改名された。字づらからして奇妙である。

伊佐早氏はどこへ行ったか。

私は諫早の山中で昔から城の辻という字名の小丘を踏査して、そこに中世の山城址を発見した。草木におおわれた勾配の急な台地ゆえ近くの住民もめったに登ることがなく、故老の話で丘は城址らしいと推測していただけであったそうだ。ふもとの神社は和銅年間に創建されている。当地では最古の神社で、西郷氏が宗社としたある神社の宮司も、もとはこの神社から出ているという。

私はこの城址こそかつて伊佐早氏が君臨した場所にちがいないと想像した。本丸址には高さ一丈あまりのヤマモモが風にそよいでいた。ヤマモモは諫早領内の各地にのこる城址で見られる。籠城にそなえて木の実を糧にするため植えたものと思われる。

神社には由緒をしるした文書がかつてはのこされていたらしいが、聞くところによると近くの川が氾濫した折り流失したという。小丘は谷間の一郭にそびえている。神社の前には諫早で最大の川が流れている。洪水は年中行事のようなものであった。その文書には城の由来が明記されていたはずである。

延喜式巻十、神名帳の陸奥国牡鹿郡の条に伊去波夜和気命神社というくだりが見られる。牡鹿郡は新潟よりさらに北である。汐入郡という名前から海岸地帯と推測される。対馬海流に乗って伊佐早氏一族は北進したのであろうか。手紙のさし出し人は女性で、文面からは中年の年頃と察せられたそうである。所書は大阪あたりとしか館員は覚えていない。

諫早と書いてイサハヤと正しく読める人はすくない。ネリハヤとかカンソウと読まれることも珍しくはない。長崎県のほぼ中央に位置する城下町である。人口は昭和五十二年およそ八万、戦後三十年たって大きな変動はない。現存するかつての領主諫早氏は佐賀鍋島藩のご親類同格とかで、一万石という知行のわりには一目おかれていたわけだが、それも道理、天正年間にこの地へ攻め入って旧領主西郷氏をほろぼしたときは、龍造寺姓であった。西郷氏が支配していた土地名である伊佐早の名をとって龍造寺にかえたのである。諫早などというけったいな名前にせずに伊佐早姓を名のっていたら、ネリハヤと呼ばれることはなかったであろう。

西郷氏は元寇のおり、有馬、大村、菊池氏らと共に戦ったことが「鎮西要略」に見られる。ところで、この地の北部は鎌倉幕府の家人となる伊佐早氏が領有していた。伊佐早という文字が初めて文書に登場するのは延喜二十年（九二〇）といわれる。祖は船越氏を名のり、やがて伊佐早之庄を支配する庄司となって伊佐早氏を称した。

すなわち中世の諫早には、ほぼ勢力が拮抗する西郷、伊佐早という二つの豪族がいたと見なしてさしつかえがない。西郷氏は千々石《ちぢわ》湾に面した漁村付近に砦《とりで》をかまえており、のちに龍造寺に追われたときは平戸島へ逃げて松浦氏にかくまわれているから、海賊の出ではないかと私は推測している。一説には肥後の菊池氏の流れをくむともいわれているが定かではない。

伊佐早氏が自分の領分を支配していた期間は、文書で明らかなかぎり正応から応安に至る約九十年間とされている。もっともこれは支配者としてであって、じっさいには正応以前から諫早の地で確たる力は保持していたと考えなければならない。

やがて伊佐早氏は勢力をのばして来た西郷氏に追われる。史料には一三七四年を最後に伊佐早氏の名前は消えることになる。私が知りたいのは、この伊佐早氏のゆくえである。昭和三十年刊の諫早市史には、「史書から消えて杳《よう》として不明であったものが、最近、新潟県汐入郡の一部落に移住したらしいことが判明した」とあるけれども、地図によれば新潟に汐入郡という地名はないのである。市史の著者は他界されているから、右の文章が何によったものかたずねるすべがない。

伊佐早氏を追った西郷氏が諫早城主として文献に初めて登場するのは文明六年（一四七四）である。伊佐早氏滅亡から百年の史料的空白がある。これは天正十五年、龍造寺氏が西郷氏をほろぼしたとき、旧領主に関する文書をいっさい破棄焼却したためであろうと市史には説明されている。西郷氏は諫早から逃亡するおり、その墓所まで完全に隠匿した。熱心な郷土史家たちの探索にもかかわらず今に至るまで西郷氏の墓所はつきとめられていない。私が西郷氏を海賊の出ではないかと想像するのは、右のような徹底したやりくちゆえである。すくなくとも五百年以上、諫早で権力を持っていた豪族の墓所がわからないというのは奇怪なことだ。すると、もしかしたら西郷氏の所蔵していた文書を焼いたのは龍造寺氏ではなくて当の西郷氏自身ではあるまいか。

この文書が残っていたらあるいは伊佐早氏流亡の経緯もつまびらかにできるかもしれない。

というような趣旨を私はせんだってお目にかかった笠原一男氏に語った。笠原氏はかつて東大で日本史を講じておられた。伊佐早氏が所もあろうに新潟くんだりへ落ちて行ったというわけがわからないと私はいぶかったのである。笠原氏は一向一揆の研究家としても著名である。ちょっと考えこんで笠原氏は伊佐早氏のことは今のところ何もいえないが、と前置きしたうえで、加賀の一向一揆には八戸《はちのへ》の民衆が参加したという記録がある、といわれた。紀伊の雑賀衆のことは私とても知っていたが、八戸とは本州の最北端に近い土地である。私は一向一揆の規模の大きさに感心した。笠原氏にお会いする前、私はあることで早大の教授であるH氏から話を伺う機会があった。H氏は小林一茶終焉の地である長野県の信濃町へ旅行された折、その地の住民の先祖はほとんど三河衆であることを知ったといわれた。一揆に参加するため徳川家にそむいて北陸へ移住した家臣や百姓たちの末裔であろうと想像される。西郷氏に追われて九州のどこかにひそんでいた伊佐早氏が一揆に加わるため東行したと推量するのは可能ではないだろうか。伊佐早氏の子孫は生きているらしい。十年程まえに市立図書館あてに先祖について問合せがあったという。残念ながら係は通りいっぺんの返事ですませて、手紙の消印が大阪であったことしか記憶していない。

幻の伊佐早城

その城址は、諫早と大村の境界からやや諫早寄りの丘にある。

国道の左右には小高い丘が隆起して、大村へ近づくにつれしだいに勾配は大きくなる。諫早と大村はこれらの丘陵が一つに合して多良岳の尾根となった台地によって仕切られる。鈴田峠という。鈴田峠に立って城址のある丘を眺めると、それは樹木と周辺の入りくんだ丘に紛れてよくわからない。逆に城址からは鈴田峠がよく見える。

そこにかつて城が築かれていたとは、国道を過ぎる人には思えない。何の変哲もないただの小山である。付近に住む人ですら知っていた人は少ないという。わずかに城の辻という名前が小字名となって残っているだけである。山は傾斜が急で、灌木が密生し、頂上へ登るのは並大抵ではない。道というものが草木の下に埋れて未だに発見されていないのである。

ある年の五月、私はこの丘へ登った。諫早の史談会が年に一冊刊行している諫早史談という本で、ここが由緒不明の城址であると知ったからだ。

丘は多良岳の尾根の一つであるが、そこは他の丘から人工的に切り離され、地形的に独立していた。丘と丘の間が空壕らしかった。身の丈ほどに生い茂っているカヤを分けて私は壕の底を辿り、なんとかして山腹へとりつこうとしたが、昼なお暗い樹林に人の通過を許す道はない。シダのかげに自然石を積んだ石垣があった。苔むしたそれは戦国時代以前の築き方である。私は道を発見するのを諦めて、しゃにむに登り始めた。木の根岩角をたよりに這い登った。

頂上は平らだった。クマザサとカヤにおおわれ、国道を見下す側に一本のヤマモモが風にゆれていた。城址でよく見られる木である。ここにも石垣があった。頂上をとり囲むように周囲二百五十メートルあまりを固めてある。

礎石らしい石組みも草の中にあった。平地からはどうということのない小丘にすぎないが、ここに立ってみると諫早の備えになくてはならない要地であることがわかる。

諫早ににらみをきかせ同時に大村との境界も押えられる。

残念なことに地元の郷土史料には、ここが何者の居城であったか示す文献がないのである。天正の頃まで諫早を領していた西郷氏の居城はわかっているが、西郷氏以前に諫早を支配していた伊佐早氏がどこに居たのか確かな史料がない。西郷氏は佐賀から攻め入った龍造寺氏に亡ぼされている。史料はその折り兵火に焼かれたと思われる。城址にたたずんで私はここここそ伊佐早氏の居城ではなかったかと考えた。ながらく探しあぐねていたまぼろしの城をついに発見したと思った。

「諫早菖蒲日記」の出だしにこの城址を使おうとそのとき決めた。丘の裾を洗う小川のふちに生えた菖蒲をヒロインに持ち帰らせることにした。

倭国紀行

丘の歳月

「あれは古墳にちがいない」

私はバスの窓から外を見ていた。十年以上も前に、日本史の先生が高校の教室で語った言葉を思い出した。かりにA先生としておく。

「バスでそこを通るたびに私は思うんです。まわりの地形、丘の形状、あらゆるたたずまいからその丘はかつて古墳として造築されたのだと」

A先生は頬を紅潮させた。ふだんは無口で、教科の内容とは関係のない話をしたがらない先生が、建武の中興について講義しているとき、どうしたはずみか古墳の話にそれたのだった。その丘はもっか古墳と認められていないが、発掘調査をしてみれば必ず石棺か何か埋蔵物があるはずだ。平地の中央に盛りあがった丘は人工のものと見るほかはない。自然の力であのような地形はできるものではない。

A先生はもっと古墳であるべき証拠を述べたのだが、残念ながら怠惰な学生であった私は記憶にとどめなかった。世の中へ出て何年もたってから、学生時代にきいた教師の話をふいに想起することがある。そのほとんどは教科書とは縁もゆかりもない片言隻句であるとは、どうしたことだろう。学ばなければならないことはとうに忘れているのに、このような話は妙に憶えているのだ。もちろん忘れてしまった片言隻句も多いのだから、憶えているからにはそれ相応の魅力があったのだと思っていい。A先生がバスの窓からといったかどうか心もとない。列車の窓からといったようでもある。そして、古墳のように見える丘のありかをはっきりと告げたのだが、それが果たしてどこなのか記憶にないのだ。

で、私は高校を卒業して十年以上もたったとき、ゆくりなくも思い出したA先生の言葉を反芻しながら、バスや列車の窓ごしに沿線の風景を検討するくせがついてしまった。A先生が指摘した古墳はどこだったのだろう。そう思ってつぶさに眺めると、土地の小さな隆起が、ことごとくいにしえの墳墓に見えてくるのだ。

あれがA先生のいった古墳だろうか。

これがそうだろうか。いや、まてよ……。

当の「丘」は諫早からさして離れていない地にあるはずである。「そこを通るたびに」と先生はいったのだから。「丘」の中腹はよく耕され、頂上にはちっぽけな祠があると聞いた。そうではなくて、こぢんまりとした社《やしろ》だったかもしれない。とはいうものの、先生があげたような特徴をもつ丘は、わが町の周囲にめずらしくないのだ。わが町に限らず、日本全国におびただしく存在するにちがいない。

諫早市と大村市のほぼ境界に、鈴田峠がある。低い丘陵である。峠をこえて大村市の方へ下ると、国道の左がわに国鉄大村線が併行して走り、右がわは多良岳の尾根が扇状地を形成している。大村湾の方へなだらかに傾斜したその扇状地の一角に小さな丘がある。尾根とはつながっていない隆起で、頂には森にかこまれた神社が見える。私が大村へ出かけるのはたびたびだから、ゆきかえりにはいつかその丘を眺めることになった。稜線の勾配といい、全体の雰囲気といい、なんとなくいわくありげに思えて仕方がないのだ。その丘は日当たりもいいし、水はけもわるくない。死者を葬るのにふさわしい場所のように見える。丘を古墳と目したのは私だけではなかった。

ある日、大村からの帰路、六十代の男と座席で隣りあわせになった。彼はバスがその丘を見おろす位置にさしかかったとき、身をのりだすようにして丘に目をそそいだ。「あれは古墳ですな。土地の人は忘れているかもしれんが、古墳にきまっています」と老人はいった。丘が古墳であるかどうか、また、A先生が話題にした「丘」がその丘なのかどうか、私にはさしあたって関心の他である。

窓の外に向けた老人のまなざしが私の印象に強くきざみつけられた。盆栽や孫やあるいは新聞の株式市況欄にそそぐ目とは、まったく異なる目を私は見てとった。胃か肝臓をわずらっているふうの、どちらかといえば風采のあがらない人物であったが、その瞬間は別人のごとくいきいきとしていた。知性の宿った目の色は優しかった。つかのま、老人は夢みるような表情になった。小丘の上を流れて過ぎた無量の時間を思いやったのかもしれなかった。

（一九七九・五・七）

ひょうたん塚にて

そのとき、私は思いあたった。旅のつれづれに、列車の窓から沿線の地形を仔細に観察し、ふつうの人なら見すごすはずのありきたりの隆起を、もしや古墳ではないかと注意ぶかく眺めるA先生の表情も、きっとこの老人のようにおだやかな優しさで包まれていたにちがいない。

私は先生とかくべつの交際がなかったから、先生が日頃どのような思いで生きていたか知ることがなかった。十六、七の少年が、五十に手のとどこうとする高校教師の胸中を思いえがくことなど、できない相談というものだ。先生の鬱屈した胸の裡を理解したと思ったのは、この日、大村から帰るバス内で、老人のおもてに漂ったほのかな、微笑ともいえない微笑を目にしたときであった。それを見てとることができるほどには、私も人生における多少の辛酸を自分の身の上に経験していたわけだ。

あれからまた十年たつ。

いぜんとしてA先生の言及した古墳らしい丘のありかを、私はつきとめえないでいるが、一つの不思議な感覚を味わうことができるようになった。

歴史好きの人なら誰でも身に覚えのある感覚である。それは水に似ている。風のようでもある。色もなければ、音や匂いもない。その流れに身を浸している感覚なのである。過去と均質な空間、過去とひとしい速さで過ぎる現在の時間を、肌で感じるとき、かすかな陶酔と同時におののきのようなものすら生じる。このとき、歴史は現在となる。現在はまた歴史にくりこまれ、意味を持つ時間と空間に変貌する。

たとえばこういうことがある。

大村湾沿いに北上した国道三四号線が、東彼杵町《ひがしそのぎ》の手前で佐世保市へ至る国道二〇五号線と合する地点に、ごく小さな古墳がある。バスからも列車からも認められるけれど、よほど注意してみなければわからないちっぽけな古墳であって、「邪馬台国物語」の著者野津清氏は、ここを卑弥呼の墓と考えている、ちなみにこの書物は、在野の古代史研究家の労作がすべてそうであるように専門家から黙殺されたけれども、他のしろうと研究家が言及し引用することの多い独創的な説に満ちている。

私は長崎県にただ一つの卑弥呼の墓とあればほうってもおけず、ある日、ひょうたん塚の近くでバスを降りて訪ねた。訪ねたところでどうということもない。草をかきわけて塚の頂にのぼり、ぼんやり突っ立って、目の前にまぶしく輝く大村湾を眺めただけのことである。「北史」には、「正始中に卑弥呼死す」と伝えている。三世紀の半ばにあたる。古墳が造られ始めたのは三世紀の末といわれているし、明らかに古墳時代の特徴を持っているひょうたん塚と、径百余歩の冢と「魏志倭人伝」に記録されている卑弥呼の墓との類似点は少ないようであった。初めからそれほどアテにしていなかったから、私は失望したわけではなかった。漫然と古墳の上をぶらついている間、私は充分に満足したということができる。卑弥呼の墓ではないにしても、かつて大村湾の沿岸に君臨した一人の酋領が私の足の下にひっそりと横たわっているのだ。

彼はのちに東彼杵郡と呼ばれるこの地で、近隣ににらみをきかせた人物のはずである。彼は海で戦い陸で戦い、女をめとり子供を産ませ、租税をとり、あがめられただろう。私は彼の名前を知らず、事績も知らない。後世の人々はみな彼のことを忘れてしまった。ただ、草におおわれた古墳だけが海辺に残り、波の音を聞いている。当時は番人が見張って頂上へのぼることはおろか、近くへ立ちいることも許されなかった古墳の上を、今は誰はばかることもなく一人の小説家がうろついている。

時間がゆるやかな渦となって私をめぐると感じたのはそのときである。過去から現在へ一方向に流れる時間ではなく、それは現在から過去へと遡及する時間でもあった。二つの流れが音もなくせめぎあい、私のまわりで溶けあって、幅と厚みを増したように思われた。

空の高みからヒバリのさえずりが聞えた。菜の花の黄も目にしみた。私は過去に生き、同時に現在をも生きていた。歴史学者はこのような経験をなんと呼ぶのだろう。

（一九七九・五・八）

論じつくされたか

私の膝においた手で体を支え、窓から身をのりだしそうにして、国道わきの丘をみつめていた老人は、あの瞬間、言葉の真の意味で過去と現在を生きていたのだ。私は丘に向けた老人のまなざしを忘れることができない。

前回に私がのべた不思議な感覚は、おそらく当人の地位、身分、教養などとは関係あるまい。ひとえに歴史へ寄せる愛情の多少によるだろう。そして、しろうとが古代史を学び、研究する資格があると称するとき、たよりになるようすがというべきものは、歴史を生きるこの感覚である。私はバスでたまたまのりあわせた老人のあのまなざしで史料をひもといたことがない史学者の著作は読む気になれない。といえば、この人たちは私を感傷的にすぎると嗤うだろうか。

私は歴史の肝腎かなめともいうべき所に、ひとかけらの感傷が存在すると信じているのだが。しかし、どうやら私は、まわりくどい表現でわかりきったことをのべているだけのようだ。あれから十年たって、不思議な感覚の次に何を知っただろう。私は日本の古代史において、これだけは疑いようのない真実といえる事がらが、いかに少ないかを知ったといおう。

せんだって、松本清張氏の口から、邪馬台国がどこにあったかを論じるのは、もはや不可能に近くなった、したがって、その所在を探索するのは、後世の人々のたのしみにとっておくことにしたいという意味の言葉を聞き、私は意外であった。次なる課題は日本という国家が、いつ、どのような過程で成立したかということだそうだ。

たしかに邪馬台国のありかよりも、国家成立の過程と時期が、学問的な関心の対象とするにはまっとうである。しかし、そんなことは今さらいうまでもなく、初めからわかっていたことではないか。限られたとぼしい史料で、邪馬台国が九州にあったか畿内にあったかを決めるのはむずかしいことだといわれる。むずかしいからこそ古代史のアマチュア研究家は血がさわぐのである。

昭和五十年代の半ばに入って邪馬台国研究史は方向を転換した。転換しなければならない理由を松本清張氏は指摘したわけだが、それは氏ひとりの意見ではなく、学界の意見でもある。おいてけぼりをくったような気持になったのは、私だけではあるまい。国家成立の過程と時期だって、そんなものは学者にまかせておけ。私は自分で邪馬台国がどこにあったかをつきとめてみせる。このようにいきまくアマチュア研究家は少なくないはずだ。古代史に興味を持つ日本人は、邪馬台国の所在は「後世の人々のたのしみにとっておく」にはあまりに魅力的な謎なのである。そうそうたやすくおっぽりだすわけにはゆかない。おおかたの専門家はいう。邪馬台国については論じつくされた。卑弥呼の墓なり金印なり出土しなければ、つまりなんらかの考古学的遺物が新しく発見されなければ、論をたたかわせても無意味だというのである。いっけん、もっともらしい考え方なのだが、論じつくされたというのは本当だろうか。専門家はしばしば言葉の綾でしろうとを煙に巻く。学識ある人の言だからと、うのみにするのはまちがっている。

論じつくされたというのは嘘である。

埼玉の稲荷山古墳から出土した鉄剣の銘文がレントゲン線のなかに浮かびあがった。金石文の解読が半年や一年で決定的な結論をもたらすとはしろうとである私には思えないのだが、読解については一応の合意がみられるようだ。私はこの解読にあれこれいうべき知識は持ちあわせていないから、くわしく新聞雑誌で伝えられる学界の論争を傍観していたにすぎないが、せんだって東京で催された古代史の会で、東大名誉教授井上光貞氏が、銘文の獲加多支鹵を雄略と読んだ解読をスンナリうけとめるものだと語り、さらに倭王武を雄略天皇として、五世紀末に雄略の勢力が東国に及んでいたことを示すと説いた時、あるむなしさを覚えないわけにはゆかなかった。

古田武彦氏が「失われた九州王朝」を世にとうたのは昭和四十八年である。古田氏が倭王武を雄略とする定説に精密な根拠をあげて挑戦してから六年たっている。私は古田説に対し、厳密な考証に基づいて学者が反論したとは聞いていない。

（一九七九・五・十四）

しろうとの心がけ

今年三月十日に、福岡市立図書館で、古田武彦氏の講演があった。演題は「卑弥呼の宮殿の所在」である。古田氏の説くところによれば、宮殿は福岡県の春日市に存在した。論旨は説得力に富み、すこぶる明快であった。古田氏は昭和四十六年に「「邪馬台国」はなかった」を著わしている。台と壱の字の異同について、その書物で微に入り細にわたって検討している。

私はうかつにもこの本を読むまで、「紹興本三国志」の原本も写真版も「倭人伝」を除いては日本に存在しないという事実を知らなかった。現在、流布している邪馬台国研究書で用いられる「倭人伝」の文章は、同書からとられている。知らなかったのは私だけでなく、ほとんどのアマチュア研究家も同じことだったろう。専門家は口をつぐんで、右の状況を語りはしなかったのだから。

三世紀に書かれた「三国志」は失われている。いま残っている最古の刊本は、十二世紀中葉、南宋の紹興年間（一一三一～一一六二年）に刊行されたいわゆる紹興本と、紹熙年間（一一九〇～一一九四年）に刊行された紹熙本があるのみである。古田氏は三世紀以降十二世紀までの「壱」と「台」の字形変化を、金石文をたよりにあとづけ、両字の古形は似ていないという客観的な心証をえた。

これは江戸時代から現在に至る邪馬台国研究史上、画期的な証明である。

しろうとにありがちな、例証をヌキにした説ではない。私の見るところ古田氏の論旨には学問的手続きにおいて欠ける点は一つもない。私は本書が刊行された当時、史学界が古田説をめぐって論争のルツボと化すことを予想した。あにはからんや、学界は無風の日の大村湾同然しずまりかえっているのである。古田氏の指摘があったからには、従来のように、壱は台の書き誤りといって涼しい顔ができるとは思えないのだが、象牙の塔の中ではできるのである。

私は初めあっけにとられ、次に失望し、今はやや肚をたてている。

古田説が妥当でないならば、専門家はその説の誤っている点を指摘するべきではないだろうか。それが学者の義務であろう。学界が古田説を無視する理由は明白である。古田氏が大学に職を奉じる人ではないからだ。すなわちしろうとであるために、どのように斬新な論証も黙殺してさしつかえないのである。専門家のナワバリを荒らすな、これがしろうとに対するアカデミズムの回答なのだ。

反響がまったくなかったわけではない。和歌森太郎教授の反論、榎一雄教授の批判があったことは私も承知している。前者は反論というにはあまりにも弱く、後者は古田説に対して正面から嚙みあうには至らなかった。古田氏は榎一雄教授にただちに回答して自説を補強さえした。

講演の翌日、私は古田氏と会って親しく話をうかがうことができた。舌鋒するどく定説を論破する文体のはげしい調子から、さぞや狷介固陋なお人柄かと想像していたのだが、じっさいに向いあってみると、温厚な人である。在野の研究家はえてして孤高を気どり、おれをバカにしたら承知しないぞと肩肘張った人がなくもない。本当の研究者は内なる剛直を柔和な雰囲気で外へ出さないものである。

私は古田氏に古代史を学ぶしろうとの心がまえをたずねた。

「しろうとは、学界の外にあって真実を探究するもののことです」古田氏は言葉をえらびながら答えた。邪馬台国問題が論じつくされたと自分は思っていない。めいめいの説をつきあわせ、仮説のよりどころである証拠文献の検証をするという基本的な作業が充全になされたとはいいにくい。自分は学界の反論をのぞんでいる。批判に対してはいつでも受けて立つ用意がある。邪馬台国が筑前に存在したという自分の説は、たびかさなる批判をうけてもいっこうにゆるがない。おしむらくは批判が正面から加えられないということだ。ほぼ三時間にわたって古田氏は、邪馬台国探索に志したきっかけから、いまの学界の動向まで語った。しろうとが古代史に口をさしはさむことが無意味だとは思わない。かりにしろうとの説が誤っていたとしてもと、古田氏はいった。学問は誤りによっても進歩することがあるのだから。

（一九七九・五・十五）

暮夜ひそかに

私は古田武彦氏の著作を愛読することにおいては、人後におちないつもりである。浅学の身で古田氏の緻密な論証のかずかずを批判することは、かなわぬわざというべきだ。

しかしながら百パーセント、古田説を信奉しているわけではない。どんなに説得力のある論旨も、私の場合、なるほど、よくわかった、みごとなものだと感心した上で、けれど別の考え方もあるはずだと思いめぐらすことになる。要約すれば、これが私の立場である。古田説に対する唯一の疑いは、女王国の国名にヤマイチというすわりの悪い名前をなぜ古代の日本人があてたかということだ。

文字のない時代であったから、言葉のひびきは現在よりもっと重要視されていただろう。

病気にかかった人たちは、ほとんどの場合、死ぬしかなかった。病《やまい》は怖れられ、かつ呪詛されたと見なしていい。そのように忌むべき状態を表わす語とまぎらわしい国名を、昔の人はどうして採用したのだろうか。

さきに、すわりが悪いといったのは、マという子音の次にイという母音がくることをさす。山城、山鹿、山門というふうにマの次が子音であればひびきが安定するのである。邪馬はおそらく山であったろうから。三世紀半ばの倭人が用いた言葉を、二十世紀の情報文明で毒された人間があげつらうのはまちがっていると、人はいうかもしれない。その人たちは弥生期の日本人が遺蹟からみて未開野蛮な人種であったという先入観を持っているのである。

山形大学の後藤利雄氏は国文学の教授で、著書に「東歌難歌考」がある。万葉集巻一四におさめられた東歌は、方言が使われているために解釈がいろいろとわかれている。「東歌難歌考」は、国文学者がこれまで考えあぐねてきた数十首の難歌に後藤教授が挑んだ労作である。ふとしたことで知りあって同書を読む機会にめぐまれ、多くを教えられた。歌の解釈は言葉を知っているだけではダメである。詩的な直観がなければ、歌はわからない。私の読後感は右の一行につきる。

それにしても私はあらためて感じ入るほかはなかった。万葉集は仁徳天皇皇后の歌から淳仁天皇時代の歌（七五九年）まで、四百余年間の歌を集成したものといわれている。文字どころか教育もゆきわたらなかった時代に、これほどの言語芸術がさかえていたとは驚異である。百年や二百年でつちかわれる芸術ではない。万葉集はその背後に日本語の長い歴史があって開花した成果である。弥生期の遺蹟から出土するしろものは、いまの私たちが見てすこぶる貧弱な品物であるから、文化の程度もたいしたものではなかったろうと推測するのはもっともであるが、万葉集を産む言語感覚は三世紀の倭人にもそなわっていたと私は考える。これらの歌がある日とつぜん作られるとは思えないのである。

私はそのような感想を後藤教授に伝えたところ、おりかえし手紙が来て、自分も同感であるといわれた。国文学の専門家の言を私は信用する。そのとき、肥後の球磨川についてたずねられた。河口から上流へ何キロあまり遡航することが可能だろうかという問いである。また、熊本県の有明海沿岸から宮崎へ至る、もっとも踏破しやすい経路も質問された。後藤教授はかねてから邪馬台国について興味を持っていたのだそうだ。質問の内容からみて、教授は邪馬台国日向説であるらしい。

私はいまのところ古田氏にならって、邪馬台国筑前説をとるものだが、自説とことなる説をまっこうからしりぞけようとは思わない。仮説は多ければ多いほどいい。一朝一夕で結論が出る問題ではないからである。私は八代に住んだことのある友人に問いあわせたり、九州山地を横断した知人の経験をたしかめたりして、後藤教授に返事を書き送った。

国文学者には国文学者の専門とする見地から、邪馬台国の所在に関して新しい意見がきかれる。古代史論議がいわば手づまりとなった今は、むしろ後藤教授のような、史学者以外の研究者が私たちに新しい展望を与えてくれる可能性がある。私は後藤教授のほかに少なからぬ在野の研究家を知っている。

内科医、心理学者、洋品店主、弁護士、古書店主、数学者などが、この地こそ邪馬台国と、暮夜ひそかに原稿用紙を前に、その土地が女王国であるべきゆえんを書きつづっているのだ。

（一九七九・五・二十一）

土地の精霊

ひとたび邪馬台国に興味を持つようになると、住む土地を見る目がちがってくる。今までは退屈きわまりなかった風景が、ことなった光の下に浮きあがってくるのである。土地の起伏、一木一草、みなただならぬ様相をおび、彼に何事かを語りかけるように感じられる。見なれた山も丘も川も、歴史のなかで意味を持つ。外界が意味を持つということは、偶然にすぎなかった彼の存在が必然となることでもある。彼はいわば歴史という終りのない長い物語において、主人公にひとしい重い役を演じる自分を見出す。在野の研究家が心の深い所で求めているのは、物語の主人公となることではないだろうか。この点が民間の古代史研究家を、盆栽いじりや囲碁ファンとわかつ大事な差異である。アマチュア史家となった彼がまず目をつけるのは、その土地にふるくから伝わる地名である。

地名はそれまで他と区別するための便宜的な手段にすぎなかった。ただの記号でしかなかった。歴史の森にわけ入った狩猟者である彼は、もはや地名を手段と見なさない。狩猟者に目的地をさし示す道しるべとなる。方位と道程をもそれは告げるのである。そういうわけで、アマチュア史家の多くが、長年くらした土地を邪馬台国に比定するのも、もっともなことだ。彼は土地の名前に通じている。大字小字、郷の名前をことごとく取りあげてみれば、「魏志倭人伝」にあげられた三十カ国とよく似た音を見つけるのに長くはかかるまい。学者がこじつけといい、語呂あわせといってかえりみないこの手法を、私はいちがいにしりぞけようとは思わないのである。専門家にしても堂々とこじつけをし、語呂あわせをしている。しろうとだけがコッケイだということは片手落ちというものだ。

アマチュア史家が書いた邪馬台国研究書を求めると、私は何はともあれ奥付を開いて著者の現住所をしらべる。あるいは出生地を見る。そこが著者のさし示す卑弥呼の位した所と見当をつけて本文を読めば、十中八九あたっている。大昔の人が鳥獣草木に精を感じたように、私は土地にも精霊があると思っている。土地を愛する研究家とその地の間に魂の交感が生じ、一冊の研究書はいってみれば土地の精霊が彼にのりうつって書かせたようなものだ。その土地に長く住んだ者にしかわからない学問的事実が、たとえ砂中の黄金ほどにわずかであるにしろ、含まれている。彼の真実が採取されたもろもろの資料と共存しているのである。どうして語呂あわせとむげに笑殺することができるだろう。

私は昭和五十三年十月に出版された「誰にも書けなかった邪馬台国」を読んだところだ。著者の村山健治氏は福岡県山門郡瀬高町に生まれ、現在はその町の文化財専門委員である。銀行をやめてからボロ買いになり、仕事のかたわら郷土史の研究にいそしんだという。発掘した遺蹟五十カ所、古墳百カ所、地質調査四百カ所、発掘した遺物二万点、集めた古文書八百冊にのぼるという。

この書物に興味をそそられる記述がある。

従来、いろいろと論議された「倭面土国」のことで、私は村山氏の著書によって面ノ上という字の名が山門郡山川町大字清水にあることを知った。太宰府天満宮に伝わる「翰苑」は唐の時代に張楚金が選したものであるが、その中では、倭面土国が倭面上国になっているのである。よく知られているように、「永初元年（一〇七年）倭国王帥升等、生口百六十人を献じ、願いて見えんことを請う」というくだりが「後漢書」に見られる。同書を参考にして書かれた後世の異本には、倭国ではなく、倭面土地、倭面国、倭面土国、倭面上国などとなっている。本居宣長は「倭面土地」と読み、内藤湖南は「倭面土国」、白鳥庫吉は「倭の面土国」と読んだ。

村山氏はこれを「倭の面ノ上国」と読み前記の清水字面ノ上と比定する。そうすると生口百六十人を漢に献じた実力者帥升がいたのはこの地となる。昭和四十一年に面ノ上で小円墳が発見された。副葬品は鹿角装鉄剣、仿製獣形鏡、銅釧であった。石棺の中には人骨があった。近くには縄文、弥生期の遺蹟が多い。村山氏によれば、山門郡は古代日本の遺蹟の宝庫であるという。これまでの発掘は九州縦貫自動車道の下になる部分だけを福岡県教委が主体になって調査したくらいなものだと著者は口惜しがっている。面ノ上古墳は採土工事ちゅうに崖が崩れ、偶然に見つかったものであった。

（一九七九・五・二十一）

其の余の旁国は遠絶にして……

諫早はもともと伊佐早である。

地名の由来はたしかではない。中世までこの地にいた伊佐早氏の名から来たものではないかといわれるが、西日本の地名は東日本のそれとちがって土地の豪族からとられず、逆に豪族が土地の名を冠する習慣が多く見られる。三方を有明海、大村湾、千々石湾にかこまれるという立地条件ゆえ、いさな(磯魚)が豊富にとれる所からいさな江、転じていさ江、さらにいさはやとなったのではないかと、A先生が語ったことを覚えている。諫早湾沿岸には北から順に小長井《こながい》、湯江《ゆえ》、小江《おえ》がある。小長井はもと小長江であったろう。肥前においてはイがエアに訛りやすい。ナガという強い子音の次ではエでとまっても、サという弱い子音を前に持つエが、いつかハヤに変るというのはありうることだ。

私がなぜ伊佐早の読み方にこだわるかといえば、語頭の伊佐だけは変らないからである。「魏志倭人伝」の中に、「其の余の旁国は遠絶にして、得て詳かにすべからず」というくだりがある。「其の余の旁国」とは、いかにもつれない表現である。二十一ヵ国の名前が列記される。陳寿がこれらの旁国について、もう少し詳しく説明してくれていたら私たちはたすかったのだが、ぼやいても始まらない。「次に斯馬国有り。次に己百支国有り。次に伊邪国有り。……」

伊邪国は女王国へ到る道程の途次に言及されるという名誉こそになわなかったけれども、二十一ヵ国の三番めに登場するというはかない光栄は得たわけである。私が初めて「魏志倭人伝」を詳しく読んだのは、今から十年以上も昔のことだった。遠絶なる旁国に、伊邪という名前を見出して、たちどころに伊佐早を想起したのは邪馬台国探索の初心者として、むりからぬことだろう。

下関在住の作家故長谷川修氏は著書「古代史推理」の中で諫早を呼邑《こゆ》国にあてている。皇学館大学教授田中卓博士は、邪馬台国山門説（筑後）であるが、郡使は末盧《まつろ》国《こく》から水行し、平戸の瀬戸を通って大村湾に入り、諫早の地峡部を曳き舟で越して有明海に渡ったと考えている。地峡部に船越《ふなこし》という地名があり、これは「延喜式」にも記録されている古い駅名である。田中博士の著書「海に書かれた邪馬台国」でも、諫早は呼邑国に比定される。伊邪国は肥後の佐嘉郡飯盛《いさかり》があてられている。ここでハタと困ってしまうのは、諫早の近くにも飯盛があるのである。ただし、こちらはイイモリと呼ぶ。類似地名さがしは、よほどしっかりした方法論に基づいていなければ泥沼におちこむことになる。もっとも私はその一例として田中教授の著をあげているのではない。

東京農工大の教授で数理統計学が専門の藤沢偉作博士は、その著「邪馬台国は沈まず」において、邪馬台国が背振山地と筑紫平野を覆う一大国家であったことを証明した。藤沢博士は、邪馬台国問題は未知数の数が方程式より多くて、解が一組にきまらない不定方程式のようなものと指摘している。したがって所在をつきとめるには、いくつかの方程式を設定しなければならない。藤沢博士が採用したのは倭人伝の二千余文字を、もっとも確率の大きい線で結びつけるという数学的方法であった。それによれば、諫早には巴利国があてられ、伊邪国は豊前の宇佐に比定されている。興味深いのは呼邑国が中津付近にあてられていることだ。

伊邪国を諫早としているのは、最近の本で私の知るかぎり子田耕司氏の「邪馬台国二千文字の謎」があるだけである。子田氏は古代史研究家と紹介されてあるのみで、職業はわからない。これによると、邪馬台は邪馬壱で注連稜威《しめいつ》の意であり島原半島南部がその領域であったという。縄文晩期から弥生時代のものと考えられている日本最大の支石墓群がここにはある。

私は際限もなく伊邪と諫早との関連を、先人の労作によって跡づけようとするつもりはない。手がかりが倭人伝の二千余文字の中にしか存在しないのであれば、専門の史学者の他に各種の分野の専門家が、それぞれちがった視角と方法でこの二千余文字に挑むのが、あるいは有効な研究ではないかと思ったのである。田中卓博士は邪馬台国に関して現存する文献と考古学的資料からはこれ以上の結論は出ないといわれる。大事なことはその結論を持ちよっておたがいにその妥当性を検証することである。新しい結論が出され発見がされる可能性は小さくない。

（一九七九・五・二十八）

邪馬台国九州説

邪馬台国、と呼ぶのに、いくらかのためらいを覚えはするけれども、通称にしたがって、以下邪馬台で通すことにする。

私は「倭人伝」にいう邪馬台国が、北九州の一画にあったと、前回に述べた。今のところそう信じている。根拠は簡単で、別に新しい立論であるとは自分でも思えない。「倭人伝」の文章に、さまざまな読み方があるのは承知しているが、これだけは確かだという箇所をぬき出してゆけば、結論として邪馬台国は北九州になってしまうのである。

まず、三世紀半ばごろのわが国に、邪馬台国が存在した。

女王（その王権の政治的機能がどのていどのものであったかは論じないとして）の名は卑弥呼であった。

魏の郡使は朝鮮半島から対馬、壱岐を経由して北九州の一点に上陸した。末盧国が松浦というのは定説なのだが、高木彬光氏の宗像海岸、神湊説もあるので、大きくゆずって北九州のある港としておく。まさか壱岐から山陰地方へ向うことはしなかっただろう。もう一つ、私が末盧を単純に松浦郡の呼子あたりと決めかねているのは、「倭人伝」によると郡使が上陸するほどの重要な港に、官吏がいないということである。これはどうしたことだろうか。となりの伊都国は末盧国の四千余戸にくらべ、わずか千余戸の人口しかないのに、主の爾支、副の泄謨觚、柄渠觚、あわせて三名の「政府高官」がいる。半島への往来がひんぱんでなかったので、常駐していなかったと考えられないこともないが、五百里しかはなれていないのだし、人口も四倍の土地に一人くらいはいてもおかしくない。

この伊都、次の奴と不弥までは里程の記載からどこと確定しないまでも北九州の海岸付近に隣接した国々と見なすことに、異論はあるまい。確実なことはまだある。「倭人伝」にあげられたおよそ三十の国々は、女王国に統属していた。すなわち邪馬台国はこれらの三十カ国のいわば宗主国であった。皆統属女王国、を女王国に統属すではなくて、女王国を統属すと読む人もあるけれど、いくらなんでもこれはムリというものだろう。伊都国が倭の主権を握っていたのなら、王の名が記してあるはずと常識は考える。

私が邪馬台国＝北九州説を支持するのは、右に述べた事実だけである。たったこれだけの理由で？　とおどろき呆れる人が多いだろう。それでは反問する。邪馬台国が畿内にあったと仮定すれば、三世紀の中ごろ、つまり弥生時代の末にわが国には統一政権が成立し、その力は九州にまで及んでいたことになる。しかし、定説では国家らしい国家が畿内で成立したのは三世紀どころか、いくら早く見つもっても四世紀の末か五世紀まで待たなくてはならない。卑弥呼の時代に畿内の支配力が九州へまで達していたのなら、銅鐸が九州からほとんど出土しないという事実をどのように解釈すればいいだろう。

私は「倭人伝」の枝葉末節にこだわらないで、大多数の人々が認めるギリギリの歴史的事実をよりどころに、邪馬台国を北九州とした。水行十日陸行一月をどう読むか、投馬国は出雲か、鞆か、玉祖か、都万か、あるいは狗奴国と邪馬台国との関係などという疑問は二次的な問題である。卑弥呼が筑紫の一画に宮殿をかまえていたと想定することによって、これらの疑問に対する解答がおのずからみちびきだされるだろう。

志賀島から出土した金印も有力な証拠である。「漢委奴国王」の委奴を、倭の奴国と読むにしろ、委奴《いと》国と読むにしろ、一世紀の半ばごろ、北九州には既に大小百余の国が分立し、大陸に存在を知られていたことははっきりしている。「後漢書」が記述した「倭奴国」が百余国の中に含まれることに異議をとなえる人はまずあるまい。そしてのちに邪馬台国と呼ばれる国もその百余国のうちの一国と考えてさしつかえはあるまい。

皇室の象徴である三種の神器は、玉、剣、鏡である。これらは北九州におびただしく埋蔵された甕棺の副葬品であった。安本美典氏は、記紀にある地名の大部分が九州と山陰に分布するという事実を指摘している。字句のこまかな分析よりも、現在明らかになっている動かしがたい事柄を綜合してゆけば、邪馬台国は九州の北部としか考えようがないのである。


（一九七九・五・二十九）

鏡よ、鏡

邪馬台国は畿内にあったと信じる人たちが、有力な証拠としてあげるのに鏡がある。

卑弥呼は景初二年（二三八年）魏の明帝に貢物を献じ、そのお返しに銅鏡百枚を下賜されている。一九五一年、堺市の黄金塚古墳から景初三年の銘がある一面の鏡が出土した。それ以前に正始元年（二四〇年）の鏡が、兵庫県豊岡市の森尾古墳から、群馬県高崎市の柴崎古墳から出ている。

三角縁神獣鏡の全国的な出土状況を見ると、畿内と近畿が圧倒的に多く、九十五面、中国四国が二十四面、九州では三十三面である。さらにこまかくいえば、豊前の二十面に対し、筑前の七面、筑後の三面となる。三角縁神獣鏡とはぎょうぎょうしい名前をつけたものだ。

陳寿も罪な記述をしたものでたんに鏡と書かず、もう少しくわしくこの形状を説明してくれていたら、私たちが口角泡をとばして邪馬台国論争をすることにはならなかったろう。畿内説論者が持ちだす鏡こそ九州説の私が証拠として指示するものである。古代の日本人はよほど鏡が好きだったらしい。明帝も詔書のなかで、汝ニ好物ヲ賜ウ、と恩を着せている。卑弥呼の朝貢は景初二年ではなく三年であったという説がある。よろしい、一歩ゆずって三年としよう。黄金塚古墳の鏡にきざまれた年代と一致することになる。しかし、疑問が生じる。はるばると海を渡って来た倭人のために魏は大急ぎで銅鏡を鋳造したのだろうか。手もとにありあわせの鏡は一面もなかったのだろうか。

倭国王帥升等が、後漢の安帝に生口百六十人を献じた永初元年（一〇七年）から景初二年まで百三十年以上たっている。その間、倭国が中国に使いしたという記録はないのである。にもかかわらず魏の宮人たちは倭人がことのほか鏡を愛好することを知っていた。考古学的遺物には同じ遺物で反論しなければならない。

糸島郡を含む博多周辺の弥生式遺蹟からおびただしく発掘された漢鏡である。あわせて百二十九面。さっそく畿内論者からいい返されるだろう。魏帝がなぜ漢鏡を与えるのか、つくるのに手間ひまのかかるものではない鏡ぐらい、倭の使い難升米らが洛陽に滞在している間に製造するゆとりはあっただろうと。この人たちは漢と魏の関係を見おとしている。黄初元年（二二〇年）に魏の文帝は、禅譲によって漢をついだ。明帝は異域の朝貢者たちに漢の正統的な継承者であることを示す必要があったからこそ、漢鏡を与えたと考えていい。政権交代の年から難升米が倭国より派遣されるまで、たった一八年しか経過していないのである。倭人を除いて鏡を好んだ異民族は存在しなかった。

邪馬台国論争に何の関心もない人々は、このような文章をヒマ人の道楽と見て、バカバカしいと一蹴するにきまっている。実のところ私も鏡についてくだくだしく述べながらあるむなしさを感じると白状しないわけにはゆかない。人並に古代史が大好きであるというものの、九州説の証拠として私があげる論拠は、畿内説を信奉する人々から、すぐさま反駁されるのを承知しているからである。ああいえばこういう、これが邪馬台国論争なのだ。

魏帝が難升米に持ち帰らせたのは漢鏡であるというのは、今さらいうまでもなく私の発見ではなくて、古田武彦氏の説であることをことわっておかなければならない。ついでにいい添える必要があるのは、古田説をくつがえすに足りるほどの説得力に富んだ反証があれば、私はいつでもその説を虚心に傾聴する用意があるということだ。私はかたくなに九州説を固持するつもりはない。以前にも二、三の雑誌に私の立場を説明したことがある。

今のところは九州説を信じてはいるが、すべての疑問を解きあかす論が出現すれば、たとえそれが畿内説であろうと四国の阿波説であろうと、はたまたフィリッピン説であろうとつぶさに検討するつもりだ。古代史ファンは半狂人だと指摘する人がいる。自分の視野、それもみずから限ったせまい視角からのみ歴史を見て、他の方法、視点をかえりみないうらみがある。自説と異なる論に対して学問的に反駁せず、感情的に罵倒しがちなのだ。ほほえましいといえなくもないが、罵倒によって学問は進歩しないのである。

それにしても新しい邪馬台国をさし示した書物が、毎年のように書店に並べられるのはどうしたわけだろうか。いずれも著者は歴史学のしろうとばかりである。古代史ブームはおさまったといわれてから既に久しいのだが。

（一九七九・六・四）

消えゆく地名

ある日、未知の人から電話がかかってきた。日ノ出町に住んでいる者ですという。聞いたような町名であるが、そこが諫早のどのあたりなのかピンとこない。郊外に二万人もの住民を収容するニュータウンができて以来、おびただしい町の名が続出して、自分の土地とはいいながら、さっぱり不案内なのだ。

しばらくしゃべってから日ノ出町がわかった。目代《めしろ》のことである。長崎と佐賀の県境をなす多良岳は、標高およそ千メートル、いくつもの尾根が流れ落ちて平野にとけこんでいる。目代はその尾根の一画をさす。地名は平安時代、そこに駐在していた国守の代理である目代《もくだい》から来ている。めしろともいい、がんだいともいう一種の代官である。

私が小学生であった昭和二十年代の半ばまでは、その丘陵地帯は農家がまばらに点在する畑地にすぎなかった。今は新建材でつくられた住宅がぎっしりと丘を埋めつくしている。東に面した丘陵は、諫早湾の水平線から現われる朝日を見ることになるので、日ノ出町と命名されたらしい。味もそっけもない町名である。千年の歴史を持つ目代という地名はあっさりと葬られることになった。今の小学生は目代がどこなのか知らない。目代付近には仏供田《ぶくで》、乙法師《おっぽうし》、塔の山など、いずれも寺院にちなむ地名があった。ギラギラとしたアルミサッシをはめこんだ家々がたちならぶ住宅地帯は、大昔、堂宇、寺田の所在地であったわけだ。平安時代の文書は諫早においてきわめて乏しいので、右は地名のみで推しはかるしかないのであるが、推測は的はずれではあるまい。

目代から尾根をさらにくだり、平野と接するあたりに正林《しょうはやし》の地名が残っている。この地名を姓とする家もある。正林は旧く荘林とも書かれた。目代といい、荘林といい、日当たりのいいこの一帯は中世の荘園と見なすのがふさわしいようである。目代の地名が消えたのと同じく、仏供田も乙法師も抹消された。故老の記憶にあとをとどめるだけだ。老人たちが世を去れば、これらの地名は現在の諫早から消えることは確かである。郷土史のページをひるがえす者だけが日ノ出の由緒を知るだろう。

私の祖父は明治八年、祖母は明治十六年のうまれであった。二人とも諫早人である。祖母とながらく一緒に暮したので、私は諫早のふるい地名を覚えている。私だけではなく昭和十年前後にうまれた諫早の、とくに農家の人々はふるい地名を記憶しているはずだ。

美野《みの》は目代の下、正林の上手をさす肥沃な畑地をさす。菅牟田《すがむた》は目代丘陵とその隣の丘陵にはさまれた水田地帯で、ふるくはただの湿地であったことが地名から想像される。

カンビラタという土地が尾根の一部にあった。この地名がどこから来たのかわからない。上平田をあてるのはやさしいが、曲がなさすぎる。神名備平田《かんなびひらた》がつづまってカンビラタと呼ばれるようになったのではあるまいかと今は想像している。私が子供のころ、つまり敗戦直後のことだが、カンビラタと呼ばれる尾根の中腹に私の家はささやかな畑地を所有していた。美野もカンビラタも多くは墓地である。わが家の畑へ至る畦道のかたわらに、苔むした石碑がころがっていた。墓石ならば似たようなしろものがあちこちにころがっていたから見わけられたはずである。それは明らかに墓標ではないことが子供の目にもわかった。

風雨に磨滅した文字のようなものが、苔に埋れていた。石碑は単独ではなく、礎石のようなものと共に積みあげられ、農夫たちが畑を耕すとき掘りだした大小の石のすて場にもなっていた。私の祖母は私が石碑にさわるのを禁じた。あれは由緒因縁のあるものだから、みだりに動かしてはならないというのである。子供の好奇心はタカが知れている。どのような由緒がいい伝えられているのかと、祖母にたずねておけばよかったと、今にして残念がっても後の祭りというものだ。神名備は神の鎮座する山や森、あるいは神社の森をさす。カンビラタとは神社の領する田地のことではなかったかと勝手に推測するのである。苔むした数個の石はだれがいつ片づけたのか今は見られない。私は諫早において消えた地名のうち、ほんのわずかな例をあげた。実はこのような事例は昭和四十年代に入った日本全国で進行している現象なのである。古記録の有力な傍証となる地名が行政の便宜を理由に地図から消えてゆく。高度経済成長が産んだ悪は水俣のヘドロや四日市のガスだけではないのだ。悪というのは私たちが依って立つ土地の非歴史化であろう。経済成長が軌道にのった年に宮崎康平氏の「まぼろしの邪馬台国」が世に出たことは偶然ではない。

（一九七九・六・五）

甲と乙のト

民族のコア・パーソナリティーは、千年や二千年ではそれほど変るものではないと、ある社会学者が述べた。十数年も昔のことで、著者が何者であり論文はいかなる題名であったか忘れてしまったが、その要旨は印象に残っている。

コア・パーソナリティーとは訳しにくい言葉である。コアは果物の芯を意味し、パーソナリティーは一応、性格と解するなら、コア・パーソナリティーは性格の心髄とでもいおうか。すなわち性格のうわっつらは時代の変化につれて変るけれども、中心部は世の有為転変に影響されることが少ないとこの社会学者はいいたかったのだ。

博多の天神に歴史資料館がある。

私は博多へ所用で出たおり、暇をつくってここを訪れる。見たい物は一つ、志賀島出土の金印である。本物ではなくて模造品であるが、赤いビロウド張りの回転台にのせられ、ゆっくりと回っているのを眺めるのはすこぶる愉しい。歴史資料館は博多の中央にあるのに、訪れる人はまれである。館内はいつもひっそりとしている。うす暗い室内でおもむろに回転する金印を数分間見物すると、私は何やら満ち足りた思いを味わう。この金印をもらった倭の委奴国王はさぞ嬉しかったことだろう。一族はいうに及ばず、近隣の族長を招いて宴を張り、見せびらかして悦に入ったにきまっている。西暦五七年のことである。なんともほほえましい情景だと思う前に、文字の使用を知らなかったはずの古代日本人がどうして金印をありがたがったのだろうという疑問がわく。読み書きがおこなわれるのは通説では、これより四百年以上もあとのことになっている。倭人は紀元前一世紀の初めごろ、楽浪へ往来していた。ここを経て前漢鏡や青銅器、鉄製武器が九州へ輸入された。委奴国王が文字の意味を知らなかったはずがない。しかし今、私がいいたいのは別のことである。

弥生期の遺跡から出土する剣や戈、鏡など、大陸製ではなくて往古の日本人がこしらえたと思われる品物に共通しているのは、一種の優美さである。可憐さともいえる。明らかに国産品と見られる銅鐸と殷墟から出た鼎とをくらべてみてもいい。後者が威圧的でおどろおどろしい形状を持っているのに、前者は鬼面人をおどろかす趣から遠い。素朴で、どことなく優しい味わいがある。

和辻哲郎は日本と欧州の文明を比較するのに彼我の武器を例にあげた。ヨーロッパの刀剣や鎧は実用を重んじ、美しさは二の次三の次と考えられていた。わが国の刀剣甲冑は機能とひとしく美的な特性もそなえていなければならなかった。古代日本人の美意識はれんめんとして今に伝わっていると私は考える。弥生式時代の日本人と、ディスコティクで踊り狂っている現代の日本人と、性格の中心部はあまり差がないのである。若いときは昔と今のちがいばかりが目につく。齢をとるにつれて過去と現在の共通点が見えてくるようになるとよくいわれる。今もあることはかつてもあったことだ。前回に書いた古代史のシンポジウムで、ある初老の古代史研究家は、私に「邪馬台国の住民と今の日本人とたいしたちがいはないと思いますよ」といった。これを民族の連続性とかいう生硬な言葉で表現したくない。

魏の使いの前にかしこまって、身ぶり手ぶりをまじえながら倭の歴史ともっかの情勢、それに風俗習慣を物語った倭人たちのことを私は想像する。同席した通訳は、帯方郡《たいほうぐん》か狗邪韓国《くやかんこく》のインテリだったろう。「倭人伝」には人性嗜酒とあるから、遠来の客に地酒を供してもてなしながら「斯馬国がございます。次に己百支国がございます。さあて、私めは行ったことがありませぬが、何せ遠方でござんして」などと弁じたてた。郡使は聞きとりにくい外国語に閉口しながら筆を走らせる。現代の日本人と同じく好奇心はたっぷり持ちあわせていた私たちの祖先は、目ひき袖ひきして文字というものに見とれたであろう。このときの情景は孫子の代まで語り伝えられる。

「うちの爺さまはなあ、魏のお使いにわが国のありさまを語ってさしあげたのだぞ。なんという晴れがましいことだ」。子供たちは老人の昔話にうんざりする。後世の学者が甲音と乙音のトについて論争するとは思わなかっただろう。郡使がそこまで正確に外国語の発音を聞きわけることができたかどうか。

（一九七九・六・十一）

知的遊戯か

しろうとの古代史研究家に対して、結局のところ知的遊戯ではないかという人がいる。あるいは無害な道楽ではないかと。

学問（と構えるほどのことはないが）にはたしかに知的遊戯の要素がある。しかし、けっしてそれだけではない。とくに邪馬台国の所在に関心を持ち、「倭人伝」をそらんじるまでに読みふけっている人々を、知的遊戯におぼれていると片づけるのはまちがっている。「まぼろしの邪馬台国」が世に出た昭和四十二年という年は、公害という新語が流布し始めた年でもあったことは注目していい。高度経済成長は、日本人の暮しむきをずいぶん楽にした。五木寛之氏はあるとき、飢えを知らない世代が出現したのは、日本の歴史で初めてだと指摘した。増大したGNPはおびただしい悪をまきちらした。昭和四十八年のオイルショックは、私たちの文明がどんなにもろい基盤の上に築かれているかを教えてくれた。一寸先は闇というのが現代人の心情である。私たちはどこへ行くのか。どのような未来社会が待ちかまえているのか。たしかな予測をすることは不可能に近い。すべては石油まかせである。日本人は昭和二十年にそれまで信じていた価値観を改めさせられた。神風特別攻撃隊は今や夏のテレビに映るぼやけた灰色の影像にすぎない。滅私報国の次に何が来たか。飢えないために働くことである。ひらたくいえば定年退職するまでに持ち家を手に入れ一生に一度くらいはパリかロンドンへ観光旅行をすることということになる。かくて一億の日本人が粉骨砕身して働いた結果が現代である。こんなはずではなかったと思ったところでもう遅い。昔とくらべて生活は一応ラクになったけれども明日のことはわからない。働くことはいいことだと思いこんでいたら円が高くなって外国からボロクソにいわれる。

かといって怠けたら暮しが立たない。何を信じて生きたらいいのだろうか。のんびりとした顔はうわべだけのことで、私たちは内心びくびくものでその日その日を生きているのである。敗戦の年に日本人が手に入れた新しい価値観は古くなった。しかしそれに代る新しい価値観はまだ見あたらない。一寸先は闇と私がいったのはそういう意味である。

私たちはどこへ行くのか。それが不確実であれば、私たちが何者であり、どこから来たかをたずねることが先決問題ではあるまいか。しろうとの古代史研究家が胸の奥で漠然と考えているのは右のようなことだと私は想像する。前回、私は民族のコア・パーソナリティーを持ちだして尻切れトンボに終った。邪馬台国探索はせんじつめれば日本人が現代を生きるよすがを求める営為なのだと私はいいたかった。もちろん、邪馬台国問題は今に始まったことではなく、本居宣長の時代から続いていることぐらい承知しているが、アマチュアの研究家がこぞって「倭人伝」を耽読している数は過去の比ではない。

彼らは古代史の闇をみずからたくわえた知性の光で照らそうとしているのだ。日本人の正体がわかれば、未来にわだかまった混沌とした闇もうすれるにちがいない。二千年前の日本人と現代の日本人が同じ民族でなければこういうことも無意味なのであるが、コア・パーソナリティーとやらの術語をひきあいに出すまでもなく、しろうと研究者は右の事実を自明の真実とみなしている。私もまたしかり。邪馬台国はここだと論証する人々は、そうすることで一つの身分証明書をこしらえているのだ。これを知的遊戯とそしり、無害な道楽とおとしめるのはどうであろうか。おそらく高度経済成長の破綻と邪馬台国への関心は、私にいわせれば無縁ではない。

身分証明はアイデンティティーである。使いふるされた流行語を用いるのは気がさすけれども、いっぱしの知識人顔をする人はみな口にする言葉であるからここに採用する。身分証明といってもぴんとこない識者のためにである。正体、身もとなどと訳されている。最近はようやく下火になったものの、新聞雑誌をひらいてアイデンティティーという語に出くわさないことは今もまれである。しかしながら、正体といい身もとといっても何やらふさわしい訳語ではない。まあ仕方がない。これにあたるぴったりとした日本語が今までなかったということがむしろ興味深い。身もとを明かす必要がなかったからである。現在に至ってしきりにアイデンティティーをネコもシャクシも口にするようになった。

邪馬台国問題はまだ当分ケリがつかないだろう。しかし、邪馬台国に関心を持つ人はふえはしても減ることはあるまい。自分の生きる根拠を求める日本人がいるかぎりは。

（一九七九・六・十二）

邪馬台国論争は終わったか

さきごろ、博多で講演した松本清張氏は、邪馬台国のありかについてこれ以上とやかくいっても始まらないだろうといわれた。すべての論議は出つくした、新しい考古学的遺物が出土するか、それに匹敵する文献でも現れないかぎり、邪馬台国がどこにあったかをめぐって、論争するのは無意味である。むしろ、日本という国家が、いつどのようなかたちで成立したかをきわめるのが、これからの課題ではないか。講演の要旨は、ほぼこのようなものであった。

松本清張氏のみでなく、右は古代史にたずさわる学界の傾向でもあるようだ。邪馬台国の所在に関しては学者が知恵をしぼりつくしてまだ決着を見ていないから、この問題はわきにとっておき、次なる問題に挑戦しようというわけである。

異議あり、と私は申し立てたい。

たしかに日本という国家が成立した時期と過程は、学問的に充分な魅力がある。けっこうでしょう、おやりになってくださいというほかはない。しかし、学界の諸先生にたずねたい。すべての論議はおたがいに正面からつきあわされ、問題点が一つずつ検証されたかどうか。たとえば古田武彦氏の「九州王朝説」は、単にしろうとの思いつきというにはあまりにも学問的方法論にのっとり文献の裏付けがありすぎる。専門家は古田氏の「九州王朝説」をどのように見ているのだろうか。無視してさしつかえがないほどに根拠が弱いものであれば、古田氏のあげるどの根拠がどのように薄弱であるか指摘してもいいと思うのだが。

倭の五王はこれまで信じられていたような畿内の天皇ではなく、すべて九州王朝の権力者であったことを、古田氏は精密に論証した。私は古田武彦氏の説を江上波夫氏の騎馬民族説と同じほどに画期的でざんしんな考え方と見なしている。

古田氏の説が正しければ、埼玉稲荷山古墳から出土した鉄剣銘文も解読の仕方がちがってくる。「九州王朝説」が発表されて六年たった現在、これに専門家がまっこうから反論を加えた事実を知らない。理由は察しがつく。古田氏が在野の研究家だからである。専門家はこういいたいのだ。しろうとに学問の世界を荒らされてはたまらない。自分たちは忙しいから諸君の研究をいちいち評価する暇なんぞありはしない。「ナワバリに踏みこむな」という意味の指摘は私もある専門家の口から聞いた。邪馬台国については論争は終わったと諸先生がいわれるのは、だから半分しか本当でない。

「季刊・邪馬台国」がこのほど創刊された。版元は博多の出版社で、私はその編集長をつとめることになった。一介の小説家にすぎない私が大変なことをひきうけたものだと思わぬでもないが、乗りかかった船である。及ばずながら大任を果たしたいと思っている。

邪馬台国の研究は、同じ歴史といっても鎌倉時代における土地所有形態の研究とか、室町時代における家族制度の研究とかと本質が異なる。しろうとが我こそは邪馬台国の発見者たらんと意気ごむのは、それ相応の理由と魅力があるからだ。関心のない人には愚にもつかない暇つぶしと見えるだろう。よくいってまあ一種の知的パズルと見られるのがオチである。日本の古代史に対する関心が深まったのは私の見るところ昭和四十年以降である。宮崎康平氏の「まぼろしの邪馬台国」が一般に興味をよびおこすきっかけになったのだが、これが刊行されたのは昭和四十二年であった。この年が公害という新語が定着した年でもあるのは象徴的である。しろうとの関心がおもむろに高まりつつあったころ、高度経済成長のゆきづまりがあらわになった。暇人の道楽であれば、オイルショックと共に邪馬台国熱も衰退してあたりまえだ。それが逆に熱を煽ることになったのは、先ゆきの不安が失われた歴史を求めさせるのにあずかって力があったと考えるほかはない。未来に拡がる闇はどうしようもないけれども、三世紀の闇は個人の知性とたゆまぬ努力で明るくすることができる。すくなくともまっ暗闇に薄明をもたらすくらいは可能だろう。在野の研究家が内心考えているのは右のようなことではないだろうか。明日はどうなるかわからない不安が、謎に包まれた三世紀を研究する原動力となったわけだ。

古代史の研究家は大ざっぱにいって三種類に分けられる。

まず大学に職を奉じる専門家、第二に大学教授であっても専門が数学や医学などで本業のかたわら邪馬台国に興味を持っている人たち。高校、中学の先生方もこの中に含まれる。第三に古本屋とか僧侶とか学問の世界の外にいる人たち。二と三に属する人たちは、その研究の成果を世に問う手段を持たない。運がいい場合は、出版社の目にとまって本にしてもらう機会がありはするけれど、大部分の原稿はむなしく戸棚にしまわれたままだ。

「季刊・邪馬台国」は古代史に興味を持つすべての人に論文発表の場を提供したい。専門家のみならず、非専門家にも、すなわち二と三に分類される人たちにも、研究成果を発表してもらいたい。理想は学界としろうと研究家の世界との間に存在する深い溝に橋をかけることである。ほんのひとつかみでも溝に土を投げ入れて浅くすることである。

創刊号には古代史の専門家である方々の文章と在野の研究者の論文をあわせて掲載した。アマチュアの原稿を選択したのは私である。博多の出版社だからといって九州説に肩入れするつもりはまったくない。何を目安にして原稿をえり分けたかといえば、論旨の進め方に説得力があるかどうかによる。ご先祖からのいい伝えで、卑弥呼は筑後山門の住人であると信じているなどという論文はとらない。アマチュア研究家に厳密な歴史学の方法論を期待するのはまちがっていようが、自分がこう思うのはこのような証拠があるからだというふうに書かれた文章は、方法論という言葉を知らなくても、読者を説得する力を持っているものだ。結論が畿内であれ四国であれ、はたまたフィリピンであれ、理にかなった文章は採用するのである。創刊号がわが国の邪馬台国研究史に新しい役割を果たすことになればと願っている。読者の批判はのぞむところだ。

創刊にあたって（『季刊邪馬台国』創刊号巻頭言）

わが国の古代史について、近来とみに関心が高まっている。

戦後、皇国史観から解放された日本史の学問的成果は目ざましい進歩がある。邪馬台国の所在をめぐる研究もその一つである。

謎に包まれた古代史に関して在野の研究家がおびただしい考察を発表している。歴史が専門家だけでなく一般の人にも研究の対象となるのはいいことである。

しかし残念ながら専門家は在野のアマチュア史家の研究を評価しない傾向がある。日本という国が、いつどのようにして出来たかを知るのは、並大抵ではない。知ろうとする企ては専門家のみならず日本人なら誰しも許されることではないだろうか。

本誌はいわば専門家と在野のアマチュア研究家との間に横たわる深い溝の橋渡しをしようとするものである。

民間のまじめな研究家に労作を発表する機会を提供したい。

または真摯な専門家の諸先生からは助言を得たい。

本誌が単なる興味本位の出版物ではなく、専門家としろうととを問わず、日本の古代史に関心がある人なら誰でもその研究成果を公表できる場処であることを明言する。歴史は万人のものである。

解　説――多彩な才能の歩んだ道

中村彰彦

およそ半世紀前の私事に関する記述からはじめることを御容赦願いたい。私は昭和四十四年（一九六九）春に大学生になると同時に『文學界』『群像』その他の月刊文芸誌の精読を開始し、この習慣は卒業まで継続することができた。

だからこの四年間に雑誌に発表された文芸作品はあらかた読んでおり、野呂邦暢さんの作品でいえば、今なお感心したという記憶が残るのは『文學界』昭和四十七年三月号掲載の「水晶」であった。これは病院から出て来た若い男女のその後の一夜を描いた抒情的な作品であったが、かれらが病院へ行ったのは妊娠中絶のためであったことがふたりの会話から自然にわかってくる点、しかし妊娠中絶などといったストレートな表現は一切使われていない美しい文章で書かれている点などに作者の才能が感じられた。

案の定というべきか、野呂さんは翌昭和四十八年下半期に「草のつるぎ」（『文學界』十二月号）で芥川賞を受賞、昭和五十二年には長編歴史小説『諫早菖蒲日記』を文藝春秋から出版してマスコミ界の話題になった。芥川賞作家が歴史・時代小説を発表した例はないではないが、『諫早菖蒲日記』は作者が初めて手掛けた長編歴史小説とは思えないほど堂々たる出来映えを示していたからである。

幕末に佐賀藩の支藩諫早藩の砲術師範の娘として生まれた十五歳の少女の喜怒哀楽をみごとに描いたこの作品の味わいは、左のようなみずみずしい文体からも読み取ることができよう。

「森は香ばしい匂いがした。

黄と紅に色づいた木の葉に、森の中をすすむ私の顔も染まるかと思われた。ひと足すすめるごとにわらじの下で音をたてて落葉が砕けた。しずまりかえった森のなかで、きこえるのは、私たちの足音だけである」

漢字と平仮名のほどよい配分、色彩と音によって森の中の静寂を語る文体には読者を陶然とさせる情感が湛えられていて大いに感服させられた。

その後野呂さんが、『諫早菖蒲日記』の二十五年後の後日譚である「花火」（『文學界』昭和五十二年十一月号）を経て諫早の戦国時代へ遡り、『落城記』（同五十五年、文藝春秋刊）を書いたことはよく知られている。本書の後半部に収録された歴史エッセイ「伊佐早氏のゆくへ」「消えた土豪」「幻の伊佐早城」の三編は、諫早という土地とその歴史を愛した著者がこれら一連の作品の舞台裏を垣間見せた貴重な文章である。

特に「幻の伊佐早城」には著者が「諫早と大村の境界からやや諫早寄りの丘」にある古

い城址に登り、「自然石を積んだ石垣」を発見、この城址を『諫早菖蒲日記』に使おうと考えた、とある。著者の創作作法の一端を伝える、貴重な一文といえよう。

ただし、歴史の知的掘削作業に興味を覚えた者は、どうしても古代史にまで遡りたくなる。そして、古代史関連の書物の森に分け入った者は、どうしても邪馬台国について考えたくなる。本書冒頭の「古代史を愉しみたい方に」「怠惰な狩人――私の邪馬台国」には昭和四十二年のベストセラー『まぼろしの邪馬台国』に触れたくだりがあるが、当時、栃木県立宇都宮高校の二年生だった私にも、この宮崎康平作品によって邪馬台国の所在地論争への蒙を啓かれたという思い出がある。

この所在地論争についていうと、九州在住の人には邪馬台国九州説を支持する人が多く、関西在住の人には大和説を支持する人が多い、という傾向があるようだ。諫早という土地を愛した野呂さんが『「邪馬台国」はなかった』や『失われた九州王朝』など、大きく見れば邪馬台国九州説に入る古田武彦氏の著作に関心を寄せたのは、その意味できわめて自然な反応であろう。

さて、ここで「怠惰な狩人――私の邪馬台国」から「長駆する秋山騎兵旅団」までの掲載された月刊『歴史と人物』誌（中央公論社刊）に触れておく。近年ビジュアルな歴史雑誌として復刊された同誌と異なり、当時の『歴史と人物』はA5判サイズで活版印刷された歴史読物を主体とする雑誌であった。

ライバルとしては新人物往来社の『歴史読本』、秋田書店の『歴史と旅』などがあり、これらの雑誌はその月のテーマを古代史なら古代史と決めて特集を組む場合、読物一編の長さを四百字詰原稿用紙二十枚以内に抑え、読物の数を多くして目次をにぎにぎしく見せる傾向が強かった。対して『歴史と人物』は読物一編に三十枚の枚数を与えることが珍しくなく、その分だけ読者はより深く水深測量された記事に接することができた。

野呂さんが同誌に発表した「筑紫国造 磐井の叛乱」から「長駆する秋山騎兵旅団」までの六編を改めて読むと、よく史料に当たり、それをよく咀嚼してから書きはじめていることがわかり、安心して読みすすめることができる。

「フビライが日本遠征をくわだてた本当の目的は何だったか。岩村忍氏は黄金の獲得ではないかと指摘している」(「元寇『神風』が吹かなかったら」)

「(帯の)結び目は右わき。帯に鎖を巻きこんだのは、高田馬場で堀部安兵衛が帯を切られ、着物の裾が足にからまって困った経験から提案したのが容れられたのである」(「討入りの日——元禄十五年極月十五日払暁」)

といった文章も、私は大変面白く読んだ。私は野呂さんにやや遅れて『歴史読本』『歴史と旅』『歴史街道』などに歴史読物を多く書いた時期があったが、歴史読物の面白さは読者に「へえ、なるほど」と思わせる新情報の多さに比例して増幅されるものなのだ。

さらに私は、左のようなくだりにも野呂さんの個性が読み取れて興味深く感じた。

「元は男子たるものすべて兵役に服する義務がある。軍隊は、十人隊、百人隊、千人隊（略）、類似した兵制が組織されたのはナポレオン戦争以後であることを思えば、こと戦争に関するかぎり、元軍がいかに近代的であったかわかるだろう」（「元寇『神風』が吹かなかったら」）

「三コ中隊に機関銃六挺と予備中隊を加えて一コ連隊を編成したのは、イギリスとスイスの模倣である。（略）支隊にはのちに火砲も与えられた。（略）いずれにせよ、機関銃と火砲を持った騎兵隊は満洲軍においてもっとも機動性に富んだ独自の集団であった」（「長駆する秋山騎兵旅団」）

野呂さんが軍隊の編成に詳しいのは、昭和三十二年（一九五七）から翌年にかけて陸上自衛隊に入隊していた経験があるために違いない。この自衛隊体験は『草のつるぎ』を頂点とする野呂さんの純文学作品群の重要なモティーフとなる一方、歴史読物を執筆する際には重要な知識の源泉として生かされたのだ。

最後に触れておくべきは、歴史読物の系列の間に挟まれるように配された「〈座談会〉熱論『邪馬台国』をめぐって」をどう評価するか、という問題であろう。ことは邪馬臺（台）国は邪馬壹（一）国の誤りだとする古田武彦氏と邪馬壹国は邪馬臺国の誤写・誤刻だとする安本美典氏の主張のどちらに理があるか、という一点に帰結する。

両氏の「討論を終って」を読む限りでは、両氏ともに論争に勝利したと思っているようであり、野呂さんは野呂さんで司会者としての中立性を重んじ、両氏のいずれにも軍配を挙げないまま急逝してしまわれた。時を超えてこの刺激的な座談会が本書に収録される以上、解説役をお引き受けした私としては一言なかるべからずと思われるので、まず両氏の論争がその後も次のようなメディアでつづけられたことに言及しておこう。

▽NHK第一放送「ナイトジャーナル」平成五年（一九九三）六月一日夜十一時二十分～十二時『津軽の古文書真贋論争』古田武彦・和田喜八郎vs安本美典

▽『サンデー毎日』同年七月十一日号『大詰め！「東日流外三郡誌《つがるそとさんぐんし》」〝偽書〟論争』安本美典vs古田武彦

安本・古田両氏の間でつづいてきた邪馬臺国か邪馬壹国かという論争がなぜ津軽の古文書こと『東日流外三郡誌』をめぐる論争に変化するのかというと、和田喜八郎家から発見されたといわれるため和田家文書と総称される『東日流外三郡誌』関係の文書には「磐井王は筑紫の邪馬壹之系なり」などと記述されていたからである。

古田氏は、これぞ自身の邪馬壹国説の正しさを証明してくれた古文書と信じて疑わなかった。しかし、文章心理学の専門家でもある安本氏や古文書鑑定のプロたちが調査すると、和田家文書とは和田喜八郎氏自身が筆ペンで書いて古文書のように装った偽書であり、和田氏は古田氏の著作から邪馬壹国説を〝拝借〟しただけであった。そこで邪馬台国をめぐる論争は、和田家文書が正しく津軽地方の古代史を記述した新史料か、現代人が売らんかなの目的で書いた偽書か、という議論に変わっていったのであった。

ところがこの論争がつづく間、古田・和田氏側は『東日流外三郡誌』の写本と称するもののしか公開しなかったため、安本氏から寛政年間に書かれたという原本があるならそれを見せよ、と迫られた。すると古田氏は右の『サンデー毎日』誌上で「十月以降」に出す、と答えた。

しかし、結果だけを書くと、古田氏は原文を出すことなくおわった。その経緯に関心のある向きは、安本美典・三上喜孝の両氏が責任編集者を務めていた『季刊邪馬台国』が第五十一号（平成五年〔一九九三〕春号）から第五十五号（平成六年冬号）までつづけた『東日流外三郡誌』批判キャンペーン特集に集積された諸家の見解を御覧いただきたい。

ついでにいうと、古田氏の提唱した邪馬台国は邪馬壹国とするのが正しいとする説は一時はかなりの古代史ファンに支持され、高校の日本史の教科書にも「邪馬台（壱）国」という表記を用いるものがあらわれた。私個人もまだ編集者だった頃、某テレビ局に頼まれてクイズ番組の出題者のひとりとなり、「卑弥呼という女王が治めていた古代の国の名は」という問題を作って答えを「邪馬台国」とすると、正解のテロップでは「邪馬台（壱）国」と直されていたことがあった。

だが、今手許にある山川出版社『新詳説日本史』（昭和六十二年三月、文部省検定済）、実教出版『高校日本史三訂版』（平成元年三月、改訂検定済）を見直すと、ともに「邪馬台国」

とだけあって「(壱)」の字はもはや存在しない。こういうところにも、古田説の評価の移ろいが感じ取れるのである。

なお野呂さんは本書末尾の文章「創刊にあたって」からも知れるように、今、誌名に触れたばかりの古代史の専門誌『季刊邪馬台国』の創刊時の編集長でもあった。昭和五十五年(一九八〇)五月七日、野呂さんが四十二歳で急逝されたのを受けて、二代目編集長を長く務めたのが安本美典氏という関係である。

最初に野呂さんの司会ではじまった安本・古田両氏の激論は、舞台を電波や週刊誌に変えて長くつづけられたわけだが、『季刊邪馬台国』というユニークな雑誌が健在である限り、その初代編集長は野呂さんであったという事実は長く古代史ファンたちの間に語りつがれてゆくことだろう。

なお野呂さんの人と作品を後世に伝えるべく建てられた記念碑としては、昭和六十一年、諫早上山《じょうやま》公園に建立された「野呂邦暢文学碑」を挙げることができる。

野呂さんの命日は「菖蒲忌」と名付けられているが、なぜこう名付けられたかという点に、説明はもはや不要であろう。この公園は野呂さんが小説の舞台として用い、エッセイの題材ともした伊佐早城址を整備して開園されたもので、今日も毎年五月の最終日曜日、文学碑の前では「菖蒲忌」の記念行事がおこなわれているという。

いずれ諫早方面を訪ねる機会があったらここへ行ってみようと思いながら、なかなかその機会に恵まれないことが私としては残念でならない。

（なかむら　あきひこ／作家）

上山公園にある野呂邦暢文学碑
（写真提供：〈一社〉長崎県観光連盟）

初出一覧

古代史を愉しみたい方に　『婦人公論』一九七九年一月号
怠惰な狩人　『歴史と人物』一九七八年七月号
筑紫国造 磐井の叛乱　『歴史と人物』一九八〇年六月号
元寇「神風」が吹かなかったら　『歴史と人物』一九八〇年一月号
戦火九州に連なる　『歴史と人物』一九七九年十月号
片桐且元の苦悩　『歴史と人物』一九七七年十月号
討入りの日　『歴史と人物』一九七八年十二月号
長駆する秋山騎兵旅団　『歴史と人物』一九八〇年五月号
熱論「邪馬台国」をめぐって　『歴史と人物』一九八〇年七月号
古代史シンポジウム傍聴記　『季刊邪馬台国』創刊号（一九七九年七月）
伊佐早氏のゆくへ　『文學界』一九七七年一月号
消えた土豪　『歴史と人物』一九七七年八月号
幻の伊佐早城　積水ハウス『暮らしの仲間』一九七八年五月号
倭国紀行（全12回）　『読売新聞〈西部版夕刊〉』一九七九年五月七日〜六月十二日
邪馬台国論争は終わったか　『毎日新聞（夕刊）』一九七九年六月十五日
創刊にあたって　『季刊邪馬台国』創刊号

本書は、野呂邦暢の史論・歴史エッセイ、および関連する座談会・ルポを集めた、中公文庫オリジナルです。

本文中に、今日の人権意識に照らして不適切な語句や表現が見られますが、執筆当時の社会的背景と作品の文化的価値、著者が故人であることを考慮して、そのままとしました。

中公文庫

日本史《にほんし》の旅人《たびびと》
——野呂邦暢《のろくにのぶ》史論集《しろんしゅう》

2023年6月25日　初版発行

著　者　野《の》呂《ろ》邦《くに》暢《のぶ》

発行者　安部順一

発行所　中央公論新社
〒100-8152　東京都千代田区大手町1-7-1
電話　販売　03-5299-1730　編集　03-5299-1890
URL https://www.chuko.co.jp/

DTP　ハンズ・ミケ
印　刷　三晃印刷
製　本　小泉製本

Published by CHUOKORON-SHINSHA, INC.
Printed in Japan　ISBN978-4-12-207381-4 C1121

中公文庫既刊より

各書目の下段の数字はISBNコードです。978－4－12が省略してあります。

の-17-1
野呂邦暢ミステリ集成
野呂　邦暢
「失踪者」「もうひとつの絵」「剃刀」など中短篇八編とエッセイを併せて年代順に収録。推理小説好きを自認した芥川賞作家のミステリ集。〈解説〉堀江敏幸
206979-4

あ-1-7
日本史の黒幕
会田　雄次
小松　左京
山崎　正和
歴史にあらわれた人間の表と裏を探ろうという座談会。黒幕・閨閥・浪人・悪党・スパイなどをめぐり、碩学三人が、独自の視点からせまる。〈解説〉井上章一
206786-8

あ-89-1
海軍基本戦術
秋山　真之
戸高　一成 編
丁字戦法、乙字戦法の全容が明らかに！　日本海海戦を勝利に導いた名参謀による幻の戦術論が甦る。本巻は同海戦の戦例を引いた最も名高い戦術論を収録。
206764-6

あ-89-2
海軍応用戦術／海軍戦務
秋山　真之
戸高　一成 編
海軍の近代化の基礎を築いた名参謀による組織論。巨大組織を効率的に運用するためのマニュアルが明らかに。前巻に続き「応用戦術」の他「海軍戦務」を収録。
206776-9

い-135-1
日本書紀（上）
井上　光　貞 監訳
川副　武胤
佐伯　有清 訳
わが国最初の正史。本書は、日本古代史の専門家による現代語全訳。上巻は天地開闢、国生みにはじまる神代紀、そして神武天皇から武烈天皇までを収録する。
206893-3

い-135-2
日本書紀（下）
井上光貞 監訳
笹山晴生 訳
下巻は継体天皇から持統天皇まで、六世紀から七世紀にいたる時代。中国・朝鮮半島からの制度・文物の流入により、天皇を中心とした国家的統一が完成する。
206894-0

か-80-1
兵器と戦術の世界史
金子　常規
古今東西の陸上戦の勝敗を決めた「兵器と戦術」の役割と発展を、豊富な図解・注解と詳細なデータにより検証する名著を初文庫化。〈解説〉惠谷　治
205857-6

か-80-2
兵器と戦術の日本史
金子常規

古代から現代までの戦争を、殺傷力・移動力・防護力の三要素に分類して捉えた兵器の戦闘力と運用する戦術の観点から豊富な図解で分析。〈解説〉惠谷　治

205927-6

か-80-3
図解詳説　幕末・戊辰戦争
金子常規

外国船との戦闘から長州征伐、鳥羽・伏見、奥羽・会津、五稜郭までの攻略陣形図を総覧、兵員・装備・軍制の観点から史上最大級の内乱を軍事学的に分析。

206388-4

し-6-22
古代日本と朝鮮　座談会
司馬遼太郎
上田正昭
金達寿　編

日本列島に渡来した古来・今来の朝鮮の人々は在来文化に新しい文化と技術を混入していった。東アジアの大流動時代の日本と朝鮮の交流の密度を探る。

200934-9

し-6-23
日本の渡来文化　座談会
司馬遼太郎
上田正昭
金達寿　編

文化の伝播には人間の交渉がある。朝鮮半島からいくたびも渡来してきた人々の実存を確かめ、そのいぶきにふれることにより渡来文化の重みを考える。

200960-8

し-6-54
日本の朝鮮文化　座談会
司馬遼太郎
上田正昭
金達寿　編

日本文化の源泉を考えるとき、長くのびる朝鮮半島の役割と文化的影響は極めて大きい。白熱の討論によって古代日本人と朝鮮人の交流を浮彫りにする。

203131-9

し-6-44
古往今来
司馬遼太郎

著者居住の地からはじまり、薩摩坊津や土佐檮原などのつやのある風土と人びと――「古」と「今」を自在に往来して、よき人に接しえた至福を伝える。

202618-6

な-46-6
幕末入門
中村彰彦

尊王・佐幕、攘夷・開国、攻守所を変え、二転三転する複雑怪奇な動乱の時代。混迷をきわめた幕末の政情をわかりやすく読み解いた恰好の入門書。

204888-1

は-19-4
日本史のしくみ　変革と情報の史観
林屋辰三郎
梅棹忠夫
山崎正和　編

編者に上田正昭、司馬遼太郎、原田伴彦、村井康彦を加えた多彩な執筆陣が「変革」を縦軸、「情報」を横軸に日本史を捉え直した記念碑的著作の待望の新装版。

206700-4